CARL SCHMITT

Der Hüter der Verfassung

Anhang:
Hugo Preuß
Sein Staatsbegriff und seine Stellung
in der deutschen Staatslehre

CARL SCHMITT

Der Hüter der Verfassung

Fünfte Auflage

Anhang:
Hugo Preuß
Sein Staatsbegriff und seine Stellung
in der deutschen Staatslehre

Duncker & Humblot · Berlin

Veröffentlicht unter Mitwirkung
des wissenschaftlichen Beirats
der Carl-Schmitt-Gesellschaft e. V.

Bibliografische Information der Deutschen Nationalbibliothek

Die Deutsche Nationalbibliothek verzeichnet diese Publikation in
der Deutschen Nationalbibliografie; detaillierte bibliografische Daten
sind im Internet über http://dnb.d-nb.de abrufbar.

1. Auflage 1931
2. Auflage 1969
3. Auflage 1985
4. Auflage 1996

Alle Rechte vorbehalten
© 2016 Duncker & Humblot GmbH
Druck: MEDIALIS Offsetdruck GmbH, Berlin
Printed in Germany

ISBN 978-3-428-14921-6 (Print)
ISBN 978-3-428-54921-4 (E-Book)
ISBN 978-3-428-84921-5 (Print & E-Book)

Gedruckt auf alterungsbeständigem (säurefreiem) Papier
entsprechend ISO 9706 ∞

Internet: http://www.duncker-humblot.de

Vorwort

Der im März 1929 (Archiv des öffentlichen Rechts, Neue Folge, XVI, S. 161 bis 237) erschienene Aufsatz „Der Hüter der Verfassung" ist in der folgenden Abhandlung verarbeitet und weitergeführt. Außerdem sind einige Formulierungen von Aufsätzen und Vorträgen aus den Jahren 1929 und 1930 in den systematischen Zusammenhang des Themas gebracht.

Die wissenschaftliche Behandlung eines solchen Gegenstandes ist ohne eine Vorstellung von der konkreten Verfassungslage nicht möglich. Darin liegt freilich eine sehr schwierige und gefahrenreiche Aufgabe. Nicht wegen der zu erwartenden parteipolitischen Mißdeutungen — das gehört zum allgemeinen Risiko der geistigen Freiheit; vielmehr wegen der außerordentlichen Verwirrung der heutigen verfassungsrechtlichen Zustände Deutschlands, die in einer großen Wandlung begriffen sind. Wer heute auf wenigen Seiten *de Statu Imperii Germanici* sprechen und ein Gesamtbild geben will, muß ein widerspruchsvolles Gemenge von Systemen, Systemfragmenten und Tendenzen im Auge behalten. Heute ist wohl in den meisten Staaten der Erde die Verfassung zu einem neuen Problem geworden, und selbst in Frankreich konnte *J. Barthélemy* neulich (in einem Vortrag vor der Union des Intérêts Economiques) davon ausgehen, daß die Forderung einer Staatsreform das aktuellste Thema der Gegenwart sei. Mit bloßer „Reichsreform" als Änderung des gegenwärtigen bundesstaatlichen Systems wäre also auch in Deutschland die Frage noch nicht erledigt. Was die Erkenntnis unserer konkreten Verfassungslage am meisten erschwert, ist die gleichzeitige Verbindung und Kreuzung föderalistischer Organisation mit andern Prinzipien staatlicher Willensbildung. Ich habe versucht, sie als „pluralistischen Parteienstaat" und „Polykratie" zu kennzeichnen und auch das daraus entstehende Problem der „innerpolitischen Neutralität des Staates" zu behandeln; keineswegs aus Freude an einer „geistvollen" oder „anregenden" These, sondern ganz unter dem Zwang einer mit dem Gegenstande selbst gegebenen Notwendigkeit.

Res dura et regni novitas me talia cogunt
Moliri

Berlin, März 1931.   C. S.

Inhalt

Einleitende Übersicht über verschiedene Arten und Möglichkeiten des Verfassungsschutzes 1

I. Die Justiz als Hüter der Verfassung

1. Das allgemeine (akzessorische) sog. materielle richterliche Prüfungsrecht konstituiert in Deutschland keinen Hüter der Verfassung 12

2. Sachliche Grenzen jeder Justiz (Strafgerichtsbarkeit bei politischen Delikten gegen Staat und Verfassung; Ministeranklage) 22

3. Maßgebliche Festsetzung des Inhaltes eines in seinem Inhalt zweifelhaften Verfassungsgesetzes ist in der Sache Verfassungsgesetzgebung, nicht Justiz 36

4. Der Staatsgerichtshof für das Deutsche Reich 48

   a) Sachlicher Zusammenhang von Verfassungsbegriff und Verfassungsgerichtsbarkeit; Anerkennung der sachlichen Grenzen der Justiz durch den Staatsgerichtshof für das Deutsche Reich; besonderer Zusammenhang von Verfassungsvertrag und Verfassungsjustiz 48

   b) Der Staatsgerichtshof als spezifisch bundesstaatliche (föderalistische) Einrichtung 54

   c) Staats- und Verfassungsgerichtsbarkeit als Ausdruck der Tendenz, die Verfassung in einen Verfassungsvertrag (Kompromiß) zu verwandeln 60

II. Die konkrete Verfassungslage der Gegenwart

1. Pluralismus, Polykratie und Föderalismus 71

   a) Entwicklung des Parlaments zum Schauplatz eines pluralistischen Systems; Veränderung der überlieferten Unterscheidung von Staat und Gesellschaft; Wendung vom nicht-interventionistisch neutralen zum Wirtschafts- und totalen Staat; Wandlung des Gesetzgebungsstaates durch Wandlung der gesetzgebenden Körperschaft (Parteibegriff; Wahl); pluralistische Aufspaltung der Vorstellungen von Loyalität und Legalität 73

b) Die Polykratie in der öffentlichen Wirtschaft 91

c) Der Föderalismus 94

2. Abhilfen und Gegenbewegungen 96

a) Versuche einer Wirtschaftsverfassung 96

b) Das Problem der innerpolitischen Neutralität im pluralistischen Parteienstaat (Beamtenstaat, Expertenstaat, Autonomisierungen: Reichsbank und Reichsbahn; Reparationsstaat); Unzulänglichkeit solcher Versuche 100

c) Unzulänglichkeit der meisten Neutralisierungen; Vieldeutigkeit der Begriffe Neutralität und Entpolitisierung 108

Übersicht über die verschiedenen Bedeutungen und Funktionen des Begriffes der innerpolitischen Neutralität des Staates 111

d) Vorgehen der verfassungsmäßigen Regierung nach Art. 48 RV. Entwicklung vom militärisch-polizeilichen zum wirtschaftlich-finanziellen Ausnahmezustand 115

III. Der Reichspräsident als Hüter der Verfassung

1. Die staatsrechtliche Lehre von der „neutralen Gewalt" (*pouvoir neutre*) 132

2. Besondere Bedeutung der „neutralen Gewalt" im pluralistischen Parteienstaat, dargelegt an dem Beispiel des staatlichen Schlichters von Arbeitsstreitigkeiten .. 141

3. Das Beamtentum und die verschiedenen Möglichkeiten einer „Unabhängigkeit" vom pluralistischen Parteienstaat 149

4. Die demokratische Grundlage der Stellung des Reichspräsidenten 156

*

Anhang: Hugo Preuss. Sein Staatsbegriff und seine Stellung in der deutschen Staatslehre 161

*

Editorische Nachbemerkung 185

Korrekturen zu Carl Schmitt, Hugo Preuß (Handexemplar RW 265-28767) 187

Personenverzeichnis 189

Einleitende Übersicht über verschiedene Arten und Möglichkeiten des Verfassungsschutzes

Der Ruf nach einem Hüter und Wahrer der Verfassung ist meistens ein Zeichen kritischer Verfassungszustände. Deshalb ist es lehrreich und beachtenswert, daß die Pläne und Vorschläge eines solchen Hüters in der neueren Verfassungsgeschichte zuerst in England und zwar nach dem Tode *Cromwells* (1658) auftreten, also nach den ersten modernen Versuchen geschriebener Verfassungen und in einer Zeit innerpolitischer Auflösung der republikanischen Regierung, angesichts eines zu sachlichen Beschlüssen unfähigen Parlaments und unmittelbar vor der Restauration der Monarchie. Damals wurde z. B. eine besondere Körperschaft vorgeschlagen, die nach Art des spartanischen Ephorates die bestehende Ordnung des Commonwealth wahren und die Restauration der Monarchie verhindern sollte. Insbesondere sind in dem Kreise *Harringtons* manche Ideen eines „Wahrers der Freiheit" und „Wahrers der Verfassung" entstanden[1]. Von ihnen geht der Gedanke solcher Einrichtungen über Pennsylvanische Verfassungen zu den Verfassungen der französischen Revolution. Hier erscheint in der Verfassung des Jahres VIII (1799) ein Senat als Hüter (Conservateur) der Verfassung. Auch diese Einrichtung ist einer politischen Gegenbewegung, der Zeit Napoleons I., unmittelbar vorausgegangen[2]. Darum ist es doppelt interessant, daß der Sénat Conservateur erst nach der militärischen Niederlage Napoleons die Rolle eines Verfassungswahrers spielte und durch Dekret vom 3. April 1814 Napoleon und

---

[1] *F. H. Russel Smith*, Harrington and his Oceana, Cambridge 1914, S. 175; die Ausdrücke des Originals sind „Conservators of Liberty" und „Conservators of the Charter", mit dem Zweck „to guard whatever constitution was decided on and to prevent the restoration of monarchy".

[2] Über die Einzelheiten des Weges, der von Harrington zu nordamerikanischen Verfassungen, von dort zu Sieyès führt: *F. Russel Smith* a. a. O. S. 208. Als weiteren Nachweis möchte ich zu den Ausführungen von *Russel Smith* noch auf die Vorschläge von *Thibaudeau* aufmerksam machen, die *André Blondel*, Le contrôle juridictionnel de la constitutionnalité des lois, Paris 1928, S. 177, zitiert. *Thibaudeau* erinnert an die Erfahrungen, die man mit den pennsylvanischen Zensoren gemacht habe.

seine Familie wegen Verletzung der Verfassung und der Volksrechte des Thrones verlustig erklärte [1].

Die deutschen Verfassungskämpfe des 19. Jahrhunderts lassen sich mit solchen großen Revolutionen nicht vergleichen. Doch übersehen auch die Verfassungen der deutschen konstitutionellen Monarchie keineswegs das Problem der Verfassungssicherung. Hierfür sind die Bestimmungen der Verfassung von Bayern (1818) und Sachsen (1831) besonders kennzeichnend. Sie behandeln unter der Überschrift „Von der Gewähr der Verfassung": 1. den E i d des Königs, der Staatsdiener und der Staatsbürger auf die Verfassung [2]; 2. das Recht der Stände, B e s c h w e r d e n wegen Verfassungsverletzung einzubringen; 3. das Recht der Stände, wegen Verfassungsverletzung A n k l a g e zu erheben; 4. die Bedingungen einer V e r f a s s u n g s ä n d e r u n g. Die Sächsische Verfassung von 1831 behandelt unter diesem Titel außerdem noch die Befugnis des Staatsgerichtshofs, Zweifel über die Auslegung der Verfassung, soweit zwischen Regierung und Ständen keine Übereinkunft zustandekommt, zu entscheiden [3]. Nach den Erfahrungen der preußischen Konfliktszeit allerdings und nach den großen Erfolgen von Bismarcks Politik hat man die Frage einer Verfassungsgarantie begreiflicherweise stillschweigend übersehen, und in der folgenden Generation war man sich ihrer bei der allgemeinen verfassungstheoretischen Gleichgültigkeit nicht mehr recht bewußt. *Georg Jellinek* berührt das Problem im Schlußkapitel seiner allgemeinen Staatslehre (1. Auflage 1900) unter der Überschrift „Die Garantien des öffentlichen Rechts". Was er als solche Garantien aufführt (politischer Eid, parlamentarische Verantwortlichkeit und Ministeranklage) entspricht den politischen Zuständen und dem Schema des deutschen 19. Jahrhunderts. *Otto Mayer* sagt in seinem Sächsischen Staatsrecht (1909) von den Bestimmungen zum Schutz der verletzten oder mißverstandenen Verfassung:

---

[1] Dekret des Senats vom 3. April 1814; ihm sich anschließend („Considérant que Napoléon Bonaparte a violé le pacte constitutionnel") Beschluß des Corps législatif vom gleichen Tage, bei *Duguit-Monnier* S. 177.

[2] Über den Verfassungseid Näheres in der vortrefflichen Abhandlung von *Ernst F r i e s e n h a h n*, Der politische Eid, Bonn 1928, S. 35 f., 112 f.

[3] Vgl. für Bayern: *Stoerk*, Handbuch der deutschen Verfassungen, 2. Aufl. 1913, S. 105, ferner *M. v. Seydel*, Bayerisches Staatsrecht, 2. Aufl. 1896, I S. 386, 517 usw. (charakteristisch die Aufteilung der einzelnen Garantien auf verschiedene Punkte des Systems, während die „Gewähr der Verfassung" als solche keinen systematischen Platz mehr hat und nicht einmal als Stichwort in dem ausgezeichneten und ausführlichen 4. (Register-) Band erscheint); für Sachsen *Stoerk* S. 343; *J. H. Beschorner*, Die Ministerverantwortlichkeit und der Staatsgerichtshof im Königreich Sachsen, Berlin 1877; *Opitz*, Staatsrecht des Königreichs Sachsen (1884), II S. 246; *Otto Mayer*, Das Staatsrecht des Königreichs Sachsen (1909) S. 214 f. Weitere Beispiele bei *R. Mohl*, Die Verantwortlichkeit der Minister in Einherrschaften mit Volksvertretung, Tübingen 1837, S. 14/15.

„Sie sind sämtlich bestimmt, womöglich nicht zur Anwendung zu kommen und haben bis jetzt auch tatsächlich keine Gelegenheit dazu gefunden". Wahrscheinlich hätte man damals in dem Gefühl politischer Sicherheit und Wohlgeborgenheit schon die bloße Frage nach dem Hüter der Verfassung als „Politik" bezeichnet und damit abgetan. Inzwischen haben wir die Erfahrung gemacht, daß es ein spezifisch politischer Kunstgriff ist, die eigene Auffassung als unpolitisch, die Fragen und Meinungen des Gegners als politisch hinzustellen. Wir wissen ferner, daß die Probleme der Staats- und Verfassungslehre nicht damit erledigt sind, daß man sie leugnet und sich weigert, sie zu sehen. Seit der Weimarer Verfassung interessiert man sich daher wieder für die besonderen Garantien der Verfassung und fragt nach ihrem Hüter und Wahrer. Der Staatsgerichtshof für das Deutsche Reich bezeichnet sich selbst als „Hüter der Reichsverfassung"[1]. Der Reichsgerichtspräsident Dr. *Simons* nannte das Reichsgericht „Wahrer und Wächter" der Reichsverfassung[2]. Zahlreiche Vorschläge fordern einen Staats- oder Verfassungsgerichtshof als Hüter, Garanten, Wächter oder Treuhänder der Verfassung. Auch in der rechtswissenschaftlichen Literatur ist das Problem wieder bewußt geworden. Meine im März 1929 im Archiv des Öffentlichen Rechts (Bd. XVI, S. 161 ff.) erschienene Abhandlung über den „Hüter der Verfassung" hat weitgehende Zustimmung gefunden und insbesondere auch dazu geführt, daß in den letzten Jahren die verfassungsmäßige Stellung des deutschen Reichspräsidenten öfters als die eines Hüters der Verfassung gekennzeichnet worden ist[3].

Die bisherigen Gesetzesvorschläge und Entwürfe gingen fast sämtlich davon aus, daß ein G e r i c h t s h o f in einem justizförmigen Verfahren sowohl Verfassungsstreitigkeiten wie auch Zweifel und Meinungsverschiedenheiten über die Verfassungsmäßigkeit von Reichsgesetzen entscheiden sollte.

---

[1] Entscheidung vom 15. Oktober 1927, RGZ. 118 Anhang S. 4; *Lammers-Simons*, Die Rechtsprechung des Staatsgerichtshofs für das Deutsche Reich, Bd. I, Berlin 1929, S. 295.

[2] Deutsche Juristen-Zeitung 1924, S. 246.

[3] So insbesondere in der Veröffentlichung des Bundes zur Erneuerung des Reiches, „Die Rechte des deutschen Reichspräsidenten nach der Reichsverfassung", 2. Aufl. Berlin 1930, eine Schrift, die das außerordentliche Verdienst hat, eine richtige Auffassung der verfassungsmäßigen Stellung des Reichspräsidenten verbreitet und damit zahlreiche enge und sinnwidrige Ansichten und Reformvorschläge erledigt zu haben. Außerdem seien genannt: *W. Simons*, Einleitung zu *Lammers-Simons* a. a. O. II, S. 9, 11; *H. Pohl*, Die Zuständigkeiten des Reichspräsidenten, in *Anschütz-Thoma's* Handbuch des Deutschen Staatsrechts, Bd. I, Tübingen 1930, S. 483; *F. Glum*, Parlamentskrise und Verfassungslücke, Deutsche Juristen-Zeitung 1930 (15. Nov.), S. 1417/18; *W. Jellinek* in seinem für den 36. Deutschen Juristentag erstatteten Gutachten über Eigentumsbegrenzung und Enteignung, 1930, S. 319, 320, und im Handbuch des deutschen Staatsrechts, § 72 (Das einfache Reichsgesetz), II S. 177/8.

Freilich ergeben die verschiedenen Vorschläge ein unsystematisches Nebeneinander und Durcheinander höchster Entscheidungsinstanzen: Staats- oder Verfassungsgerichtshof, Reichsgericht (nach Art. 13 Abs. 2 RV.), Reichsspruchgericht („Reichsgerichtshof zur bindenden Gesetzesauslegung" im Sinne der Bestrebungen vom Zeiler)[1], Reichsverwaltungsgericht sollen in unklaren koordinierten Beziehungen zu den zahlreichen bestehenden höchsten Gerichtshöfen des Reichs und der Länder hinzukommen, so daß *R. Grau* mit Recht von einer „Mehrheit miteinander konkurrierender, unter Umständen miteinander in Widerspruch tretender Verfassungshüter" gesprochen hat[2]. Im Ganzen ist die heute übliche Art der Behandlung dieser schwierigen verfassungsrechtlichen Frage immer noch stark von der Neigung der „Justizjuristen" beeinflußt, die Lösung aller Probleme einfach einem justizförmigen Verfahren zu überweisen und den fundamentalen Unterschied zwischen einer Prozeßentscheidung und der Entscheidung von Zweifeln und Meinungsverschiedenheiten über den Inhalt einer Verfassungsbestimmung ganz außer Acht zu lassen. Man empfand vor allem das Bedürfnis nach einem Schutz vor dem Gesetzgeber, d. h. dem Parlament, beschränkte das Problem des Verfassungsschutzes infolgedessen willkürlich auf das Problem des Schutzes gegen verfassungswidrige Gesetze und Verordnungen und denaturierte auch dieses Problem wieder dadurch, daß man den Hüter der Verfassung im Gebiet der Justiz suchte, ohne sich in der Sache selbst „viel Gedanken" zu machen, wie *Rudolf Smend* mit einer beiläufigen, aber treffenden Kritik gesagt hat[3]. Nur *L. Wittmayer* macht unter den Autoren der ersten Nachkriegsjahre eine rühmenswerte Ausnahme, indem er den Reichsrat wegen seines Einspruchsrechts als Hüter der Verfassung bezeichnet und dadurch den vielfach in Vergessenheit geratenen Zusammenhang von Verfassungsschutz und Erschwerung der Verfassungsänderung wieder zur Geltung bringt[4]. Dagegen wollen die vorliegenden Pläne und Vorschläge meistens einem Gerichtshof (Reichsspruchgericht, Staatsgerichtshof für das Deutsche Reich) die Entscheidung von Zweifeln und Meinungsverschiedenheiten über die Reichsverfassungsmäßigkeit von Rechtsvorschriften (Gesetzen und Verordnungen) übertragen. Die Vorschläge des 33. und 34. Deutschen Juristentages (Heidelberg 1924, Köln 1926) insbesondere suchen das Problem dadurch zu lösen, daß sie vorschlagen, die Zuständigkeit des Staatsgerichtshofs für das Deutsche Reich nach Art. 19 RV. von Verfassungsstreitigkeiten innerhalb eines Landes

---

[1] *E. Schiffer*, Die deutsche Justiz, Berlin 1928, S. 257 f.; dagegen *W. Simons*, in der Einleitung zu Bd. II der von ihm und *Lammers* herausgegebenen Sammlung „Die Rechtsprechung des Staatsgerichtshofes für das Deutsche Reich", Berlin 1930, S. 8, und *Grünhut*, in Iudicium, 1930, S. 143.

[2] Archiv des öffentlichen Rechts, N. F. Bd. XI (1926) S. 287 f.

[3] Verfassung und Verfassungsrecht, München und Leipzig 1928, S. 143.

[4] Die Weimarer Verfassung, Tübingen 1922, S. 329.

auch auf solche innerhalb des Reiches auszudehnen [1]. Man hat, wohl noch ganz unter dem Eindruck von Residuen der Vorkriegszeit und unter dem Ein-

[1] Als erster dürfte *Alfred Friedmann* (Friters) nach dem Umsturz die Forderung erhoben haben, daß einem obersten Gerichtshof die Möglichkeit gegeben werde, „ein Gesetz, das der Verfassung widerspricht, das Rechte, welche die Verfassung begründet hat, beseitigen will, für ungültig zu erklären", Revolutionsgewalt und Notstandsrecht, Berlin 1919, S. 182. Aus den Beratungen der Weimarer Nationalversammlung ist der Antrag *Ablaß* (Nr. 273, Prot. S. 483) von Interesse, nach welchem der Staatsgerichtshof für das Deutsche Reich auf Antrag von 100 Mitgliedern des Reichstags über die Verfassungsmäßigkeit der Gesetze bindend entscheidet; der Antrag (ebenso ein Eventualantrag) wurde aber abgelehnt. Der 33. Deutsche Juristentag (Heidelberg 1924: Berichterstatter *H. Triepel* und Graf *zu Dohna*) forderte, es solle die Möglichkeit vorgesehen werden, vor Verkündung eines Reichsgesetzes eine Entscheidung des Staatsgerichtshofes über die Vereinbarkeit des Reichsgesetzes mit der Verfassung herbeizuführen und verlangte ferner eine Ausdehnung der Zuständigkeit des Staatsgerichtshofes für das Deutsche Reich (der nach Art. 19 nur für Verfassungsstreitigkeiten innerhalb eines Landes zuständig ist) auch auf Verfassungsstreitigkeiten innerhalb des R e i c h e s. Der 34. Deutsche Juristentag (Köln 1926; Berichterstatter *Anschütz* und *Mende*) empfahl ebenfalls eine Änderung des Art. 19 RV.; der Staatsgerichtshof für das Deutsche Reich sollte auch über Verfassungsstreitigkeiten innerhalb des Reiches entscheiden; ferner sollte der Staatsgerichtshof zur Prüfung der Gültigkeit von gehörig verkündeten Reichsgesetzen ausschließlich zuständig sein; als gesetzgeberisches Ziel sei anzustreben, „die Auslegung des Reichsverfassungsrechts in oberster Instanz beim Staatsgerichtshof für das Deutsche Reich zu vereinigen". Das Reichsministerium des Innern hat 1925 (Verlag Heymann) den Entwurf eines „Gesetzes zur Wahrung der Rechtseinheit" veröffentlicht, nach welchem in einem Rechtsentscheidverfahren über Fragen des öffentlichen Rechts, insbesondere auch des Verfassungsrechts, durch ein Reichsspruchgericht entschieden werden soll. Ein in der DJZ. 1926, Sp. 842 von dem damaligen Reichsminister des Innern Dr. *Külz* veröffentlichter Gesetzentwurf sieht vor, daß, wenn Zweifel oder Meinungsverschiedenheiten darüber bestehen, ob eine Rechtsvorschrift des Reichsrechts mit der Reichsverfassung in Widerspruch steht, der Reichstag, der Reichsrat oder die Reichsregierung die Entscheidung des Staatsgerichtshofes für das Deutsche Reich anrufen kann, wobei nach diesem Entwurf das allgemeine richterliche Prüfungsrecht anscheinend nicht ausgeschlossen werden soll; vgl. den Aufsatz von *Külz*, DJZ. 1926, Sp. 837; *Poetzsch*, DJZ. 1926, Sp. 1269; *Bötticher*, Leipz. Z. 1926, S. 822; *Richard Grau*, Zum Gesetzentwurf über die Prüfung der Verfassungsmäßigkeit von Reichsgesetzen und Rechtsverordnungen, AöR., N. F. XI, S. 287 ff. (1926); *Fritz Morstein Marx*, Variationen über richterliche Zuständigkeit zur Prüfung der Rechtmäßigkeit des Gesetzes, S. 129 f. (Berlin 1927); *Schelcher*, Fischers Zeitschr. f. Verwaltungsrecht, Bd. 60 S. 305; *Bredt*, Zeitschr. f. d. ges. Staatsw. Bd. 82 1927, S. 443; *Nawiasky*, AöR., N. F. XII (1927) S. 130 f.; *Hofacker*, Gerichtssaal, Bd. 94 S. 213 (1927). Der am 25. März 1927 an den Rechtsausschuß des Reichstages überwiesene, jener Veröffentlichung des Reichsministers *Külz* entsprechende Entwurf (Reichstagsdrucksachen Nr. 2855 III 1924/26) läßt ebenfalls den Staatsgerichtshof (auf Antrag einer qualifizierten Minderheit des Reichstags oder des Reichsrates, auch der Gerichte, welche ihm die Akten vorzulegen haben, wenn sie eine Rechtsvorschrift für unvereinbar mit der Reichsvorschrift halten) über die Verfassungsmäßigkeit mit Gesetzeskraft entscheiden, dazu *K. Frhr. von*

fluß der damals vielgenannten „österreichischen Lösung"[1], in der Ermüdung des ersten Jahrzehnts nach dem Zusammenbruch die sachliche Bedeutung solcher Ausdehnungen der Justiz kaum erörtert und sich mit abstrakten Normativismen und Formalismen zufrieden gegeben.

Die große Ausdehnung, welche die Zuständigkeit des Staatsgerichtshofs für das Deutsche Reich besonders in der Praxis des Art. 19 RV. seit 1925 anzunehmen schien, mußte aber bald zu politischen und verfassungsrechtlichen Bedenken führen, durch welche die bisher als selbstverständlich geforderte Expansion ins Justizförmige gehemmt wurde. Die Praxis des Art. 19 RV. hat sowohl den Begriff der Verfassungsstreitigkeit, der mit einer grenzenlosen Wort„definition" (Verfassungsstreitigkeit ist jede Streitigkeit über eine Bestimmung der Verfassung) nicht erledigt ist, wie auch den Begriff der „Verfassungsstreitigkeiten innerhalb eines Landes", wie endlich auch die entscheidende Frage der Parteifähigkeit vor dem Staatsgerichtshof ausschließlich durch Präzedenzfälle bestimmt. Es mußte auffallen, daß bereits politische Parteien, Parlamentsfraktionen und einzelne Gruppen von Abgeordneten, Religionsgesellschaften, Gemeinden und sogar Adelsgenossenschaften ein Land oder eine Landesregierung in oft hochpolitischen Angelegenheiten vor den Staatsgerichtshof zitieren konnten[2], und es schien unabsehbar, welche sozialen Größen

---

Imhoff, Bayr. Verwaltungsblätter, Bd. 75 (1927) S. 241 f. Über den verfassungsändernden Charakter eines solchen Gesetzes: *Hofacker* a. a. O., *R. Grau* a. a. O., *Imhoff* a. a. O. und *Bredt*, a. a. O. S. 453 f., die sämtlich ein verfassungsänderndes Gesetz für erforderlich halten; dagegen (m. E. zu Unrecht) *Löwenthal*, DJZ. 1927, S. 1234, Reichsverwaltungsblatt 1930 S. 748. — Im übrigen sei noch zu dem Schrifttum bemerkt, daß die Verfasser von Dissertationen über den Staatsgerichtshof (ein anscheinend beliebtes Thema für „Doktorarbeiten") der schwierigen Frage meistens mit Hilfe einiger soeben erworbener Formeln und Schablonen zu Leibe rücken; das ist verzeihlich und gereicht nicht den jugendlichen Autoren zum Vorwurf.

[1] Art. 89 und 139 der österreichischen Bundesverfassung vom 1. Oktober 1920; dazu z. B. *W. Jellinek*, Jur. Woch. 1925, S. 454, mit folgender, für die damalige Stimmung charakteristischen Äußerung: „Bedenkt man die in die Augen springende Zweckmäßigkeit der österreichischen Regelung, ... so wird vermutlich die österreichische Regelung auch einmal auf Deutschland übergreifen." Die Vermutung ist nicht eingetroffen; seit 1925 dürften übrigens auch noch andere Eigenschaften der österreichischen Lösung als die der Zweckmäßigkeit in die Augen gesprungen sein.

[2] Bis 1929: **Landtagsfraktionen**: Entscheidung des vorläufigen Staatsgerichtshofes vom 12. Juli 1921, RGZ. 102, S. 415 und vom 21. November 1925, RGZ. 112, Anhang S. 1; **politische Parteien** (mit vorsichtiger Beschränkung auf Wahlrechtsstreitigkeiten): RGZ. 118, Anhang S. 22 RGZ. 120, Anhang S. 19 (Gau Mecklenburg-Lübeck der Nationalsozialistischen Arbeiterpartei gegen das Land Mecklenburg-Schwerin); dagegen nicht: Unabhängige sozialdemokratische Partei in Sachsen gegen das Land Sachsen, RGZ. 121, Anhang S. 8; **Landeskirchen**: RGZ. 118, Anhang S. 1; **Gemeinden**: Entscheidung vom 12. Januar 1922, DJZ. 1922, Sp. 427, ferner die Entscheidung in Sachen des Magistrats der Stadt Potsdam gegen das Land Preußen vom

und Gruppen (Berufsvertretungen, Interessenverbände, Körperschaften des öffentlichen Rechts) eines Tages in solcher Weise als Prozeßpartei zugelassen würden [1]. Allerdings ist hier seit etwa einem Jahre wieder eine gewisse Zurückdämmung eingetreten, wofür namentlich die unten noch näher zu besprechende Entscheidung in der preußischen Wahlrechtsfrage vom 17. Februar 1930 [2] ein wichtiges Anzeichen bedeutet.

Jedenfalls wird es notwendig, das Problem im konkreten Zusammenhang unserer staats- und verfassungsrechtlichen Lage zu sehen. Zum Beweis dieser Notwendigkeit genügt es, gegenüber den schnellfertigen Abstraktionen jener ersten Lösungsversuche an die verschiedenartigen, in der langen Geschichte des verfassungsrechtlichen Problems in großer Zahl auftretenden „Hüter der Verfassung" zu erinnern. Das klassische Vorbild der spartanischen E p h o - r e n wird noch im 19. Jahrhundert öfters genannt, meistens mit dem unvermeidlichen „*quis custodiet ipsos custodes*" und mit dem warnendem Zusatz, daß der Hüter sich leicht zum Herrn der Verfassung macht und die Gefahr eines doppelten Staatshauptes eintritt; manchmal aber auch mit der Klage über die schlimmen Folgen einer unabsetzbaren, unverantwortlichen, nach ihrem Ermessen entscheidenden Instanz [3]. Andere Vorschläge und Einrichtungen,

---

9. Juli 1928, RGZ. 121, Anhang S. 13; die Ortsgruppe Nassau des vormals unmittelbaren Reichsadels (5 Familien!) gegen Preußisches Staatsministerium, Entscheidung vom 10. Mai 1924, RGZ. 111, Anhang S. 1.

[1] Vgl. die besonders nachdrückliche Kritik der weiten Ausdehnung der Zuständigkeit des Staatsgerichtshofs durch W. *Hofacker*, Verfassungsstreitigkeiten innerhalb eines Landes, Reichsverwaltungsblatt 1930, S. 33 f.

[2] RGZ. 128, Anhang S. 1; und (mit Verhandlungsbericht) Ausgewählte Entscheidungen des Staatsgerichtshofes für das Deutsche Reich, herausgegeben von Reichsgerichtspräsident Dr. *Bumke*, Heft 2, Berlin 1930; weiteres zu diesem Urteil unten S. 51.

[3] Über das Ephorat im Lacedämonischen Staate: *Busolt-Swoboda*, Griechische Staatskunde (Handbuch der Altertumswissenschaft, IV 1, München 1926) S. 670, 683 f.; dort die Quellen und weiteres Schrifttum. Die Ephoren hatten die Aufgabe, die bestehende Staats- und Gesellschaftsordnung, auch staatsbürgerliche Zucht und Sitte zu wahren, damit der νόμος der einzige Herr im Staate sei. Sie nahmen den Königen den E i d ab und leisteten einen Gegeneid. Sie hatten vor allem auch die bestehende Ordnung gegen eine Rebellion der unterdrückten Heloten zu sichern und durften verdächtige Heloten ohne weiteres töten. Das galt als K r i e g gegen den innern Feind; deshalb erklärten die Ephoren jedes Jahr in aller Form den Heloten feierlich den Krieg. *Busolt-Swoboda* (S. 670) erklärt das für eine „naive Schlauheit"; insofern mit Recht, als es im Kampf gegen den „inneren Feind" Methoden gibt, die weniger Naivität und mehr Schlauheit zeigen. Jedenfalls sind die Ephoren historisch eine Behörde gewesen, deren politischer Charakter sich gerade in diesem Zusammenhang mit einem innerpolitischen, F e i n d - Begriff beweist. Von Interesse ist auch die Klage des Aristoteles, Politik, II 7 (B 10, 1272 C) (über die Einrichtung der Ephoren und der Kosmen): πάντων δὲ φαυλότατον τὸ τῆς ἀκοσμίας τῶν δυνατῶν, ἣν καθιστᾶσι πολλάκις, ὅταν μὴ δίκας βούλωνται δοῦναι (in der Übersetzung von *Stahr:* Das Allerschlimmste aber ist die Suspension des Kosmats

wie die von Tribunen[1], Zensoren[2] und Syndici[3] gehören ebenfalls zu dieser ersten Art von Hütern der Verfassung. Die zweite Art

durch die Mächtigen, welche sie oft veranstalten, wenn sie sich nicht den richterlichen Entscheidungen fügen wollen). Über die Ephoren bei *Althusius: G. Leibholz*, Der Begriff der Repräsentation, Berlin 1929, S. 84 Anm.; über *Fichtes* Vorschlag eines Ephorates, der zu einem doppelten Staatshaupt führe: *K. Wolzendorff*, Staatsrecht und Naturrecht, 1916, S. 408; *Mohl*, Encyclopädie 2. Aufl. 1872, S. 647; *Dahlmann*, Politik 3. Aufl. 1847, S. 197 ff.; *Bluntschli*, Allgemeines Staatsrecht 2. Band, 4. Auflage, München 1868, 10. Kapitel, S. 552. Die wichtigste Stelle dieser ganzen, Jahrhunderte hindurchgehenden staats- und verfassungstheoretischen Literatur findet sich in *Hegels* Kritik der *Fichteschen* Ephoratspläne, Wissenschaftliche Behandlungsarten des Naturrechts, Sämtliche Werke I S. 479: „Um deswillen (weil nämlich, wenn man die höchste Macht dadurch zur Übereinstimmung mit dem gemeinsamen Willen, der volonté générale, zwingen will, daß man ihr eine andere gleiche Macht entgegensetzt, in Wahrheit das Problem, die höchste Macht zu zwingen, nicht gelöst ist) wird denn zu einer ganz formellen Unterscheidung geflüchtet. Die w i r k l i c h e Gewalt wird allerdings als Eine und in der Regierung vereinigt gesetzt; was aber ihr gegenübergestellt wird, ist die m ö g l i c h e Gewalt, und diese Möglichkeit soll als solche jene Wirklichkeit zu zwingen vermögend sein. Dieser zweiten g e w a l t l o s e n Existenz des gemeinsamen Willens soll nämlich die Beurtheilung zukommen, ob die Gewalt den ersteren (sc. den gemeinsamen Willen, die volonté générale) verlassen, ob die Gewalt nicht mehr dem Begriff der allgemeinen Freiheit gemäß sei." Sie „soll die oberste Gewalt überhaupt b e a u f s i c h t i g e n, und, wie bei ihr ein Privatwille an die Stelle des allgemeinen tritt, ihr dieselbe e n t r e i ß e n; und die Art, mit welcher dieß geschehen soll, soll eine absolute Wirkung habende ö f - f e n t l i c h e E r k l ä r u n g d e r g ä n z l i c h e n N u l l i t ä t aller Handlungen der obersten Staatsgewalt von diesem Augenblick an seyn." Dann heißt es weiter: dieser zweite Repräsentant des allgemeinen Willens müsse eine „reelle Gewalt" haben, um die oberste Gewalt zwingen zu können. Da die „reelle Gewalt" aber bei dem andern Repräsentanten des allgemeinen Willens ist, so kann dieser jede konkrete Bestimmtheit verhindern, „was für Verrichtungen auch dem Ephorat aufgetragen seyen, das Beaufsichtigen, die öffentliche Erklärung des Interdikts, und welche Formalitäten ausgeheckt werden, zu vernichten; — und zwar mit dem gleichen Rechte. . . . Denn diese Ephoren sind nicht weniger zugleich Privatwillen als jene, und ob der Privatwille dieser sich vom allgemeinen Willen abgesondert habe, darüber kann die Regierung sowohl urtheilen, als das Ephorat über sie."

[1] Art. 21, 28 der französischen Verfassung des Jahres VIII (1799) und zahlreiche Senatus-Consulte bis zur Beseitigung des Tribunats durch S.-C. vom 19. August 1807.

[2] Über die pennsylvanischen Zensoren oben S. 1 Anm. 2; weitere Beispiele bei *R. Mohl*, Verantwortlichkeit der Minister S. 223 f. über „eigens bestellte Zensoren", welche alle Regierungshandlungen auf ihre Verfassungsmäßigkeit beobachten. Über die böhmischen D e f e n s o r e n wird Herr Dr. *Rudolf Slanka* eine Untersuchung veröffentlichen.

[3] *Spinoza*, Tractatus politicus VIII 920 f.; X § 2 f.; editio Bruder p. 108, 130: quorum (nämlich dieser Syndici) officium solummodo sit observare, ut imperii jura, quae concilia et imperii ministros concernunt, inviolata serventur, qui propterea potestatem habent, delinquentem quemcumque imperii ministrum, qui scilicet contra jura, quae ipsius ministerium concernunt, peccavit, coram suo iudicio vocandi et secundum constituta

beruht auf dem Vorbild des römischen S e n a t s , der durch seine hemmende und konservierende Aufgabe ein echter Wahrer der römischen Verfassungszustände gewesen ist und dessen *Autorität* — das Wort hier in seinem prägnanten Sinn zur Unterscheidung von *potestas* gebraucht [1] — die Volksbeschlüsse bestätigen mußte, damit Verletzungen der verfassungsmäßigen Ordnung und völkerrechtlicher Verpflichtungen verhindert würden [2]. Auch dieses Vorbild wirkte in dem verfassungsrechtlichen Denken der europäischen Menschheit lange nach. Auf ihm beruht die Einrichtung, eine z w e i t e K a m m e r zum Hüter der Verfassung zu machen. Nach der französischen Verfassung des Jahres VIII Art. 21 z. B. bestätigt oder annulliert ein Sénat Conservateur alle vom Tribunat oder der Regierung als verfassungswidrig vorgelegten Akte; ähnlich nach der Verfassung vom 14. Januar 1852 Art. 29 alle von der Regierung oder durch Petition der Staatsbürger als verfassungswidrig an ihn gebrachten Akte. Nach dem geltenden Verfassungsrecht der französischen Republik konstituiert sich der Senat (die zweite Kammer) als Haute Cour de Justice bei Ministeranklagen und in andern Fällen politischer Justiz (Art. 9 des Verfassungsgesetzes vom 24. Februar 1875). In der staats- und verfassungstheoretischen Literatur ist das Vorbild eines verfassungwahrenden „Senates" immer lebendig geblieben. So fordert in der berühmtesten monarchomachischen Schrift *Junius Brutus* einen Senat, der die vom König vorgenommene Auslegung und Ausführung der Gesetze prüfen und überwachen soll [3]. *Harrington* wurde bereits erwähnt; von ihm führt eine fortlaufende Linie zu *Sieyès* und in das 19. Jahrhundert hinein [4].

Auch die V o l k s v e r t r e t u n g , also die gewählte Kammer, erscheint in einer bestimmten verfassungsrechtlichen Situation als Hüterin der Verfassung, wenigstens der „Volksrechte" gegenüber der Regierung [5]; im beson-

---

iura damnandi; sie sollen auf Lebenszeit gewählt werden, mindestens 60 Jahre alt sein „ne longa admodum dominatione nimirum superbiant", Militär zur Verfügung haben, ein Einberufungsrecht gegenüber der souveränen Ratsversammlung ausüben können usw. Als die eigentliche Funktion und Leistung der Syndici wird bezeichnenderweise angegeben, daß ihre Auctoritä die Staatsform erhalten solle (ut imperii forma servetur).

[1] Über den Unterschied von auctoritas und potestas: *Carl Schmitt*, Verfassungslehre, 1928, S. 75 Anm. Eine sehr interessante Anwendung dieser Unterscheidung auf die aktuelle innerpolitische Lage Deutschlands in der Zeitschrift D i e T a t , Oktober 1930, S. 509 f. (anonymer Aufsatz „Die kalte Revolution"); ferner *Leopold Ziegler*, Fünfundzwanzig Sätze vom deutschen Staat, Darmstadt 1931, S. 43.

[2] *Mommsen*, Römisches Staatsrecht III, S. 1041; weitere Literatur zur auctoritas des römischen Senates: Verfassungslehre S. 75 Anm.; vgl. auch unten S. 136 Anm.

[3] *Junius Brutus*, Vindiciae contra tyrannos, Ausgabe Edinburg 1579, S. 128.

[4] Über die geschichtliche Linie: *H. F. Russel Smith* a. a. O. S. 15, 205 f.; über die Ideen und Vorschläge von *Sieyès*: *A. Blondel* a. a. O. S. 173; über ihre Wirkungen in der Schweiz: *Eduard His*, Geschichte des neuern Schweizerischen Staatsrechts, Bd. 1, Die Geschichte der Helvetik und der Vermittlungsakte 1798—1813, Basel 1925, S. 196 f.

[5] Namentlich wenn der Landtag Verfassungsbeschwerden entgegennimmt. Nach

deren dann wieder ein von der Volksvertretung „zur Wahrung der Rechte der Volksvertretung gegenüber der Regierung" gebildeter Überwachungsausschuß [1]. Hier zeigt sich besonders deutlich, daß derartige Einrichtungen immer nur in dem konkreten Gesamtzusammenhang der Verfassungsstruktur betrachtet werden können. Beruht die Verfassung, wie es einer im 19. Jahrhundert verbreiteten Auffassung entspricht, auf einem Vertrag zwischen Fürst und Volk, Regierung und Volksvertretung [2], so kann jeder Vertragspartner als Hüter des seine eigenen Rechte und Befugnisse betreffenden Verfassungsteiles auftreten und wird geneigt sein, die seinen politischen Ansprüchen vorteilhaften Verfassungsbestimmungen als „die" Verfassung zu bezeichnen. Aber auch die R e g i e r u n g , „welche die Einheit vertritt", kann ihrem Begriffe nach als „Hüterin der Ämter und Wahrerin der Staatseinrichtungen" aufgefaßt werden [3]. *Otto Mayer* sagt in seinem Sächsischen Staatsrecht (1909, S. 214): „Der oberste Hüter der Verfassung ist der

---

Tit. VII § 21 der bayrischen Verfassungsurkunde vom 26. Mai 1818 (in der Fassung des Gesetzes vom 19. Januar 1872) z. B. konnte jeder Staatsangehörige sowie jede Gemeinde Beschwerden über Verletzung der konstitutionellen Rechte an den Landtag bringen. Bei *R. Mohl* kann die Volksvertretung im äußersten Falle bei Verfassungsbruch der Regierung das Volk zum bewaffneten Widerstand aufrufen (Verantwortlichkeit der Minister S. 575); ferner z. B. (freilich mit dem Vorbehalt des richterlichen Prüfungsrechts): Über die rechtliche Bedeutung verfassungswidriger Gesetze, Monographien aus Staatsrecht, Völkerrecht und Politik, I. Bd., Tübingen 1860, S. 85/86; zur Kritik dieser Auffassung der „Landstände als Wächter der Verfassung" *R. Gneist*, Gutachten zum 4. deutschen Juristentag über die Frage: „Soll der Richter über die Frage zu befinden haben, ob ein Gesetz verfassungsmäßig zustande gekommen ist?" Berlin 1863, S. 28. *Gneist* sieht die eigentliche Garantie in dem Zusammenwirken von erblichen Monarchen, einer permanenten ersten und einer gewählten zweiten Kammer; er hat allerdings in seiner Landtagsrede vom 9. Februar 1866 (Stenogr. Berichte S. 128) die Landtagsabgeordneten als „Wächter der Verfassung" bezeichnet; doch war dieses ein besonders gearteter Fall, vgl. unten S. 17 Anm. 1. Über *Bluntschlis* Auffassung unten S. 77.

[1] Art. 35 Abs. 2 RV. hat die Wendung „zur Wahrung der Rechte der Volksvertretung gegenüber der Reichsregierung" auf Antrag von *Haußmann* am 4. Juli 1919 in den Text der verfassungsgesetzlichen Regelung übernommen. Es entsprach besonders einer württembergischen Tradition (vgl. die alte württembergische Verfassung 1819, § 187 ff.), diesen Interimsausschuß unter den Gesichtspunkt der „Erhaltung der Verfassung" zu bringen.

[2] Über weitere praktische Wirkungen dieses Verfassungsbegriffs unten S. 61. Ein Beispiel aus der preußischen Verfassungsgeschichte enthält der Protest des preußischen Abgeordnetenhauses vom 10. Februar 1866 (Aktenstück Nr. 41, Stenogr. Berichte S. 137, 141 f.): „Das Haus erhebt zur Wahrung seiner Rechte und der Rechte des nach Art. 83 der Verfassung von ihm vertretenen ganzen Volkes Protest" gegen den Antrag der Staatsanwaltschaft auf gerichtliche Verfolgung der Abgeordneten *Twesten* und *Frentzel* wegen ihrer Reden im Abgeordnetenhause. Doch ist zu beachten, daß es sich hier um die Verteidigung gegen einen Eingriff in die eigene Sphäre handelt, also einen Fall des S e l b s t s c h u t z e s ; vgl. auch unten S. 17.

[3] So z. B. *Adolf Trendelenburg*, Naturrecht, 1860, S. 375.

K ö n i g." Die später noch ausführlicher zu behandelnde Lehre von der neutralen und vermittelnden Gewalt des Königs oder eines Staatspräsidenten ist ebenfalls in diesem Zusammenhang zu erwähnen [1].

Wenn in deutschen Verfassungen des 19. Jahrhunderts ein besonderer Staatsgerichtshof zum „gerichtlichen Schutz der Verfassung" neben anderen Garantien vorgesehen ist [2], so kommt darin die einfache Wahrheit zum Ausdruck, daß der gerichtliche Schutz der Verfassung eben nur einen Teil der Einrichtungen zum Schutz und zur Garantie der Verfassung ausmachen kann und daß es eine summarische Oberflächlichkeit wäre, über diesem gerichtlichen Schutz die sehr engen Grenzen jeder Gerichtlichkeit und die vielen anderen Arten und Methoden einer Verfassungsgarantie zu vergessen.

---

[1] Art. 71 der portugiesischen Verfassung vom 29. April 1826 (*Dareste* S. 497) und Art. 98 der brasilianischen Verfassung vom 25. März 1824 nennen den König bzw. den Kaiser den „Schlüssel der ganzen politischen Organisation" und weisen ihm die Aufgabe zu, über die Erhaltung der Unabhängigkeit, des Gleichgewichts und der Harmonie der andern politischen Gewalten unaufhörlich zu wachen; vgl. unten S. 133 Anm. 1.

[2] Die Formulierung „gerichtlicher Schutz der Verfassung" findet sich z. B. in § 195 der württembergischen Verfassung von 1819; sie ist besonders treffend, weil sie andere Einrichtungen zum Schutz der Verfassung von den gerichtlichen unterscheidet und dadurch einer falschen und gefährlichen Verabsolutierung des gerichtlichen Schutzes vorbeugt.

I. Die Justiz als Hüter der Verfassung

1. Das allgemeine (akzessorische) sog. materielle richterliche Prüfungsrecht konstituiert in Deutschland keinen Hüter der Verfassung

Die prozeßentscheidenden Gerichte der bürgerlichen, strafrechtlichen oder verwaltungsrechtlichen Gerichtsbarkeit sind nicht in einem präzisen Sinne Hüter der Verfassung. Der Irrtum, sie als solche zu bezeichnen, liegt allerdings nahe, wenn sie ein sogenanntes materielles richterliches Prüfungsrecht ausüben, d. h. einfache Gesetze auf ihre inhaltliche Übereinstimmung mit verfassungsgesetzlichen Bestimmungen prüfen und im Kollisionsfall dem einfachen Gesetz die Anwendung versagen. Infolgedessen ist auch das Reichsgericht, seitdem es sich in der Entscheidung vom 4. November 1925 (RGZ. 111, S. 320) für befugt erklärt hat, einfache Reichsgesetze auf ihre inhaltliche Übereinstimmung mit der Reichsverfassung zu prüfen, gelegentlich als Hüter der Verfassung angesprochen worden [1].

Daß man geneigt ist, prozeßentscheidende Gerichte als die höchste Garantie einer Verfassung hinzustellen, erklärt sich wohl hauptsächlich aus weitverbreiteten Vorstellungen über den Höchsten Gerichtshof der Vereinigten Staaten von Amerika. Dieses mit Recht weltberühmte Gericht ist bei manchen deutschen Juristen, wie es scheint, zu einer Art Mythos geworden. In den Beratungen des Verfassungsausschusses der Weimarer Nationalversammlung sind merkwürdige Unklarheiten hervorgetreten und in den Protokollen des Verfassungsausschusses dokumentarisch festgehalten. Es ist dort von einem „Staatsgerichtshof zum Schutze der Verfassung" die Rede, wie ihn angeblich „alle großen demokratischen Staaten, z. B. Amerika, eingeführt" hätten, „wo sich sein Dasein bewährt hat" [2]. Demgegenüber sei mit einigen Worten daran erinnert, daß der höchste Gerichtshof der Vereinigten Staaten wegen seiner autoritären Auslegung von Begriffen wie Eigentum, Wert und Freiheit, eine, wie man mit Recht gesagt hat, gerade auf wirtschaftlichem

---

[1] Über „Das Reichsgericht als Hüter der Verfassung" der Aufsatz in der Festgabe der juristischen Fakultäten zum 50jährigen Bestehen des Reichsgerichts, Berlin 1929, S. 154—178.
[2] Protokolle S. 485; dagegen vorher H. Preuß a. a. O. S. 483/84.

Gebiet „in der ganzen Weltgeschichte einzigartige Position" hat [1], die infolgedessen nicht einfach auf die politisch und sozial ganz anders gearteten Zustände eines europäischen Kontinentalstaates übertragen werden kann. Die Stellung des höchsten Gerichtshofs der Vereinigten Staaten hat sich im Rahmen eines J u s t i z s t a a t e s angelsächsischer Art entwickelt. der als ein Staat ohne Verwaltungsrecht im stärksten Gegensatz zu den Staaten des europäischen Kontinents steht, wobei es hier keinen Unterschied macht, ob der europäische Staat eine Republik wie Frankreich oder ein monarchischer Beamtenstaat wie das Preußen des 19. Jahrhunderts ist. Der amerikanische höchste Gerichtshof ist alles andere als ein Staatsgerichtshof und seine Justiz alles andere als das, was man heute in Deutschland Staats- oder Verfassungsgerichtsbarkeit zu nennen pflegt. Er beschränkt sich, mit einem klaren prinzipiellen Bewußtsein seines Charakters als prozeßentscheidender Instanz, auf die Entscheidung bestimmter Streitsachen *(real, actual „case"* or *„controversy"* of *„Judiciary Nature")* [2]. Er lehnt im Hinblick auf seine *„strictly judicial function"* jede politische oder gesetzgeberische Stellungnahme ab und will nicht einmal ein Verwaltungsgericht sein [3]. Er weigert sich prinzipiell, dem Kongreß oder dem Präsidenten Gutachten zu erstatten [4]. Was seine praktische Bedeutung und Wirksamkeit angeht, so darf man, von der heutigen abnormen Lage Deutschlands aus betrachtet, seine Tätigkeit nicht nach den Zeiten wirtschaftlicher Prosperität und innerpolitischer Sicherheit beurteilen, sondern muß kritische und unruhige Zeiten ins Auge fassen. Hier nun zeigen die berühmten Präzedenzfälle aus der Epoche des Bürgerkrieges — Entscheidungen, welche politisch umstrittene Fragen wie Sklaverei oder die Geldentwertung betreffen —, daß die Autorität des Gerichtshofes in solchen Fällen sehr gefährdet war und seine Auffassung sich in der Sache keineswegs durchsetzen konnte [5]. Die größte und eigentlich fundamentale Eigenart des

---

[1] „that court occupies the unique position of the first authoritative faculty of political economy in the worlds history": *John R. Commons,* Legal Foundations of Capitalism, New York 1924, S. 7.

[2] *Charles Warren,* The Supreme Court in United States History, Boston 1924, Bd. I S. 52, 108 f.; *Charles Evans Hughes,* The Supreme Court of the United States, New York 1928, S. 31 (Muskrat v. United States, 1911, 219 U. S. 346); über die strenge Beschränkung auf echte Justiz (cases of Judiciary Nature) S. 22.

[3] Nachweise bei *Hughes* a. a. O. S. 32.

[4] Einziger bisheriger Fall eines Gutachtens (advisory opinion) unter dem Präsidenten *Monroe;* darüber *Warren* a. a. O. II S. 56; dazu die Bemerkung von *Hughes* a. a. O. S. 31: „nothing of the sort could happen today." Der solicitor-general *James M. Beck* hat, bisher vergebens, den Vorschlag gemacht, dem Kongreß zusammen mit den Präsidenten das Recht zu geben, den Supreme Court um ein Gutachten zu bitten, wenn eine Gesetzesvorlage hinsichtlich ihrer Verfassungsmäßigkeit zweifelhaft ist, vgl. *Ogg-Ray,* Introduction to American Government, 2. Aufl., 1926, S. 422 Anm. 3.

[5] *Warren* III S. 22 f. (Dred Scott Case), S. 244 (Legal Tender Case); ferner der Income Tax Case 1895.

Supreme Court dürfte aber darin liegen, daß er mit Hilfe allgemeiner, nur noch mißbräuchlich als „Normen" zu bezeichnender Prinzipien und grundsätzlicher Gesichtspunkte, die Gerechtigkeit und Vernünftigkeit von Gesetzen prüft und daraufhin gegebenenfalls ein Gesetz als nicht anwendbar behandelt[1]. Dazu ist er imstande, weil er in Wirklichkeit als Hüter einer prinzipiell nicht umstrittenen Gesellschafts- und Wirtschaftsordnung dem Staate gegenüber tritt. Er hat, wie schon *R. Gneist* überaus treffend gesagt hat, eine gegenüber dem Staat **transzendente Gewalt**[2]. Nur in diesem Zusammenhang darf man die oft geübte Kritik betrachten, die sich darauf bezieht, daß er jahrelang Arbeiterschutzgesetze und sozialpolitische Bestimmungen, sogar solche über Frauen- und Kinderarbeit, die uns in Deutschland selbstverständlich waren, verhindert und gehemmt hat, indem er sie als verfassungswidrig behandelte. Es kommt hier, wie sich von selbst versteht, weder auf eine Apologie noch auf eine Widerlegung des amerikanischen Gerichtshofes an, sondern nur darauf, durch eine kurze Richtigstellung gedankenlose Übertragungen und Mythisierungen zu verhindern. Grundsätzlich ist zu sagen, daß das richterliche Prüfungsrecht für sich allein die prozeßentscheidenden Gerichte nur in einem das ganze öffentliche Leben der Kontrolle der ordentlichen Gerichte unterstellenden **Justizstaat**, und nur dann zu Hütern der Verfassung macht, wenn unter **Verfassung** vor allem die bürgerlich-rechtsstaatlichen **Grundrechte**, persönliche **Freiheit** und **Privateigentum**, verstanden sind, die von den ordentlichen Gerichten gegen den Staat d. h. gegen Gesetzgebung, Regierung und Verwaltung, geschützt werden sollen. Die Praxis des amerikanischen Gerichtshofes hat in dieser Weise, auf Grund des 5. und des 14. Amendment und unter Entwicklung der vielerörterten Formel vom *due process of law*[3], die Prinzipien der bürgerlichen Gesellschafts- und Wirtschaftsordnung als die höhere Ordnung und die wahre Verfassung gegen den Gesetzgeber verteidigt und zu schützen gesucht.

Das richterliche Prüfungsrecht dagegen, das vom deutschen Reichsgericht

---

[1] Hierher gehören Begriffe wie reasonableness und expediency. Über die Verbindungen und Identifikationen von „constitution", „fundamental rights", „natural equity", „will of the people" usw. die interessanten Anmerkungen bei *John Dickinson*, Administrative justice and the Supremacy of Law in the United States, Cambridge, Harvard University Press, 1927, S. 97 und 101.

[2] Gutachten a. a. O. S. 23, vgl. das ausführliche Zitat unten S. 154 Anm. 3.

[3] Fünftes (an den Bund gerichtetes) Amendment von 1791: No person shall be „deprived of life, liberty, or property, without due process of law; nor shall private property be taken for public use without just compensation." Vierzehntes (an die Staaten gerichtetes) Amendment von 1868: „Nor shall any state deprive any person of life, liberty, or property, without due process of law; nor deny within its jurisdiction the equal protection of the laws." — Übertreibend, aber kennzeichnend ist die Kritik, die in der öfters vorgebrachten Redensart liegt: „due process is short the Supreme Court says it is."

1. Das allgemeine (akzessorische) sog. materielle richterliche Prüfungsrecht

in der berühmten Entscheidung vom 4. November 1925 [1] sowie in ähnlicher Weise von andern höchsten Gerichten (Reichsfinanzhof, Reichsversorgungsgericht, Preußisches Oberverwaltungsgericht usw.) in Anspruch genommen wird, hat im Vergleich mit dem Prüfungsrecht jenes amerikanischen Gerichtshofes eine sehr bescheidene Bedeutung und bewegt sich, bei näherer Untersuchung seines Umfangs, in sehr engen Grenzen. Die Begründung der Entscheidung vom 4. November 1925 beruht auf folgendem Satz: Daß der Richter dem Gesetz unterworfen ist (Art. 102 der RV.) ,,schließt nicht aus, daß einem Reichsgesetz oder einzelnen seiner Bestimmungen vom Richter die Gültigkeit insoweit aberkannt werden kann, als sie mit anderen, vom Richter zu beachtenden Vorschriften, die ihnen vorgehen, in Widerspruch stehen" [2]. Damit ist gesagt, daß es verfassungsgesetzliche Bestimmungen gibt, unter deren tatbestandsmäßige Regelung der zur Entscheidung stehende Fall subsumiert werden kann und daß diese verfassungsgesetzliche Regelung im Kollisionsfalle der einfachen gesetzlichen Regelung des gleichen Tatbestandes vorgeht. Nur soweit die verfassungsgesetzliche Bestimmung ihrem Inhalt nach eine berechenbare und meßbare, tatbestandsmäßige Subsumtion des zur Entscheidung stehenden Falles ermöglicht, kommt sie für den Kollisionsfall in Betracht; denn eine derartige Kollision setzt, wie jede echte Kollision, logischerweise G l e i c h a r t i g k e i t der kollidierenden Bestimmungen voraus. Für allgemeine Prinzipien und Grundsätze, Ermächtigungen und bloße Zuständigkeitsbestimmungen liegt der Fall ganz anders als für tatbestandsmäßige Subsumtionen. Nur die Subsumtion unter den Tatbestand der verfassungsgesetzlichen Regelung macht es dem Richter möglich, dem einfachen Gesetz (nicht die Gültigkeit abzuerkennen, sondern, wie das Reichsgericht sich ausdrückt) die Anwendung zu versagen, oder noch genauer: statt unter dessen Tatbestände

---

[1] RGZ. 111 S. 322; dazu die ausführliche Besprechung in der Festgabe zum 50jährigen Bestehen des Reichsgerichts, Bd. I S. 171 ff.

[2] Zum Vergleich seien hier die entsprechenden Sätze der berühmten grundlegenden Entscheidung des Höchsten Gerichtshofes der Vereinigten Staaten *Marbury* v. *Madison* (1 Cranch, 137) — Chief Justice Marshall — aus dem Jahre 1803 zitiert: ,,The powers of the legislature are defined and limited ... It is a proposition too plain to be contested that either the constitution controls any legislative act repugnant to it, or that the legislature may alter the constitution by an ordinary act. Between these two alternatives there is no middle ground. The constitution is either a superior paramount law, unchangeable by ordinary means, or it is on a level with ordinary legislative acts, and, like other acts, is alterable when the legislature is pleased to alter it. If the former part of the alternative be true, then a legislative act contrary to the constitution is not law, if the latter part be true, written constitutions are absurd attempts on the part of the people to limit a power, in its own nature illimitable." Das Reichsgericht vermeidet solche verfassungsrechtlichen Erwägungen; es argumentiert, trotz der Kürze seiner Beweisführung, vorsichtiger und weniger prinzipiell und begnügt sich mit dem Satz: ,,denn die Vorschriften der Reichsverfassung können nur durch ein ordnungsmäßig zustande gekommenes verfassungsänderndes Gesetz außer Kraft gesetzt werden."

unter diejenigen des vorgehenden Gesetzes zu subsumieren und dadurch den vorliegenden Fall zu entscheiden. Das ist nicht eigentlich eine Aberkennung der Gültigkeit, sondern nur eine, wegen Anwendung des Verfassungsgesetzes eintretende, Nichtanwendung des einfachen Gesetzes auf den konkreten Fall. In einem späteren Satz der Entscheidung (S. 322/23) ist deshalb richtig gesagt, daß der Richter genötigt sei, das Gesetz „außer Anwendung" zu lassen. Aus einer näheren Betrachtung dieses Satzes ergibt sich bereits, daß die Bindung des Richters an das Gesetz mit dieser Art richterlichen Prüfungsrechts nicht in Widerspruch steht, sondern vielmehr dessen Grundlage und einzige Rechtfertigung ist. Das bedeutet aber gleichzeitig, daß nur Normen, die eine tatbestandsmäßige Subsumtion ermöglichen, im Kollisionsfall statt des einfachen Gesetzes die Subsumtion bestimmen, nicht allgemeine Grundsätze, Ermächtigungen usw.

Die Entscheidungsgründe jenes Urteils vom 4. November 1925 betonen weiter, daß ein Prüfungsrecht **nur gegenüber einfachen Reichsgesetzen** in Anspruch genommen wird, nicht für verfassungsändernde, d. h. im Verfahren des Art. 76 RV. entstandene Reichsgesetze. Sobald ein nach Art. 76 zustande gekommenes Reichsgesetz vorliegt, hört nach dieser Begründung jede weitere Prüfungsmöglichkeit auf. Die verfassungsrechtlich sehr bedeutungsvolle Frage nach den Grenzen der Revisions- oder Änderungsbefugnis; die Möglichkeit eines offensichtlichen Mißbrauchs der Bestimmung des Art. 76; die in der Rechtslehre der geltenden Verfassung bereits eingehend erörterte Notwendigkeit einer Unterscheidung innerhalb der Änderungsbefugnis, die unmöglich mit dem summarischen Absolutismus, der in Art. 76 den allmächtigen Souverän und sogar den Träger einer verfassunggebenden Gewalt finden will, erledigt sein kann[1]; alle diese Fragen kommen für ein richterliches Prüfungsrecht, das in solchen engen Grenzen besteht, nicht weiter in Betracht. Damit entfällt auch die Frage, ob es etwa unzulässige Verfassungsdurchbrechungen gibt, die auch durch das Verfahren des Art. 76 nicht rechtmäßig werden, und ob dieser Artikel gewohnheitsrechtlich „apokryphe Souveränitätsakte" ermöglicht. Das Reichsgericht nimmt ein richterliches Prüfungsrecht anscheinend auch dann nicht in Anspruch, wenn in der Form eines einfachen Gesetzes eine Anordnung oder Maßnahme ergeht, die in der Sache kein Gesetz im Sinne des rechtstaatlichen Gesetzesbegriffes ist und daher, mangels ausdrücklicher verfassungsgesetzlicher Zulassung,

---

[1] Darüber *Carl Schmitt*, Verfassungslehre S. 102, Jur. Woch. 1929, S. 2314; *Carl Bilfinger*, Der Reichssparkommissar, 1928, S. 17; ferner AöR. XI (1926) S. 194 und Zeitschrift für Politik Bd. XX, 1930, S. 81 f.; *R. Thoma* in *Nipperdeys* Grundrechten und Grundpflichten der Reichsverfassung, 1929, Bd. I S. 38 f., sowie in dem von *Anschütz* und *Thoma* herausgegebenen Handbuch des deutschen Staatsrechts I S. 143 und *W. Jellinek* eod. II S. 154 (Einschränkung wenigstens für Verfassungsdurchbrechungen), endlich und vor allem: *E. Jacobi*, Reichsverfassungsänderung, in der Festgabe der juristischen Fakultäten zum 50jährigen Bestehen des Reichsgerichts, 1929, Bd. I S. 233 f.

nicht im Wege des Gesetzgebungsverfahrens vorgenommen werden darf und die Gesetzgebungsbefugnis des Gesetzgebers überschreitet. Das Verfahren der Gesetzgebung kann leicht für andere als rechtssatzmäßige Normierungen mißbraucht werden, für Einzelbefehle, Dispense, Begnadigungen, Durchbrechungen, Privilegierungen usw. Darin liegt sehr oft eine Gefährdung der richterlichen Unabhängigkeit, und es müßte ein (defensives) richterliches Prüfungsrecht zur Wahrung der verfassungsmäßigen Stellung der Justiz angenommen werden. Das wäre ein S e l b s t s c h u t z d e r G e r i c h t e gegen unbefugte Eingriffe der andern staatlichen Gewalten. Insofern können die Gerichte Hüter eines Teiles der Verfassung sein, nämlich desjenigen, der ihre eigene Grundlage und Position betrifft, der Bestimmungen über die Unabhängigkeit der Justiz. Hiervon spricht die Begründung jenes reichsgerichtlichen Urteils nicht, und eine wichtige Unterscheidung innerhalb des richterlichen Prüfungsrechts — Nichtanwendung gesetzlicher Bestimmungen, die mit verfassungsgesetzlichen Bestimmungen kollidieren auf der einen Seite; Abwehr verfassungswidriger Eingriffe anderer staatlicher Gewalten, insbesondere des Gesetzgebers, in die unabhängige Justiz auf der andern Seite — kommt nicht zur Geltung [1]. Doch wäre es denkbar, daß auf dem Weg über Art. 105 und Art. 109 RV. den schlimmsten Mißbräuchen und offensichtlichen Ausnahmegesetzen die Anwendung verweigert werden könnte. In diesem Falle wäre zu beachten, daß eine unter Berufung auf jene Verfassungsartikel vorgenommene Ausübung des richterlichen Prüfungsrechts in anderer Weise eine Wahrung und Hütung der Verfassung bedeuten würde, als in den Fällen, die das Reichsgericht in seiner Entscheidung vom 4. November 1925 im Auge hat und bei denen es sich nur um die Kollision tatbestandsmäßiger Subsumtionen handelt. Die Beweisführung der Entscheidung vom 4. November 1925 hält sich streng an die tatbestandsmäßige Subsumtion und spricht sich in keiner Weise über das anders geartete, dem Selbstschutz der unabhängigen Justiz dienende Prüfungsrecht der Gerichte aus.

Endlich ergibt sich aus den Entscheidungsgründen dieses Urteils vom 4. November 1925, daß das Reichsgericht einfache Reichsgesetze n i c h t auf ihre Übereinstimmung mit den a l l g e m e i n e n P r i n z i p i e n d e r V e r f a s s u n g (zum Unterschied von der Übereinstimmung mit einzelnen subsumierbaren verfassungsgesetzlichen Bestimmungen) prüfen will. Es beansprucht keine allgemeine, d. h. von einem subsumierbaren verfassungs-

---

[1] Wenn der 3. Zivilsenat in einem Beschlusse vom 25. Januar 1924 (RG. 107, 319) sagt: Art. 105 RV. i. V. mit Art. 103 belaste „die Gerichte mit der Verantwortlichkeit, darüber zu wachen, daß die Gerichtsbarkeit in allen den Fällen ausgeübt wird, in denen sie nach den Gesetzen Platz greifen soll", so hat er wohl dieses defensive Prüfungsrecht im Auge; vgl. aber den folgenden Plenarbeschluß vom 22. Februar 1924 a. a. O. S. 323, nach welchem Art. 103 und 105 nichts über den Umfang der von den Gerichten auszuübenden Gerichtsbarkeit besagen. Über einen umgekehrten Fall des Selbstschutzes einer gesetzgebenden Körperschaft gegen die Justiz vgl. oben S. 9/10 Anm. 5.

gesetzlichen Tatbestand absehende Prüfung eines Gesetzes auf seine Übereinstimmung mit dem Geist der Verfassung oder auf die Einhaltung der allgemeinen Prinzipien, welche den rechtstaatlichen Bestandteil der Reichsverfassung bilden, nämlich Grundrechte und Gewaltenunterscheidung. Vielmehr hält sich die Begründung vorsichtig, um nicht zu sagen formalistisch, an die verfassungsgesetzliche, rechtsatzmäßige Normierung, die nach ihrer Art und logischen Struktur eine Konfrontierung mit der Normierung des einfachen Gesetzes ermöglicht. Vor allem gibt es nach dieser Entscheidung auch **keine richterliche Prüfung** eines Gesetzes auf seine Übereinstimmung mit **allgemeinen Rechtsprinzipien** wie Treu und Glauben, richtiges Recht, Vernünftigkeit (reasonableness, expediency) und ähnliche Vorstellungen, deren sich die Praxis des obersten Gerichtshofes der Vereinigten Staaten bedient. In der Entscheidung RGZ. Bd. 118, S. 326/27 (J. W. 1928, S. 102ff.) ist sogar ausdrücklich gesagt, daß der Begriff der guten Sitten (§ 826 BGB.) nur für Privatrechtsverhältnisse bestimmt sei und auf das öffentlich-rechtliche Verhältnis zwischen Gesetzgeber und Staatsbürger keine Anwendung finde, und der Reichsgerichtspräsident Dr. *Simons* hat, anscheinend durchaus billigend, mitgeteilt, daß die Senate es abgelehnt haben, eine verfassungsmäßig zustandegekommene Norm unter dem Gesichtspunkte des richtigen Rechtes zu kritisieren und sich damit über den „souveränen Gesetzgeber" zu stellen[1]. Diese Feststellung ist von besonderem Interesse, weil der Richterverein ein Urteil des 5. Zivilsenats vom 28. November 1923 (über den Grundsatz der Aufwertung nach Billigkeit und Treu und Glauben von Fall zu Fall, RGZ. 107, S. 78) benutzt hatte, um die Forderung zu erheben, daß der Grundsatz von Treu und Glauben auch gegenüber der gesetzlichen Regelung der Aufwertung angewandt werde.

Das vom Reichsgericht in Anspruch genommene richterliche Prüfungsrecht trägt demnach nur die Merkmale jedes richterlichen Prüfungsrechts prozeßentscheidender Gerichte: es ist nur „akzessorisch" und nur, wie H. Triepel es ausdrückt, „Gelegenheitsgerichtsbarkeit"[2]; es wird nur gelegentlich einer richterlichen Entscheidung *incidenter*, und der Möglichkeit nach von jedem Richter, also *diffus*, ausgeübt[3]; seine Wirkung ist die bloße *Präzedenzwirkung* der Entscheidung eines höchsten Gerichtes, das in Deutschland zudem noch neben mehreren andern höchsten Gerichten des Reiches und der Länder steht. Der Unterschied von dem Prüfungsrecht der amerikanischen Justiz liegt hauptsächlich darin, daß dieses allgemeine Prinzipien wahrt und dadurch das Gericht zum Hüter und Wahrer der bestehenden Gesellschafts- und Wirtschaftsordnung macht. Vom deutschen Reichsgericht wird nach den

---

[1] Deutsche Juristen-Zeitung 1924, S. 243.

[2] Wesen und Entwicklung der Staatsgerichtsbarkeit, Veröffentlichungen der Vereinigung der deutschen Staatsrechtslehrer, Heft 5 S. 26.

[3] Ich möchte dieses Wort „diffus" zur Bezeichnung des Gegensatzes gegen ein bei einer einzigen Instanz *konzentriertes* Prüfungsrecht vorschlagen.

eben dargelegten Grenzen seines Prüfungsrechts eine derartige Stellung in keiner Weise auch nur entfernt in Anspruch genommen. Für dieses richterliche Prüfungsrecht gilt also, daß der Schwerpunkt der politischen Entscheidung in der Gesetzgebung belegen bleibt. Alle Justiz ist an Normen gebunden und hört auf, wenn die Normen selbst in ihrem Inhalte zweifelhaft und umstritten werden. In einem Staat wie dem heutigen Deutschen Reich ist das richterliche Prüfungsrecht infolgedessen auf Normen angewiesen, die eine tatbestandsmäßige Subsumtion ermöglichen. Es ist eine zweite Frage, wie weit es denkbar und zulässig ist, dem Richter durch unbestimmte und allgemeingefaßte Begriffe, durch Verweisung an Treu und Glauben oder an die Verkehrssitte, auf privatrechtlichem Gebiet für sein Ermessen eine gewisse Bewegungsfreiheit und Spielraum zu geben. Relativ stabile Verhältnisse und feste soziale Anschauungen können hier eine ausreichende Meßbarkeit und Bindung bewirken. Auch auf öffentlich-rechtlichem Gebiet, namentlich in verwaltungsrechtlichen und sogar polizeirechtlichen Fragen, sind unbestimmte Begriffe möglich, solange die Situation, die jede Norm voraussetzt, auch ohne die ausdrückliche Entscheidung der Gesetzgebung oder der Regierung durch die Anschauungen der Rechtsgenossen und der Rechtspraxis eine hinreichend klare und sichere Normierung finden kann. In allen Fällen müssen bestimmbare, meßbare Subsumtionen ermöglichende Normen die Grundlage der richterlichen Prüfung und Entscheidung bleiben. Die Bindung an eine derartige Norm ist auch die Voraussetzung und Bedingung aller richterlichen Unabhängigkeit. Verläßt der Richter den Boden, auf dem eine tatbestandsmäßige Subsumtion unter generelle Normen und damit eine inhaltliche Bindung an das Gesetz wirklich vorhanden ist, so kann er nicht mehr unabhängiger Richter sein, und kein Schein von Justizförmigkeit kann diese Folgerung von ihm abwenden. ,,Die Bindung an das Gesetz, dem allein der Richter gemäß Art. 102 unterworfen ist, bedeutet nicht nur die Grenze, sondern die eigentliche Rechtfertigung für die Freiheit der Entscheidung: um der im Richterspruch allein zur Geltung kommenden Gesetzesherrschaft willen müssen alle anderen Bindungen dem Richter gegenüber entfallen"[1]. Das Problem der Freirechtsbewegung und des ,,schöpferischen" Richtertums ist deshalb in erster Linie ein verfassungsrechtliches Problem[2].

---

[1] *M. Grünhut*, Die Unabhängigkeit der richterlichen Entscheidung, Monatsschrift für Kriminalpsychologie 1930, Beiheft 3 S. 3; *Carl Schmitt*, Verfassungslehre S. 274/6.

[2] Die Freirechtsbewegung hat trotz des Hinweises von *Radbruch*, ArchSozW., N. F. 4 (1906) S. 355 die verfassungsrechtlichen Zusammenhänge von Unabhängigkeit und Bindung vielfach verkannt. Sehr treffend die Ausführungen von *E. Kaufmann*, auf dem Staatsrechtslehrertag 1926 (Veröffentlichungen Heft 3 S. 19): Der Richter muß sich im Rahmen seiner spezifischen richterlichen Aufgabe halten, er darf die zwischen Richter und Gesetzgeber obwaltende Ordnung nicht umstoßen, nicht spezifisch gesetzgeberische Aufgaben an sich reißen; er darf nur die Verletzung gewisser äußerster Grenzen rügen. Trotz aller ,,Freiheit" der richterlichen ,,Schöpfer"tätigkeit, trotz der Weite seines Ermessens

Nach alledem beruht das richterliche Prüfungsrecht des prozeßentscheidenden Richters auf dem Gegenteil einer irgendwie gearteten Überlegenheit des Richters gegenüber dem Gesetz oder dem Gesetzgeber. Es entsteht aus einer Art N o t s t a n d des Richters, wenn widersprechende Gesetzesbestimmungen vorliegen und der Richter, der widersprechenden Bindungen gegenübersteht, trotzdem eine Prozeßentscheidung treffen muß [1]. Wählt er nun, um seine richterliche Prozeßentscheidung zu fällen, eine der kollidierenden Gesetzesbestimmungen als Grundlage seiner Prozeßentscheidung aus, so kommt die andere kollidierende Bestimmung nicht zur Anwendung. Das ist alles. Es ist, wie schon gezeigt wurde, ungenau zu sagen, der prozeßentscheidende Richter habe dem nicht angewandten Gesetz „die Gültigkeit aberkannt"; richtigerweise kann man nur von einer auf die Entscheidung des konkreten Prozesses beschränkten „Nichtanwendung des Gesetzes" sprechen, die für die Entscheidungen andrer Instanzen eine mehr oder weniger berechenbare Präzedenzwirkung ausübt. Vor allem aber bleibt die Justiz gesetzesgebunden, und dadurch, daß sie ihre Bindung an ein Verfassungsgesetz der Bindung an ein einfaches Gesetz überordnet, wird sie nicht zum Hüter der

---

und mancher unbestimmten Begriffe bleibt es, solange am bürgerlichen Rechtsstaat festgehalten wird, bei dieser „Bindung an das Gesetz". Vgl. ferner z. B. *W. Jellinek*, Verwaltungsrecht 1928 S. 10: „Ganz frei hält sich die Justiz von der Rechtsetzung" oder *H. Triepel*, Streitigkeiten zwischen Reich und Ländern, 1923, S. 52). „Die Ausfüllung von Gesetzeslücken durch Interessenabwägung hat immer in erster Linie auszugehen von der Interessenwertung, die vom Gesetz selbst in erkennbarer Weise vollzogen worden ist". Über die Grenzen des richterlichen Ermessens hinsichtlich der Gestaltung neuen Rechtes sehr gut *Juncker*, 3. Aufl. des *Steinschen* Grundrisses des Zivilprozeßrechtes, 1928, S. 23/24; darüber, daß es nicht „pflichtmäßiges", sondern nur „gesetzmäßiges" Ermessen gibt: *Scheuner*, Nachprüfung des Ermessens durch die Gerichte, VerwArch. 33 (1928), S. 77 (für die Justiz ist das zweifellos richtig; im übrigen bleibt die Problematik der Verschiedenheit zwischen Bestimmungen, die zum „freien" Handeln „ermächtigen" und inhaltlich bindenden Normen, die eine tatbestandsmäßige Subsumtion ermöglichen, sei es auch nur durch Weiterverweisung an Normen wie „Treu und Glauben", Verkehrsüblichkeit usw.).

[1] Über den verfassungsrechtlichen „Notstand des Richters" *Radbruch*, Arch. Soz.-W. N. F. 4 (1906), S. 355. In diesem Aufsatz ist der Zusammenhang mit der verfassungsrechtlichen Frage der Gewaltenunterscheidung erkannt (unter Bezugnahme auf *Hatschek*, Englisches Staatsrecht I, S. 1065), aber dann unter dem Eindruck der Kritik der Freirechtsbewegung und vielleicht auch unter dem verfassungstheoretischen Vakuum der Vorkriegszeit doch wieder verkannt. Die Gewaltenunterscheidung wird als „Rationalismus" abgetan (vgl. auch *E. Kaufmann*, Auswärtige Gewalt und Kolonialgewalt in den Vereinigten Staaten von Amerika, Leipzig 1908, S. 34). *Radbruch* spricht von dem „immer noch spukenden Geist *Montesquieus*" (S. 365), aber dieser Geist ist eben der Geist des bürgerlichen Rechtsstaates selbst, für den sich die Weimarer Verfassung entschieden hat und der erst mit dem bürgerlichen Rechtsstaat selbst verschwinden wird. Zu *Montesquieus* Ansichten über die Justiz vgl. auch unten S. 136 Anm.

Verfassung. In einem Staat, der nicht reiner Justizstaat ist, kann sie solche Funktionen nicht ausüben. Im übrigen ist zu beachten, daß die Einhaltung des allgemeinen Grundsatzes der Gesetzmäßigkeit und damit auch der Verfassungsgesetzmäßigkeit keine besondere Instanz konstituiert. Sonst müßte man in jeder Behörde und schließlich auch in jedem Staatsbürger einen eventuellen Hüter der Verfassung erblicken, was einige Verfassungen dadurch zum Ausdruck bringen, daß sie den Schutz der Verfassung der Wachsamkeit aller Staatsbürger anvertrauen [1]. Daraus ergibt sich aber nur ein allgemeines Recht der **Gehorsamsverweigerung** und schließlich des passiven oder sogar aktiven **Widerstandes**, das man auch „revolutionäres Notrecht" genannt hat [2]. In systematischen Darstellungen erscheint deshalb das Widerstandsrecht als eine äußerste Garantie der Verfassung, zu deren Schutz und Wahrung es dienen soll [3]. Die verfassungsrechtliche Funktion eines Hüters der Verfassung liegt aber gerade darin, **dieses allgemeine und gelegentliche Gehorsamsverweigerungs- und Widerstandsrecht zu ersetzen und überflüssig zu machen. Nur dann ist ein Hüter der Verfassung im institutionellen Sinne vorhanden.** Hüter der Verfassung sind also nicht alle die vielen Stellen und Menschen, die gelegentlich durch Nichtanwendung verfassungswidriger Gesetze oder Nichtbefolgung verfassungswidriger Anordnungen dazu beitragen können, daß die Verfassung respektiert und ein verfassungsgesetzlich geschütztes Interesse nicht verletzt werde. Das ist die systematische Erwägung, die es rechtfertigt, die Gerichte, auch wenn sie das akzessorische und diffuse richterliche Prüfungsrecht ausüben, nicht als Hüter der Verfassung zu betrachten. Allerdings ist es wegen der Garantie der richterlichen Unabhängigkeit für die Gerichte vielleicht weniger riskant, verfassungswidrigen Gesetzen und Anordnungen den Gehorsam zu verweigern. Aber es geht nicht an, eine Kategorie von Behörden nur deshalb zum Verfassungshüter zu erklären, weil für sie die Wahrung der Verfassung mit geringeren Gefahren ver-

---

[1] So die französischen Verfassungen von 1791 (Schluß-Satz), 1830 und 1848 (über den mißlungenen Versuch, daraus praktische Folgerungen zu ziehen, vgl. Verfassungslehre S. 116). Neuerdings die Verfassung der Freien Stadt Danzig vom 15./17. November 1920/14. Juni 1922, Art. 87: „Es ist Pflicht jedes Staatsbürgers, die Verfassung gegen gesetzwidrige Angriffe zu schützen", oder die griechische Verfassung vom 2. Juni 1927, Art. 127: La garde de la constitution est confiée au patriotisme des Hellènes (*Dareste-Delpech* S. 656).

[2] *R. Gneist*, Gutachten zum 4. Deutschen Juristentag: „Soll der Richter über die Frage zu befinden haben, ob ein Gesetz verfassungsmäßig zustande gekommen ist?" Berlin 1863, S. 31.

[3] Z. B. *R. Mohl*, Die Verantwortlichkeit der Minister, 1837, S. 18, 575; *Dahlmann*, Politik (3. Aufl. 1847) S. 197 f.; *Bluntschli*, Allg. Staatsrecht, 2. Bd. 4. Aufl., 1868, S. 552 f.; *Gény* bei *Charles Eisenmann*, La justice constitutionelle et la Haute Cour Constitutionnelle d'Autriche, Paris 1928, S. 44 f.

bunden ist, als für andere. Auch dieser Gesichtspunkt des kleinsten Risikos vermag keinen „Hüter der Verfassung" zu begründen.

2. Sachliche Grenzen jeder Justiz (Strafgerichtsbarkeit bei politischen Delikten gegen Staat und Verfassung; Ministeranklage)

Es ist eine weitere, selbständige Frage, was die Justiz überhaupt zum Schutze der Verfassung tun kann und wie weit es möglich ist, auf ihrem Gebiet besondere Einrichtungen zu organisieren, deren Sinn und Zweck die Sicherung oder Garantie einer Verfassung ist. Daß man diese naheliegende Frage in der Nachkriegszeit zunächst nicht stellte, sondern fast ausschließlich einen gerichtlichen (durch einen Staatsgerichtshof auszuübenden) Schutz der Verfassung im Auge hatte und den Hüter der Verfassung mit unbedenklicher Selbstverständlichkeit in der Sphäre der Justiz suchte, erklärt sich aus mehreren Gründen. Zunächst aus einer mißverstandenen und abstrakten Vorstellung vom Rechtsstaat. Es liegt nahe, die justizförmige Erledigung aller politischen Fragen als rechtsstaatliches Ideal aufzufassen und dabei zu übersehen, daß mit einer Expansion der Justiz auf eine vielleicht nicht mehr justiziable Materie die Justiz nur geschädigt werden kann. Denn die Folge wäre, wie ich öfters, sowohl für das Verfassungsrecht wie für das Völkerrecht, gezeigt habe, nicht etwa eine Juridifizierung der Politik, sondern eine Politisierung der Justiz. Eine konsequent formalistische Methode freilich ist über solche Bedenken erhaben und schlechthin unwiderleglich, weil sie mit Fiktionen arbeitet, die gegenstandslos und deshalb unwiderleglich sind. Es gibt keine sachlichen Schwierigkeiten und Bedenken mehr, wenn alle sachlichen Verschiedenheiten vernachlässigt werden können und wenn die sachliche Verschiedenheiten von Verfassung und Verfassungsgesetz, Gesetz im Sinne des rechtstaatlichen Gesetzesbegriffs und Gesetz im Sinne des formalen d. h. des politischen Gesetzesbegriffs, wenn die sachliche Verschiedenheit von Gesetz und Richterspruch oder *Triepels* grundlegende Unterscheidung von Rechtsstreitentscheidung und Interessenausgleich [1] ignoriert werden dürfen. Sobald man das Recht in Justiz verwandelt und dann Justiz nochmals formalisiert, indem man alles Justiz nennt, was eine richterliche Behörde tut, ist das Problem des Rechtsstaates schnell gelöst, und es wäre das Einfachste, die Richtlinien der Politik nach Treu und Glauben vom Reichsgericht bestimmen zu lassen, um den Rechtstaat im formalen Sinne zu vollenden.

Vielleicht beruht ein Teil der Selbstverständlichkeit, mit der ein mit unabsehbarer Zuständigkeit ausgestatteter Staatsgerichtshof gefordert wird, auf solchen Begriffsvertauschungen. Daraus ergibt sich aber keine konkrete Institution, und man sollte es vermeiden, sich in solcher etwas naiven Weise

---

[1] Streitigkeiten zwischen Reich und Ländern, Berliner Festgabe für *W. Kahl*, Tübingen 1923, S. 19 f.

2. Sachliche Grenzen jeder Justiz

auf den „Rechtsstaat" zu berufen. Mit dem Wort Rechtsstaat allein ist für unsere Frage nichts entschieden. Ganz verschiedenartige und widersprechende Einrichtungen können unter Berufung auf den Rechtsstaat verlangt werden. Von angesehenen Autoren z. B. wird das akzessorische richterliche Prüfungsrecht als die einzige rechtsstaatliche Methode hingestellt und ein besonderer Staatsgerichtshof lebhaft bekämpft, weil er notwendigerweise zu einer Einschränkung des allgemeinen Prüfungsrechts führen muß und eine diffuse, von dem ganzen beamteten Richterstand ausgeübte Kontrolle bei einer einzigen Stelle konzentriert, wodurch sie politisch leichter zu fassen und zu beeinflussen ist. *Hugo Preuß* spricht in diesem Zusammenhang sogar von dem „Bock, den man zum Gärtner macht"[1], und *H. Stoll* sagt: „Das volle richterliche Prüfungsrecht krönt erst den Rechtsstaat." „Wie gegen Übergriffe des verwaltenden Staates unabhängige Verwaltungsgerichte Prüfung und Schutz bieten, so müssen unabhängige Organe den Staat als Gesetzgeber überwachen"[2]. Im 19. Jahrhundert wurde, oft mit den gleichen Redewendungen vom Rechtsstaat, die justizförmige Ministerverantwortlichkeit gefordert, von der man glaubte, sie

---

[1] Im Verfassungsausschuß der Weimarer Nationalversammlung, Protokolle S. 483/84: „Nun wollen Sie (gegenüber dem allgemeinen richterlichen Prüfungsrecht) einen Ausweg wählen, indem Sie dem Gericht das Prüfungsrecht entziehen, dafür aber einen Ausnahmegerichtshof (!) schaffen, der auf Antrag von 100 Reichstagsmitgliedern in Tätigkeit treten kann. Das ist eine Regelung, bei der man — das mögen mir die Mitglieder des Reichstags verzeihen — bis zu einer gewissen Grenze den Bock zum Gärtner macht. . . . Das ist keine Ergänzung für den Rechtsschutz, der jedem Bürger dadurch genommen wird, daß man dem ordentlichen Richter eine seiner wichtigsten Aufgaben entzieht." Sehr interessant ist auch die weitere Ausführung: „Etwas anderes ist es, ob Sie ohne eine Ausschließungsbestimmung . . . einer bestimmten Anzahl von Reichstagsmitgliedern die Möglichkeit geben wollen, eine solche Frage (der materiellen Verfassungsmäßigkeit eines Gesetzes) zur Entscheidung zu bringen. Man könnte das unter dem Gesichtspunkte rechtfertigen, daß tatsächlich eine solche Prüfung der Verfassungsmäßigkeit nur selten eintreten werde." Dieser Irrtum *Preuß'* erklärt sich daraus, daß er die ungeheure Ausdehnung der sogenannten Grundrechte weder gewollt noch vorausgesehen hat. Gegen die sogenannte österreichische Lösung (oben S. 6) und die in den vorliegenden Entwürfen (oben S. 5 Anm. 1) zutage tretende Bevormundung des Reichsgerichts besonders nachdrücklich: *F. Morstein Marx* a. a. O. S. 116 f., 139 f.

[2] *Iherings* Jahrbücher 76, S. 200, 201, Jur. Wochenschrift 1926, S. 1429 (Anm. zu dem Urteil des Reichsgerichts vom 4. November 1925; hier tritt *Stoll* allerdings für das „österreichische Vorbild" ein), ferner in *Nipperdeys* Sammelwerk, Grundrechte und Grundpflichten der Deutschen, Bd. III., Berlin 1930, S. 187. Ebenso *Morstein Marx* a. a. O. S. 151/52: „Nichts Geringeres als die Gesetzmäßigkeit der Gesetzgebung, die Justizförmigkeit der Gesetzgebung wird durch die unbeschränkte richterliche Prüfungszuständigkeit im ordentlichen Rechtszuge verwirklicht. Das erst ist die Vollendung des Rechtsstaats." *F. Adler*, Verfassung und Richteramt, Z. f. ö. Recht, Bd. X (1930) S. 120 hält das allgemeine einheitliche Prüfungsrecht für das Natürliche, die Konzentration bei einer Sonderinstanz für eine „gekünstelte Lösung".

sei der Schlußstein und die höchste Krönung der Verfassung. „Die rechtliche Verantwortlichkeit der Minister, meinte *Gneist* [1], schließt als letzte Ergänzung den Rechtsstaat ab." Oder: „Die rechtliche Ministerverantwortlichkeit ist nicht nur der Schlußstein der Beamtenverantwortlichkeit, sondern des Rechtsstaates überhaupt; sie ist die höchste Garantie des öffentlichen Rechtszustandes: ohne sie sind die Verfassung und die verfassungsmäßigen Rechte jedem Gewaltmißbrauch preisgegeben, ohne sie bleibt das gesamte öffentliche Recht eines Volkes eine lex imperfecta" [2]. Es wird aber im folgenden gleich gezeigt werden, daß nach allen Erfahrungen gerade die justizförmige Ministerverantwortlichkeit gegenüber der politischen ziemlich bedeutungslos und uninteressant ist, und daß die Krönung und Vollendung des Rechtsstaates durch derartige Justizförmigkeiten in demselben Maße problematisch wird, in welchem die Jutsizförmigkeit sich vervollkommnet. Jedenfalls ergibt sich schon aus diesen geschichtlichen Erfahrungen und aus der Vieldeutigkeit des Wortes „Rechtsstaat", daß die abstrakte Berufung auf „den" Rechtsstaat besser unterbleibt und statt dessen Unterscheidungen und Begriffe einer konkreten Verfassungslehre verwendet werden.

Abgesehen von der Mißverständlichkeit und Bequemlichkeit des Wortes Rechtsstaat, abgesehen ferner von dem verbreiteten Bedürfnis nach einer Zentralisierung und Konzentrierung des diffusen, in Deutschland von zahlreichen höchsten Gerichtshöfen gehandhabten Prüfungsrechts, gibt es vielleicht noch eine weitere und interessantere Erklärung dafür, daß man heute einen justizförmig entscheidenden Gerichtshof zum Hüter der Verfassung machen will. Man erwartet, wenn man einen Hüter fordert, natürlich einen bestimmten Schutz und geht dabei von der Vorstellung einer bestimmten Gefahr aus, die aus einer bestimmten Richtung kommt. Der Hüter soll nicht abstrakt und schlechthin, sondern gegen ganz bestimmte, konkret befürchtete Gefahren sichern. Während nun früher, im 19. Jahrhundert, die Gefahr von der Regierung her drohte, also aus der Sphäre der „Exekutive" kam, richtet sich die Besorgnis heute vor allem gegen den G e s e t z g e b e r. Heute dient die verfassungsgesetzliche Regelung bereits zu einem großen Teil der Aufgabe, gewisse Angelegenheiten und Interessen, die sonst Sache der einfachen Gesetzgebung waren, vor diesem Gesetzgeber, d. h. vor wechselnden Parlamentsmehrheiten, zu schützen. Die verfassungsgesetzliche „Verankerung" soll bestimmte Interessen, insbesondere Minderheitsinteressen, vor der jeweiligen Mehrheit sichern. Darin liegt ein merkwürdiger Funktionswandel und eine gegen das demokratische Mehrheitsprinzip gerichtete Tendenz. Nach dem

---

[1] Der Rechtsstaat, Berlin 1872, S. 175.

[2] *Schulze*, Preußisches Staatsrecht, 2. Aufl. Berlin 1888/90, Bd. II S. 905; ihm zustimmend *Pistorius*, Der Staatsgerichtshof und die Ministerverantwortlichkeit nach heutigem Deutschem Staatsrecht, Tübingen 1891, S. 209. *R. Mohl* sagt im Vorwort zur Verantwortlichkeit der Minister (1837): „Ein Gesetz über Minister-Verantwortlichkeit erscheint den Meisten als der Schlußstein eines konstitutionellen Staatsgebäudes."

2. Sachliche Grenzen jeder Justiz

Vorgang von *J. St. Mill* — der viele typisch liberale Staatskonstruktionen des 19. Jahrhunderts geliefert hat und heute noch die politischen Vorstellungen stärker beeinflußt, als es bei dem Mangel an konkretem geschichtlichem Bewußtsein den Trägern dieser Vorstellungen meistens klar wird [1] — kann die „wahre" Demokratie allerdings auch als Schutz der Minderheit definiert werden; ein steter Kompromiß zwischen Mehrheit und Minderheit soll dann ihr eigentliches und wahres Wesen sein [2]. Mit Hilfe des Zusatzes „wahr" oder „falsch" kann nämlich jeder politische Begriff verwandelt und auch die überlieferte Auffassung, daß in der Demokratie die Mehrheit entscheidet und die überstimmte Minderheit sich nur über ihren wahren Willen geirrt habe, ins Gegenteil verkehrt werden. Wie dem aber auch sein mag, jenem Funktionswandel der verfassungsgesetzlichen Regelung folgt natürlich immer ein Wandel der Vorstellung vom Hüter der Verfassung. Während man im 19. Jahrhundert vor allem an den Schutz vor der Regierung dachte, hat man heute oft nur den Schutz vor der Gesetzgebung der Parlamentsmehrheit im Sinn. Droht aber die Gefahr für die Verfassung nunmehr aus der Sphäre der Gesetzgebung, so kann der Gesetzgeber nicht mehr der Hüter sein. In der Sphäre der Exekutive suchte man den Hüter nicht, weil man immer noch unter dem Eindruck des jahrhundertelangen Verfassungskampfes gegen die Regierung stand. Wenn nun der Hüter weder in die Sphäre der Legislative noch der Exekutive gehört, so scheint nichts anderes übrig zu bleiben als eben die Justiz. In solchen Gedankengängen zeigt sich dann wieder, wie sehr die Lehre

---

[1] *J. St. Mill*, Considerations on Representative Government (1. Auflage 1861 erschienen) Kap. 7: Of true and false Democracy: die falsche Demokratie ist nur Vertretung der Mehrheit, die wahre ist Vertretung Aller, auch der Minderheiten. Die „wahre" Demokratie ist natürlich die „wahre". In Wirklichkeit ist sie ein vor der Demokratie sich schützender Liberalismus, wie auch *L. v. Ottlik*, Diktatur und Demokratie, Arch. f. Geschichte der Philosophie und Soziologie, XXXIX (1930) S. 223 richtig feststellt. Solche Definitionen, die mit der Unterscheidung von Wahr und Falsch, Echt und Unecht operieren, sind keineswegs eine Eigentümlichkeit der deutschen Romantiker und *Othmar Spanns*. Sie sind vielmehr Reflexe echt politischer Unterscheidungen, und ihr „Wahr" oder „Falsch", „Echt oder Unecht" ist der Reflex einer existenziellen Unterscheidung von Freund und Feind. Über die strukturelle Übereinstimmung der Gedankengänge österreichischer Sozialdemokraten mit der liberalen Staatskonstruktion *J. St. Mills* vgl. die Anm. 26 und 27 meines Vortrages über Hugo Preuß (Heft 72 der Sammlung Recht und Staat, Tübingen 1930, S. 34), ferner unten S. 142.

[2] *Kelsen*, Bericht vom Staatsrechtslehrertag 1928, Veröffentlichungen der Vereinigung deutscher Staatsrechtslehrer, Heft 5, S. 81. Vielleicht gibt es, neben dem „formalen" Begriff des Monarchisten, den *A. Hensel*, AöR., N. F. Bd. XV S. 415 treffend festgestellt hat („Monarchist wäre dann, wer anderer Meinung als die Wiener Schule ist"), auch noch einen analog konstruierten formalen Begriff des Demokraten. Die Feststellung *Hensels* ist nicht nur „witzig"; sie trifft mit der Klarheit des Witzes den wesentlichen Punkt: daß nämlich gerade der Formalismus im öffentlichen Recht einen spezifisch politischen Sinn haben kann; vgl. auch unten S. 75 und S. 128.

von der Gewaltenunterscheidung mit ihrer üblichen Dreiteilung auch in Deutschland lebendig ist. Sie verbindet sich hier mit der immer noch stark nachwirkenden Tradition des mittelalterlichen Justizstaates und führt auf diese Weise zu den „selbstverständlichen" Forderungen eines souveränen Gerichtshofes.

Daher muß zunächst die Frage erhoben werden: Wie weit ist es überhaupt möglich, den Hüter der Verfassung innerhalb der Sphäre der Justiz zu konstituieren ? Kann grundsätzlich und allgemein die Funktion eines Hüters der Verfassung justizförmig wahrgenommen werden ? Und ist eine solche Tätigkeit, auch wenn ihre Ausübung mit dem Schein von Justizförmigkeit umgeben wird, in der Sache noch Justiz und die Justizförmigkeit etwas anderes als die irreführende Verkleidung anders gearteter und jedenfalls hochpolitischer Befugnisse ?

Für die Beantwortung dieser Frage sind zunächst die Fälle von Interesse, in denen eine Verletzung verfassungsgesetzlicher Bestimmungen zu einem echten Straf-, Zivil- oder verwaltungsgerichtlichen Prozeß führt. Bei der Zivil- und Verwaltungsgerichtsbarkeit dient der gerichtliche Schutz dem rechtlichen Interesse einer Partei und der Verwirklichung ihrer Ansprüche. Dem Schutz der Verfassung als solcher dienen nur Strafprozesse wegen bestimmter Delikte: Hochverrat und andere strafbare Handlungen, bei denen die Verfassung als Ganzes (zum Unterschied von verfassungsgesetzlichen Einzelbestimmungen) das strafgesetzliche Schutzobjekt ist. Der politische Charakter solcher Prozesse macht sich darin geltend, daß Abweichungen von der sonstigen strafgerichtlichen Zuständigkeit eingeführt werden: bei Hochverratsprozessen z. B. ist das Reichsgericht in erster und letzter Instanz zuständig (GVG. § 134); das inzwischen außer Kraft getretene Gesetz zum Schutz der Republik vom 21. Juli 1922 (Reichsgesetzblatt I, S. 525) führte einen besonderen Staatsgerichtshof als Sondergericht politischer Strafgerichtsbarkeit ein. In anderen Staaten ist nach dem Vorbild des englischen Oberhauses eine zweite Kammer als Staatsgerichtshof zuständig; gemäß Art. 9 des französischen Verfassungsgesetzes vom 24. Februar 1875 z. B. die zweite Kammer, der Senat, der als Gerichtshof (cour de justice) konstituiert werden kann, um über den Präsidenten der Republik, über Minister zu Gericht zu sitzen und ferner, um über Angriffe gegen die Sicherheit des Staates (attentats commis contre la sûreté de l'Etat) zu erkennen. Auch in dem konsequentesten Rechtsstaat wird aus politischem Interesse in solchen Fällen von der allgemeinen Zuständigkeit der ordentlichen Strafgerichte abgewichen [1]. Trotz solcher Modifikationen handelt es sich hier immer noch um nachträgliche Ahndung in der Vergangenheit liegender Schuld, um eine repressive und vindikative Strafjustiz. Eine derartige Strafjustiz ist eine wichtige und bedeutungsvolle Angelegenheit und kann

---

[1] Darüber Verfassungslehre S. 134; ferner *H. Triepel*, Bericht vom Staatsrechtslehrertag 1928 a. a. O. S. 9 f.

im weiteren und allgemeinen Sinn als Schutz der Verfassung bezeichnet werden. Trotzdem ist das Problem des Hüters der Verfassung damit nicht gelöst. Denn infolge der Justiz- und Gerichtsförmigkeit wird der Schutz der Verfassung auf bereits abgeschlossene, vergangene Tatbestände beschränkt, und die eigentlich interessanten Fälle des Verfassungsschutzes bleiben außerhalb der justizförmigen Erfassung. Sobald man die Juridifizierung konsequent durchführt und ein regelrechtes Prozeßverfahren mit Parteirollen ausgestaltet, ist dieser Schutz im wesentlichen nur eine nachträgliche Korrektur, weil immer nur abgeschlossen vorliegende Tatbestände unter vorliegende Gesetzesbestimmungen subsumiert werden.

Das Schicksal der Gerichtshöfe für Ministeranklage ist in dieser Hinsicht lehrreich. *Benjamin Constant,* ein liberaler Vorkämpfer dieser Einrichtung, war sich der Besonderheit und Abnormität einer Ministeranklage noch durchaus bewußt. Er weist in seiner berühmten Schrift über die Ministerverantwortlichkeit (1815) darauf hin, daß das Gesetz über die Ministerverantwortlichkeit „weder präzis noch detailliert" sein darf, während man sonst aus rechtsstaatlichen Gründen für Strafrecht und Strafprozeß klare Subsumierbarkeit verlangen muß. „C'est *une loi politique* dont la nature et l'application ont inévitablement quelquechose de discrétionnaire." Deshalb müsse auch ein besonders geartetes Gericht, nämlich eine durch Unabhängigkeit und Neutralität ausgezeichnete Pairskammer, zuständig sein. Das Wesentliche und zugleich das allgemeine Korrektiv ist auch hier die Öffentlichkeit der Diskussion, „la publicité de la discussion", diese Zentralvorstellung des liberalen Denkens. Der Minister könne sich nicht darüber beschweren, daß die Sicherungen zum Schutze des Angeklagten, wie sie der normale Strafprozeß kennt, hier nicht zur Anwendung kommen, denn er habe mit dem Staat, in dessen Dienst er trete, einen besonderen Vertrag geschlossen. Wenn sein Ehrgeiz durch die hohe und glänzende Stellung eines Ministers befriedigt werde, so müsse er auch das Risiko eines derartigen politischen Prozesses auf sich nehmen und vor einem Gericht stehen, das in weitem Maße nach freiem Ermessen (arbitraire) urteile. „Mais cet arbitraire est dans le sens de la chose même." Es wird gemildert durch die Feierlichkeit der Form, die Öffentlichkeit der Diskussion, den Widerhall in der öffentlichen Meinung, die Vornehmheit der Richter und die Eigenart der Strafe [1]. An diese Ausführungen eines klassischen Vertreters bürgerlicher Rechtsstaatlichkeit wird hier erinnert, weil sie ein verständiges Gefühl für die Eigenart des Verfahrens und die Schwierigkeiten einer politischen Justiz zeigen und von rohen Abstraktionen weit entfernt sind. Aber auch bei größter Rücksicht auf die Besonderheiten politischer Justiz bleibt die politisch lähmende Wirkung der Justizförmigkeit unver-

---

[1] De la responsabilité des ministres, Paris 1815, S. 36, 44, 52 u. a. Über die große Bedeutung *Constants* für die Verfassungslehre des bürgerlichen Rechtsstaates und des parlamentarischen Systems unten S. 134.

meidlich. Die Erfahrungen des 19. Jahrhunderts haben das gezeigt; ja, man darf sagen, daß es die eigentlichste verfassungsgeschichtliche Erfahrung und der Kern des ganzen innerpolitischen Kampfes zwischen deutscher Monarchie und deutschem Bürgertum im 19. Jahrhundert gewesen ist. Denn in den deutschen konstitutionellen Monarchien hatte die justizförmige Ministerverantwortlichkeit gerade den politischen Sinn, eine politische Verantwortlichkeit des Ministers zu verhindern und die ganze „Verantwortlichkeit" politisch möglichst unschädlich zu machen [1]. Die Justizförmigkeit war das sichere Mittel der politischen Wirkungslosigkeit. Man tröstete sich damit, daß man sagte, der Staatsgerichtshof habe seinen Zweck schon erfüllt, „wenn seine Existenz zu dem Resultat führt, daß er niemals in Tätigkeit zu treten braucht"[2]. Heute hat das Institut der justizförmigen Ministerverantwortlichkeit seine praktische Bedeutung verloren, und Art. 59 der Weimarer Verfassung, ein Residuum aus den Kämpfen zwischen Parlament und Monarchie, löst den Tatbestand und den Gegenstand der Verantwortlichkeit in eine allgemeine Grenzenlosigkeit auf, wenn er bestimmt, daß wegen schuldhafter Verletzung nicht nur der Reichsverfassung, sondern sogar eines Reichsgesetzes angeklagt werden kann [3].

Halten wir uns zur besseren Verdeutlichung dieser verfassungsgeschichtlichen Erfahrung an den wichtigsten und meisterörterten Fall einer Verfassungsstreitigkeit des 19. Jahrhunderts, den preußischen Konflikt von 1862—1866, und versuchen wir, ihn an der Hand des Lehrbuches eines der berühmtesten deutschen Staatsrechtslehrer, *Anschütz*, zu beurteilen. *Anschütz* hat die Forderung eines allgemein, d. h. für alle Verfassungsstreitigkeiten zuständigen Staatsgerichtshofes besonders entschieden als eine rechtsstaatliche Forderung vertreten [4]. Wenn wir aber seine Äußerungen und Stellungnahmen auf jenen

---

[1] Verfassungslehre S. 331.

[2] *Pistorius* a. a. O. S. 209; vgl. auch die oben S. 3 zitierte Bemerkung von *Otto Mayer*. Im übrigen wurde bekanntlich selbst die justizförmige Verantwortlichkeit in Preußen und im Reich nicht verwirklicht. Wo sie aber in anwendbarer Weise geregelt war, wie in den meisten Mittel-Staaten, konnte sie infolge der Unterordnung unter den deutschen Bund ohne Mühe wirkungslos gemacht werden. „Stürzte doch gerade diejenige Verfassung, welche die wirksamste Verantwortlichkeit der Minister feststellte, die Kurhessische, im Jahre 1850 unter den Streichen des Bundestags zusammen"; *F. Thudichum*, Die Minister-Anklage nach geltendem deutschem Recht und ihre Unräthlichkeit in Reichssachen, Annalen des Deutschen Reiches, 1885, S. 668.

[3] Zur Kritik des Art. 59 vor allem *Binding*, Die staatsrechtliche Verantwortlichkeit (Zum Leben und Werden der Staaten, München und Leipzig 1920, S. 408): „Es versteht sich von selbst, daß sich in dieser Ministeranklage von ihrer bisherigen Natur, die sich aus der Miturheberschaft des Paktum zwischen König und Staatsvolk ergab, kein Atom erhalten hat." Die Kraft substanziell juristischen Denkens, die an *Binding* stets bewunderswert ist, bewährt sich auch in diesen staatsrechtlichen Darlegungen und trifft gleich das Wesentliche: die Verfassung früher Vertrag, heute nicht mehr Vertrag.

[4] Vgl. oben S. 5 Anm. 1.

2. Sachliche Grenzen jeder Justiz

interessanten Verfassungsstreit von 1862 anwenden, ergibt sich folgendes: Nach *Anschütz* ist es eine „Selbstverständlichkeit", daß ein Staatsgerichtshof nur Rechtsfragen (im Gegensatz zu politischen Fragen) entscheiden darf. „Ich glaube nicht, sagt er, daß zu diesem Punkt noch irgend etwas weiteres zu bemerken ist" [1]. Zu der Frage jedoch, um die es sich im preußischen Verfassungskonflikt handelte, ob die Regierung die Geschäfte ohne Budgetgesetz weiterführen dürfe, sagt er in dem Lehrbuch *Meyer-Anschütz* wörtlich: „Das Staatsrecht hört hier auf; die Frage, wie bei nicht vorhandenem Etatsgesetz zu verfahren sei, ist keine Rechtsfrage" [2]. Was also hätte nach *Anschütz* ein preußischer oder deutscher Staatsgerichtshof tun können, der über jenen preußischen Verfassungskonflikt entscheiden sollte? Einerseits wird der Staatsgerichtshof auf reine „Rechtsfragen" beschränkt, andererseits hört das Staatsrecht hier auf. Mit Hilfe der Äußerungen von *Anschütz* ergibt sich angesichts eines so konkreten und wichtigen Falles wie des preußischen Verfassungskonflikts von 1862 keine Möglichkeit einer richterlichen Entscheidung. Und doch soll der Wert eines derartigen Gerichtshofes gerade darin liegen, daß alle Verfassungsstreitigkeiten verrechtlicht und durch Richterspruch entschieden werden. Die Möglichkeit eines *„non liquet"*, die schon R. *Mohl* sogar für die Ministeranklage anerkannte, und der „gar leicht mögliche Fall", daß der Richter „den Sinn des Gesetzes für zweifelhaft erklären muß" [3], sind überhaupt nicht beachtet. Deshalb muß eine solche Auffassung bei jedem ernsthaften Verfassungskonflikt zu Schwierigkeiten und Widersprüchen führen. Das liegt eben in der Natur der Sache, die eine Verbindung von echter Justiz und echtem Verfassungsstreit außerordentlich erschwert, und ist nicht dadurch behoben, daß man den Verfassungsgerichtshof für befugt erklärt, von sich aus den zweifelhaften Sinn eines Verfassungsgesetzes festzusetzen.

Für die Gegenwart sei die gleiche, einfache Struktur jeder politischen Meinungsverschiedenheit über Voraussetzung und Inhalt verfassungsrechtlicher Befugnisse an einem andern, doch in der hier interessierenden Hinsicht gleichgearteten Beipiel illustriert. Durch eine Verordnung vom 18. Juli 1930 (RGBl. I S. 299) hat der Reichspräsident den Reichstag mit folgendem Wortlaut aufgelöst: „Nachdem der Reichstag heute beschlossen hat, zu verlangen, daß meine auf Grund des Artikel 48 der Reichsverfassung erlassenen Verordnungen vom 16. Juli außer Kraft gesetzt werden, löse ich auf Grund Artikel 25 der Reichsverfassung den Reichstag auf." Die Reichsregierung hat dann in der auf Grund des Artikel 48 ergangenen Verordnung vom 26. Juli 1930 (RGBl. I S. 311) jene Verordnungen, deren Aufhebung der aufgelöste Reichstag ver-

---

[1] Verhandlungen des Deutschen Juristentages 1926, Berlin 1927, S. 13.
[2] *Meyer-Anschütz*, Lehrbuch des Deutschen Staatsrechts München und Leipzig, 1919, 7. Auflage, S. 906.
[3] R. *Mohl*, Die Verantwortlichkeit der Minister, 1837, S. 185.

langt hatte, zum großen Teil wiederholt. Unter den vielen verfassungsrechtlichen Zweifeln und Meinungsverschiedenheiten, die sich hier ergeben (und die sämtlich durch den Staatsgerichtshof in Leipzig entscheiden zu lassen, heute, Dezember 1930, wohl nur noch einige Zeloten eines blinden Normativismus verlangen werden), dürfte eine Frage besonders wichtig sein: ob die in der Verordnung vom 26. Juli 1930 enthaltene Anwendung des Artikels 48 eine verfassungswidrige Umgehung und Beseitigung der Gesetzgebungsbefugnis der Reichstagsmehrheit bedeutet, und ob man ferner mit Recht sagen kann, der Reichstag sei nicht mehrheitsfähig und infolgedessen auch nicht handlungsfähig gewesen. Das wiederum ist in der Sache davon abhängig, ob die Reichsregierung alles getan hat, um eine Mehrheit zu gewinnen — eine in den Tageszeitungen und der Wahlagitation heftig umstrittene Frage. Auf die Zweckargumente und Agitationsfloskeln der Parteipropaganda braucht hier natürlich nicht eingegangen zu werden. Aber als ein überaus bezeichnendes Indiz seien folgende widersprechenden Stellungnahmen aus ein und demselben Heft einer sozialdemokratischen Zeitschrift von besonderem Rang und Niveau zitiert. In Heft 8, Jahrg. 1 der „Neuen Blätter für den Sozialismus" (August 1930) sagt *August Rathmann* auf S. 340 in einem Aufsatz „Bürgerliche Offensive gegen Parlament und Verfassung": „Das Vorgehen der Regierung Brüning wäre zu entschuldigen, wenn sie subjektiv der Überzeugung sein konnte, eine regierungsfähige Mehrheit wäre auf keinen Fall zustande zu bringen. Sie hat sich aber in keiner Weise um eine solche Mehrheit nach links, wo sie allein gewonnen werden konnte, bemüht. Sie hat im Gegenteil alle Bemühungen, die von anderer Seite, etwa den Sozialdemokraten in einer fast an Selbstverleugnung grenzenden Intensität gemacht worden sind, mißachtet und zerschlagen. Es ist völlig eindeutig: die Regierung Brüning wollte entweder nur eine von rechts gestützte Mehrheit oder sie wollte überhaupt keine. Da das erstere nicht erreichbar war, zog sie es vor, Minderheitsregierung zu sein und durch taktischen Mißbrauch des Artikels 48 an der Macht zu bleiben. Damit entfällt die Möglichkeit, der Regierung Brüning den guten Glauben zuzubilligen, daß sie die Voraussetzungen für die Anwendung des Artikel 48 objektiv für gegeben hielt. Es handelt sich um einen glatten V e r - f a s s u n g s b r u c h , um nichts anderes." In dem gleichen Heft aber findet sich auf S. 374 folgende Äußerung von *Eduard Heimann*: „Ich halte es jedoch für falsch, wenn, wie in den offiziellen sozialdemokratischen Äußerungen, davon gesprochen wird, daß eine Linksmehrheit möglich gewesen wäre . . . Ohne Volkspartei aber gab es keinerlei Mehrheit. Brüning hatte, wenn das zutrifft, keine Wahl; er mußte eine Rechtsmehrheit suchen und mußte im Falle ihres Versagens zur Reichstagsauflösung oder zum Artikel 48 greifen." Wenn solche Meinungsverschiedenheiten über einen noch unmittelbar vor Augen stehenden Sachverhalt unter den Gesinnungsgenossen des gleichen Kreises und der gleichen Zeitschrift möglich sind, so wird erkennbar — und nur diese Feststellung ist der Zweck der Zitierungen —, daß es sich bei solchen verfassungsrechtlichen Stellungnahmen juristisch betrachtet immer nur um das *quis judicabit*, d. h. um die Dezision und nicht um die Pseudonormativität einer justizförmigen Gerichtlichkeit handeln kann. Nach der geltenden Reichsverfassung ist, je nach der Sachlage, die Reichsregierung, der Reichspräsident in Verbindung mit dem gegenzeichnenden Reichskanzler, oder der Reichstag zur Entscheidung befugt. Wenn der Reichstag wirklich mehrheits- und handlungsunfähig, d. h. nicht imstande ist, von seinen verfassungsmäßigen Befugnissen (z. B. ausdrücklicher Beschluß nach Artikel 54, dem Reichskanzler das Vertrauen zu entziehen, oder Beschluß nach Artikel 48 Absatz 3, die Außerkraftsetzung der nach Artikel 48 Abs. 2 ergangenen Anordnungen zu verlangen) Gebrauch zu machen, so kann auch ein Gerichtshof diesen Mangel nicht ersetzen. Würde man aber statt der verfassungsmäßig zuständigen Stelle einen Staatsgerichtshof einsetzen, der über alle sich erhebenden Zweifel und Meinungsverschiedenheiten entscheiden soll, und der von einer zu andern Entschlüssen vielleicht nicht fähigen Reichstagsmehrheit, oder sogar von einer Reichstagsminderheit angerufen werden könnte, so wäre dieser Staatsgerichtshof eine politische Instanz neben dem Reichstag, dem Reichspräsidenten und der Reichsregierung, und es wäre nichts anderes erreicht, als daß mit irgendwelchen „Entscheidungsgründen", Regierungsakte unter dem Schein der Justizförmigkeit ergingen oder verboten würden. Keine noch so krampfhafte Fiktion könnte es verhindern, daß Jeder einen solchen Gerichtshof für eine politische Instanz hält und als solchen bewertet. Die Schwierigkeiten und Widersprüche, zu denen jede Verbindung ernsthafter Verfassungskonflikte mit wirklicher Justiz führen muß, treten dann offenkundig zutage.

Das Problematische dieser Verbindung haben *R. Smend* (in seinem Buch „Verfassung und Verfassungsrecht") und *H. Triepel* (in seinem Bericht für den Deutschen Staatsrechtslehrertag 1928) dargelegt [1]. Aber schon auf Grund der bisherigen Erfahrungen läßt sich für jeden Gerichtshof eine einfache A l t e r n a t i v e stellen, die beim Staatsgerichtshof für Ministeranklage ohne weiteres evident ist und die sich bei den verschiedenen Gestaltungen einer den Gesetzgeber und die Regierung kontrollierenden „Staatsgerichtsbarkeit" oder „Verfassungsjustiz" immer wiederholt: e n t w e d e r liegt eine o f f e n s i c h t l i c h e , zweifellos festzustellende V e r f a s s u n g s v e r l e t z u n g vor, dann übt der Gerichtshof eine repressive und vindikative Art von Justiz aus und spricht in irgendeiner Form für vergangene Taten ein „Schuldig"; o d e r der Fall liegt u n k l a r u n d z w e i f e l h a f t , sei es aus tatsächlichen Gründen, sei es wegen der notwendigen Unvollständigkeit und Weite jeder geschriebenen Verfassung im allgemeinen oder der Eigenart des zweiten Hauptteils der Weimarer Verfassung im besondern, dann liegt

---

[1] *Smend* a. a. O. S. 135; *Triepel* in den Veröffentlichungen der Vereinigung deutscher Staatsrechtslehrer, Heft 5, 1929, S. 8: „das Wesen der Verfassung steht b i s z u e i n e m g e w i s s e n G r a d e mit dem Wesen der Verfassungsgerichtsbarkeit in Widerspruch" („bis zu einem gewissen Grade" im Original gesperrt).

keine „reine Rechtsfrage" vor und die Entscheidung des Gerichtshofes ist etwas anderes als richterliche Entscheidung, d. h. etwas anderes als Justiz. Die innere Logik jeder zu Ende gedachten Justizförmigkeit führt unvermeidlich dahin, daß die echte richterliche Entscheidung erst *post eventum* kommt. Versucht man diesen Nachteil durch e i n s t w e i l i g e V e r f ü g u n g e n d e s G e r i c h t s zu korrigieren, so kommt der Richter in die Lage, politische Maßnahmen zu treffen oder solche zu verhindern und in einer Weise politisch aktiv zu werden, die ihn zu einem mächtigen Faktor der staatlichen Innen- und gegebenenfalls sogar Außenpolitik macht; seine richterliche Unabhängigkeit kann ihn dann vor der politischen Verantwortlichkeit nicht mehr schützen, wenn überhaupt noch eine politische Verantwortlichkeit bestehen soll [1]. Die richterliche Unabhängigkeit verliert ihre verfassungsrechtliche Grundlage in

---

[1] Über die Zulässigkeit einstweiliger Verfügungen des Staatsgerichtshofes für das Deutsche Reich nach Art. 19: *Fr. Giese*, DJZ. 1929, S. 132; *Giese* hält es für „durchaus unbedenklich, auch das Gebot oder Verbot von Hoheitsakten des Reichs im Wege der einstweiligen Verfügung für zulässig zu erachten." Bejahend auch *Heinsheimer*, Jur. Woch. 1926, S. 379, *Lammers*, eod. S. 376, *W. Simons*, Einleitung zu *Lammers-Simons* II S. 11. Anders der Präsident des Reichsfinanzhofes *Jahn*, Darf der Staatsgerichtshof einstweilige Verfügungen erlassen? Jur. Woch. 1930, S. 1160, bes. S. 1162: „Hier handelt es sich um Aufgaben der Regierung, die die Verantwortung zu tragen hat"; und S. 1163 (gegen die Analogie mit § 944 ZPO., wonach in dringenden Fällen der Vorsitzende anstatt des Gerichts eine einstweilige Verfügung erlassen kann): „Hiermit wäre das Recht eines einzelnen geschaffen, über den Kopf des Reichspräsidenten, der Minister, des Reichstags, der Landtage hinaus selbstherrlich zu entscheiden. Das scheint mir mit den Anschauungen einer demokratischen Verfassung, wie sie in Weimar geschaffen ist, nicht vereinbar." Zu der Praxis des Staatsgerichtshofs für das Deutsche Reich: Entscheidung vom 17. November 1928 (RGZ. 122, Anh. S. 18 f.; *Lammers-Simons* I S. 156 f.): Der Staatsgerichtshof nimmt diese Befugnis für sich in Anspruch, doch ist zu beachten, daß es sich hier um Geldansprüche handelte. Die Zulässigkeit einstweiliger Verfügungen ist anscheinend prinzipiell bejaht in der Entscheidung vom 10. Oktober 1925 (RGZ. 111 Anh. S. 21 f.; *Lammers-Simons* I S. 212): mit Rücksicht auf die Möglichkeit (und zur Sicherung) einer V o l l s t r e c k u n g, und mit dem interessanten Argument: „Dafür aber, daß der Erlaß einstweiliger Verfügungen ausgeschlossen sein soll, liegt nichts vor" (das ist, näher betrachtet, nur ein: Warum nicht?). Andrerseits liegt eine Reihe von Ablehnungen der Anträge einstweiliger Verfügungen vor: Beschluß vom 23. Oktober 1929 (RGZ. 126, Anh. S. 1 f.; *Lammers-Simons* II S. 72), hier bereits eine prinzipielle Einschränkung: „nur mit großer Zurückhaltung und nur in Ausnahmefällen"; besonders wichtig der Beschluß vom 13. Juli 1929 (*Lammers-Simons* II S. 98): der Staatsgerichtshof kann nicht durch einstweilige Verfügung die Verkündung beschlossener Gesetze vereiteln; und vor allem die Erklärung in der Entscheidung vom 17./18. Juli 1930 (RGZ. Bd. 129 Anhang S. 31), „daß der Staatsgerichtshof auch in Zukunft so wie schon bisher von dem Mittel einer vorläufigen Anordnung m i t ä u ß e r s t e r V o r s i c h t u n d Z u r ü c k h a l t u n g Gebrauch macht." In dieser Entscheidung ist übrigens auch ausdrücklich gesagt, daß es sich bei diesen einstweiligen Verfügungen um I n t e r e s s e n a u s g l e i c h, nicht um Rechtsprechung handelt.

dem gleichen Maße, in welchem sie sich vom zweifellosen Inhalt der verfassungsgesetzlichen Bestimmungen entfernt. Es ist eben unvermeidlich, daß die Justiz, solange sie Justiz bleibt, politisch immer zu spät kommt, und um so mehr, je gründlicher und sorgfältiger, je rechtsstaatlicher und justizförmiger das Verfahren gestaltet wird. Bei zweifellosen Verfassungsverletzungen, die in einem Kulturstaat nichts Alltägliches sein werden, führt das im günstigsten Fall zur Bestrafung des Schuldigen und zu Wiedergutmachungen eines in der Vergangenheit liegenden Unrechts. In zweifelhaften Fällen zeigt sich das Mißverhältnis zwischen der richterlichen Unabhängigkeit und ihrer Voraussetzung, der strengen Bindung an ein Gesetz, das inhaltliche Bindungen in sich enthält.

Das wird nicht nur durch die Entwicklung der Ministeranklage, sondern auch durch andere praktische Erfahrungen bestätigt. Über die Besonderheit eines Staatsgerichtshofes bei bundesstaatlicher Organisation und über den Staatsgerichtshof für das Deutsche Reich nach Art. 19 RV. ist unten (im 4. Abschnitt dieses Kapitels) noch zu sprechen. Das allgemeine Prinzip, das sich für die Beziehung von Verfassungsschutz und Justiz immer durchsetzt, ist in der Wirklichkeit des politischen Lebens überall erkennbar. Deshalb werden auch im konsequentesten und aufrichtigsten Rechtsstaat Korrekturen und Modifikationen der Justizförmigkeit unvermeidlich, sobald eine Rücksicht auf die Verfassung sich geltend macht. Wenn es sich schon im Steuerrecht als notwendig erwiesen hat, zu bestimmen, daß bei der Auslegung der Steuergesetze ,,ihr Zweck, ihre wirtschaftliche Bedeutung und die Entwicklung der Verhältnisse zu berücksichtigen" sind (§ 4 der Reichsabgabenordnung), so ist es im Verfassungsrecht noch viel weniger möglich, den konkreten Gegenstand außer acht zu lassen. Warum wird in jedem Staat für Delikte wie Hochverrat oder Angriff auf die Grundlagen des Staates von der Zuständigkeit der allgemeinen ordentlichen Strafgerichte abgewichen und entweder ein oberster Gerichtshof in erster und letzter Instanz für zuständig erklärt oder sogar ein besonderer Staatsgerichtshof zum Schutz der Sicherheit des Staates als Sondergericht eingesetzt[1]? Mit welchem Recht beschränkt oder beseitigt man die Prüfungszuständigkeit der ordentlichen Gerichte durch einen Staats- oder Verfassungsgerichtshof, und mit welchem Recht gibt man nur bestimmten politischen Stellen (Regierung, Parlament u. a.; Art. 13 Abs. 2 RV. nur der ,,zuständigen" Reichs- oder Landeszentralbehörde) die Befugnis, das Verfahren vor einem solchen Staats- oder Verfassungsgerichtshof einzuleiten[2]? Warum ist die besondere Berücksichtigung von Zweckmäßigkeitsfragen ver-

---

[1] Vgl. oben S. 26.

[2] Nach dem deutschen Entwurf von 1926 (DJZ. 1926, Sp. 842) sollen der Reichstag, der Reichsrat oder die Reichsregierung die Entscheidung des Staatsgerichtshofes anrufen können. Weitere Beispiele Verfassungslehre S. 137. Über den rein politischen Sinn dieser Einschränkung des Antragsrechts mit sehr beachtenswerter Kritik *Morstein Marx* a. a. O. S. 116 ff.

nünftig und unvermeidlich, wie sie z. B. auf dem Gebiet des bundesstaatlichen Abgabenrechts zwischen der Zuständigkeit des Reichsfinanzhofes und der des Reichsrates gemacht wird [1]? Warum war in dem Reichsgesetz vom 30. August 1924 (sog. Dawesplan) gegenüber der Entscheidung des Reichsbahngerichts die Möglichkeit vorgesehen, daß die Reichsregierung oder die Reichsbahngesellschaft einen Schiedsrichter anrufen konnte, wenn einer von ihnen glaubte, daß die Durchführung der gerichtlichen Entscheidung den Zinsen- und Tilgungsdienst der Reparations-Schuldverschreibungen gefährdete [2]? Wenn gegenüber der Entscheidung eines Sondergerichts wie des Reichsbahngerichts solche Korrekturen aus Zweckmäßigkeitsgründen der Außenpolitik notwendig werden können, sind sie dann nicht mindestens ebenso notwendig gegenüber der Entscheidung eines Gerichtshofes, der über alle Verfassungsstreitigkeiten des Deutschen Reiches zu entscheiden hat? Und wenn sie notwendig sind, ist damit nicht schon wieder das Prinzip der grenzenlosen Justizförmigkeit aufgegeben?

Solange das schwierige Problem mit konkretem verfassungsrechtlichem Bewußtsein behandelt wurde, hat man es stets vermieden, von einer allgemeinen „Staatsgerichtsbarkeit" oder „Verfassungsjustiz" zu sprechen. *Sieyès*, der als Vater solcher Ideen gilt, sprach nur von einer *jury constitutionnaire*, einer *magistrature constitutionnelle*, die zum Schutz der Verfassung gegen Verfassungsverletzungen eingesetzt werden sollte. Er sagte dabei, diese Magistratur sei nichts in der Sphäre der Exekutive und der Regierung, auch nichts in der Sphäre der Legislative, sondern eben eine Verfassungsmagistratur; er nennt sie nicht ausdrücklich Justiz, sondern läßt eher erkennen, daß er sie für einen Teil der verfassunggebenden Gewalt hält oder wenigstens zur Aus-

---

[1] § 6 des Gesetzes über den Finanzausgleich zwischen Reich, Ländern und Gemeinden vom 27. April 1926 (RGBl. I S. 203): Im Fall von Meinungsverschiedenheiten zwischen dem Reichsminister der Finanzen und einer Landesregierung über die Frage, ob eine landesrechtliche Steuervorschrift m i t d e m R e i c h s r e c h t v e r e i n b a r ist, entscheidet auf Antrag des Reichsministers der Finanzen oder der Landesregierung der Reichsfinanzhof. Zuständig ist der Große Senat in der im § 46 Abs. 2 Satz 1 der Reichsabgabenordnung vorgesehenen Zusammensetzung. Die näheren Vorschriften bleiben besonderer gesetzlicher Regelung vorbehalten. Über die Frage dagegen, ob Landes- oder Gemeindesteuern g e e i g n e t sind, die Steuereinnahmen des Reiches zu s c h ä d i g e n, und ob ü b e r w i e g e n d e I n t e r e s s e n der Reichsfinanzen der Erhebung der Steuern e n t g e g e n s t e h e n, entscheidet auf Antrag des Reichsministers der Finanzen oder der Landesregierung der Reichsrat. Außerdem kann der Reichsminister der Finanzen dem Reichsfinanzhof Fragen der Auslegung der Steuergesetze zur B e g u t a c h t u n g vorlegen (§ 43 der Reichsabgabenordnung).

[2] § 44 Abs. 3 des Reichsgesetzes über die deutsche Reichsbahngesellschaft (Reichsbahngesetz) vom 30. August 1924, RGBl. II S. 272: Glaubt die Reichsregierung oder die Gesellschaft, daß bei Durchführung der Entscheidung des Gerichts der Zinsen- und Tilgungsdienst der Reparationsschuldverschreibungen gefährdet wird, so kann jeder der beiden Teile binnen einer Frist von einem Monat seit Verkündung der Entscheidung den

2. Sachliche Grenzen jeder Justiz

übung dieser Gewalt rechnet [1]. In den schweizerischen Verfassungsplänen dieser Zeit, die von einem über die Verfassung wachenden Geschworenengericht sprechen, handelt es sich ebenfalls um eine Klage gegen begangene Verfassungsverletzungen [2]. Dadurch, daß in den Napoleonischen Verfassungen ein *sénat conservateur* zum Hüter der Verfassung wird, ist die Sphäre der Justiz dann bereits wieder verlassen und eine Gesetzgebungs- oder Ratgeber-Instanz zuständig geworden. Die Vertreter des liberalen Rechtsstaates, insbesondere *Benjamin Constant* und *Guizot*, bleiben sich der natürlichen Grenzen der Justiz bewußt und sprechen sich darüber oft mit epigrammatischer Präzision aus, *Constant* in den oben zitierten Ausführungen über Ministeranklage [3], *Guizot* mit dem Satz, den man heute in Deutschland nicht oft genug wiederholen kann, daß bei solchen Juridifizierungen „die Politik nichts zu gewinnen und die Justiz alles zu verlieren hat" [4]. Die rechtsstaatlich gesinnten Verfassungslehrer im liberalen Deutschland des 19. Jahrhunderts, insbesondere *Mohl*, *Bluntschli* und *Gneist*, sehen das Problem in großen systematischen Sachzusammenhängen; für sie ist entweder die gesetzgebende Körperschaft (als Vertretung von Bildung und Besitz) oder das Zusammenwirken von erblichem Monarchen und zwei Kammern die sicherste Garantie der Verfassung [5]. Im übrigen interessieren sie sich hauptsächlich für die Ministeranklage — damals das einzige Instrument einer Ministerverantwortlichkeit und angeblich „der Schlußstein des konstitutionellen Staatsgebäudes" [6] —, oder für das richterliche Prüfungsrecht gegenüber königlichen Verordnungen; doch werden auch hierbei oberflächliche Fiktionen absoluter Justizförmigkeit vermieden [7].

Schiedsrichter (§ 45) anrufen. Nach dem Reichsgesetz vom 13. März 1930 (Youngplan) ist dieser Absatz ebenso wie § 45 gestrichen, RGBl. 1930, II S. 364.

[1] Nachweise bei *André Blondel* a. a. O. S. 174 f.

[2] Darüber *Ed. His*, Geschichte des neueren Schweizerischen Staatsrechts, Bd. I, Basel 1921, S. 196/202.

[3] Oben S. 27.

[4] Des conspirations et de la justice politique, Brüssel 1846, S. 101. Bei dem Konflikt zwischen dem Reichsgerichtspräsidenten Dr. *Simons* und der Reichsregierung hat sich dieser Satz leider auch in personaler Hinsicht bewahrheitet.

[5] Unten S. 77 und 154 Anm. 3.

[6] *R. Mohl*, Verantwortlichkeit der Minister, 1837, Vorwort: „Ein Gesetz über Minister-Verantwortlichkeit erscheint den Meisten als der Schlußstein eines constitutionellen Staatsgebäudes."

[7] *R. Mohl*, Verantwortlichkeit der Minister z. B. S. 15 (Kritik an der sächsischen Lösung, die den Staatsgerichtshof zum Schiedsrichter und zum Interpreten macht), S. 187 (von der Entschuldigung wegen Notfalles) usw.; ferner in den Bemerkungen über die französische Verfassung von 1848, Staatsrecht, Völkerrecht und Politik, Monographien I S. 561—564 (Tübingen 1860), S. 562: „Wie nämlich immer ein Staatsgerichtshof geordnet und die Verantwortlichkeit bestimmt sein mag, soviel ist in jedem Falle klar, daß das Gesetz lediglich nur eine feste und gerechte Behandlung nach verlangtem Siege über einen hochverräterischen Angriff gewähren kann." *Bluntschli* a. a. O. II, S. 550 f.; vgl. auch

Später konnte man sich in der Sekurität der Vorkriegsjahre einen wohlfeilen, die sachlichen Probleme einfach leugnenden Formalismus erlauben. Sobald aber wieder konkrete politische Gegensätze zum Ausbruch kamen, erwachte auch sogleich das Bewußtsein dafür, daß alle Justizförmigkeit an enge Grenzen gebunden ist, und als im Jahre 1919 der Versuch gemacht wurde, die Frage der Schuld am Kriege mit solchen Mitteln zu entscheiden, hat *Erich Kaufmann* in einer eindrucksvollen Schrift an die rechtsstaatlichen Grenzen der Justiz erinnert [1].

3. Maßgebliche Festsetzung des Inhaltes eines in seinem Inhalt zweifelhaften Verfassungsgesetzes ist in der Sache Verfassungsgesetzgebung, nicht Justiz

Für die Beantwortung der grundsätzlichen verfassungstheoretischen Frage muß hier nochmals wiederholt werden, daß es keinen bürgerlichen Rechtsstaat ohne unabhängige Justiz, keine unabhängige Justiz ohne inhaltliche Bindung an ein Gesetz, keine inhaltliche Bindung an das Gesetz ohne sachliche Verschiedenheit von Gesetz und Richterspruch gibt. Der bürgerliche Rechtsstaat beruht nun einmal auf der sachlichen Unterscheidung verschiedener Gewalten. Man kann die Gewaltenunterscheidung aus absolutistischen Tendenzen

---

das Zitat unten S. 77. *Gneist*, Gutachten S. 23: keine Nachprüfung von Verstößen gegen allgemeine Grundsätze der Verfassung; *Gneists* mißverständlicher Satz: „Für jeden Verfassungsartikel tritt an die Stelle der Interpretation die Jurisdiction" (Der Rechtsstaat, 1867, S. 175) ist für die Verwaltungsgerichtsbarkeit gemeint; im übrigen brachte *Gneist* einem mit Berufsbeamten besetzten Staats- oder Verfassungsgerichtshof wenig Vertrauen entgegen; vgl. seine Äußerung in der Sitzung des Preußischen Abgeordnetenhauses vom 9. Februar 1866 (Sten. Ber. S. 130): „Soweit ich die Geschichte kenne, hat das Beamtentum die Probe noch nicht ein einziges Mal bestanden, wenn man die ganze Frage nach der Verfassungsmäßigkeit einer in voller Gewalt stehenden Regierung auf die Schultern von ein paar Männern des Vertrauens hat legen wollen! Selbst in England hat ein Richterpersonal, in glänzender, ministergleicher Stellung dastehend, umgeben von der Kollegenschaft einer glänzenden, unabhängigen, hochgesinnten Advokatur, eine solche Kraftprobe, wie sie hier alle Tage gemacht werden soll, noch nicht ein einziges Mal bestanden. Und in unseren ärmlichen Beamtenverhältnissen ... sieben solche Männer sollten im Ernst einen unparteiischen Richterspruch fällen über diese Frage, die zwischen den Ministern und den Anklägern der Minister steht?! Ich habe mir nie verhehlt, daß das ganze große Kollegium des Ober-Tribunals in seinen sechs oder sieben Senaten kaum stark genug sein würde — wenn wir Gesetze zu geben hätten — mit seinen festen Mitgliedern einen Staats-Gerichtshof zu bilden." — Was *Thudichum* über die „Unräthlichkeit" der Ministeranklage sagt (a. a. O. S. 637 f.) ist schon aus anderm Geist geboren. *A. Haenel*, Deutsches Staatsrecht I. Bd. (1892), S. 562 ff. behandelt die Bundesgerichtsbarkeit bei Verfassungsstreitigkeiten innerhalb der Gliedstaaten in dem systematischen Zusammenhang „Staatspflege" (und nicht Rechtspflege).

[1] Untersuchungsausschuß und Staatsgerichtshof, Berlin 1920, S. 83 f. über den Begriff des gerichtlichen Verfahrens.

heraus ablehnen, wie das in der Staatsrechtslehre der deutschen konstitutionellen Monarchie üblich war, man kann auch dem Richter eine gewisse Freiheit lassen, aber man kann ihm nicht die politische Entscheidung, die Sache des Gesetzgebers ist, übergeben, ohne seine staatsrechtliche Stellung zu ändern. Die prinzipielle Unterscheidung von Gesetzgebung und Justiz ist auch nicht damit widerlegt, daß man ungenaue Bezeichnungen (Gewaltenteilung, Gewaltentrennung) in ihrem Wortsinn preßt, oder daß man auf Schwierigkeiten der Abgrenzung im einzelnen, Möglichkeiten von Grenzüberschneidungen und dergleichen hinweist oder schließlich daran erinnert, daß statt der üblichen Dreizahl (Legislative, Exekutive und Justiz) auch noch andere Einteilungen und Unterscheidungen möglich sind. Es gibt, wie *Larnaude*[1] richtig sagt, so viele Gewaltenunterscheidungen, wie es Staaten gibt. Aber die Mannigfaltigkeit beweist nicht, daß es überhaupt keine Unterscheidung gibt, oder daß man das Recht hätte, alle Verschiedenheiten von Gesetzgebung und Justiz zu mißachten. Für den bürgerlichen Rechtsstaat gilt immer noch, daß ein Staat ohne sachliche Unterscheidung von Gesetzgebung, Exekutive (Regierung und Verwaltung) und Justiz im Sinne des bürgerlichen Rechtsstaates „keine Verfassung" hat[2].

Im bürgerlichen Rechtsstaat gibt es Justiz nur als Richterspruch **a u f G r u n d** eines Gesetzes. Die von allen deutschen Verfassungen seit dem 19. Jahrhundert in typischer Weise gebrauchte Formel „**a u f G r u n d e i n e s G e s e t z e s**" ist für die Organisation des bürgerlichen Rechtsstaates von zentraler Bedeutung. Ich habe in den letzten Jahren öfters darauf hingewiesen und den systematischen Zusammenhang gezeigt[3]. **D i e F o r m e l h a t f ü r d e n B e r e i c h a l l e r d e u t s c h e n V e r f a s s u n g e n k e i n e g e r i n g e r e (w e n n a u c h e i n e a n d e r e) B e d e u t u n g a l s d i e F o r m e l v o m „*d u e p r o c e s s o f l a w*" f ü r d a s a n g e l s ä c h s i s c h e V e r f a s s u n g s r e c h t**. Auch aus dieser Formel folgt, daß zwischen Gesetz und Richterspruch unterschieden werden muß und infolgedessen auch zwischen Gesetzgeber und Richter. So mannigfaltig die Durchführung der Gewaltenunterscheidung in den verschiedenen Staaten sein mag, immer bleibt es der Sinn der rechtsstaatlichen Gewaltendifferenzierung, daß den organisatorischen Einteilungen der staatlichen Funktionen wenigstens für die normale Zuständigkeitsregelung eine sachliche Verschiedenheit der Tätigkeit entspricht. Ein Gesetz ist kein Richterspruch, ein Richterspruch kein Gesetz, sondern Entscheidung eines „Falles" auf „Grund eines Gesetzes." Die besondere Stellung des Richters im Rechtsstaat, seine Objektivi-

---

[1] Revue politique et parlementaire 126 (1926), S. 186.
[2] Verfassungslehre S. 127.
[3] Verfassungslehre S. 152. Unabhängigkeit der Richter, Gleichheit vor dem Gesetz und Gewährleistung des Privateigentums nach der Weimarer Verfassung, Berlin 1926, S. 17/18, JW. 1926, S. 2271 (mißverstanden bei *R. Grau*, Der Vorrang der Bundeskompetenz, Festschrift für Heinitz, 1926, S. 403).

tät, seine Stellung über den Parteien, seine Unabhängigkeit und Unabsetzbarkeit, alles das beruht nur darauf, daß er eben auf Grund eines Gesetzes entscheidet und seine Entscheidung i n h a l t l i c h aus einer anderen, meßbar und berechenbar im Gesetz bereits enthaltenen Entscheidung a b g e l e i t e t ist. Wenn ausnahmsweise die gesetzgebenden Stellen in den Formen der Gesetzgebung andere Funktionen als die der Gesetzgebung wahrnehmen, so kann man das als „formelle Gesetzgebung" bezeichnen, wie man auch analog von einem formellen Begriff der Justiz sprechen kann, wenn eine für zuständig erklärte richterliche Behörde in solcher Weise über das sachliche Gebiet der Justiz hinaus tätig wird. Das erlaubt aber noch nicht die Umkehrungen eines gegenstandslosen Formalismus, der die Sache einfach auf den Kopf stellt und nun alles, was die gesetzgebenden Stellen in den Formen der Gesetzgebung erledigen, als Gesetz, alles, was ein Gericht tut, als Justiz bezeichnet. Diese Art Logik geht in fortwährenden Vertauschungen folgendermaßen vor: Justiz ist, was ein Richter tut, also ist alles, was ein Richter tut, Justiz; der Richter ist unabhängig, also ist jeder, der unabhängig ist, ein Richter; also ist alles, was eine unabhängige Stelle unter dem Schutz ihrer Unabhängigkeit tut, Justiz; *ergo* braucht man nur alle Verfassungsstreitigkeiten und Meinungsverschiedenheiten von unabhängigen Richtern entscheiden lassen und man hat eine „Verfassungsjustiz." Bei dieser Art von formellen Begriffen kann alles allem unterschoben werden; alles kann Justiz, aber ebensogut alles „Norm" und Normgebung und schließlich auch alles Verfassung[1] werden. Die verfassungsmäßige Organisation wird zu einer Welt trügerischer Fiktionen und die Rechtswissenschaft zum Übungsfelde einer Denkweise, der *Hofacker* den Namen „Gänsebeinlogik" angehängt hat[2].

---

[1] „Durch Vermittlung der Idee der Verfassungsform", wie *Kelsen* sich ausdrückt (Bericht S. 38).

[2] Nach dem Syllogismus, über den sich Schopenhauer lustig macht: Der Mensch hat zwei Beine, also ist alles, was zwei Beine hat, ein Mensch, also ist die Gans ein Mensch usw.; Gerichtssaal XCIV, S. 213 f. Arch. f. Soz.Wissenschaft XXI, S. 18 f. (Die Erneuerung des Rechtsbetriebs), Reichsverwaltungsblatt 1930 S. 34. Über die Verwüstungen, welche diese Art Logik in der Lehre vom Gesetzesbegriff angerichtet hat, vgl. Verfassungslehre S. 143 f. Zu dem allgemeinen rechtstheoretischen Problem sei noch folgendes bemerkt: In der Sache gibt es keine andere als eine gesetzesgebundene Justiz. Daher muß an der sachlichen Verschiedenheit von Gesetzgebung und Justiz festgehalten werden, und es läßt sich keine „durchgängige Stufenfolge" von der Verfassung zum richterlichen Urteil konstruieren, wie *Kelsen* das unternimmt (Bericht S. 31 f., 42). Was der Richter auf Grund eines Gesetzes tut, ist inhaltlich vom Gesetz geregelt und daher etwas wesentlich anderes als Gesetzgebung „auf Grund des (Verfassungs-) Gesetzes". Die Wendung „auf Grund des Gesetzes" verliert ihren spezifischen rechtsstaatlichen Sinn, wenn sie in solcher Weise auf andere als inhaltliche Beziehungen übertragen und „durchgängig" gemacht wird. Man kann unter Benutzung einer sprachlichen Ungenauigkeit sagen, auch der Gesetzgeber gebe seine Gesetze „auf Grund" der verfassungsgesetzlichen Bestimmungen, welche ihn zum Gesetzgeber machen, der Reichstag z. B. auf Grund des Art. 68 RV.,

3. Maßgebliche Festsetzung des Inhaltes eines zweifelhaften Verfassungsgesetzes

Die ganze Abwegigkeit dieser in einer merkwürdigen Mischung von gegenstandslosen Abstraktionen und phantasievollen Metaphern sich abspielenden Art Logik zeigt sich beim Problem des Hüters oder Garanten der Verfassung.

der Reichskanzler bestimme die Richtlinien „auf Grund" des Art. 56 RV. und der Reichspräsident treffe Diktaturmaßnahmen „auf Grund" des Art. 48 RV. Aus solchen Zuständigkeitsanweisungen und „Ermächtigungen" ist keine inhaltliche Ableitung des konkreten staatlichen Aktes möglich, wie es bei der richterlichen Gesetzesanwendung und der Entscheidung „auf Grund" eines Gesetzes gemeint ist. Wenn ein Richter auf Grund einer strafgesetzlichen Bestimmung den Angeklagten zu Gefängnis verurteilt, so ist das auf Gefängnis lautende Urteil inhaltlich aus dem Gesetz abgeleitet, mit Hilfe einer tatbestandsmäßigen Subsumtion des zur Entscheidung vorliegenden Falles unter eine Norm, die eine tatbestandsmäßige Subsumtion ermöglicht und in einem bestimmten Rahmen (Gefängnisstrafe) den Inhalt des Urteils bereits im Voraus bestimmt. Wenn der Reichskanzler „auf Grund" des Art. 56 RV. ein Bündnis mit Rußland herbeiführt, oder der Reichspräsident „auf Grund" des Art. 48 eine „Osthilfe" anordnet, so ist das russische Bündnis oder die Osthilfe nicht inhaltlich durch tatbestandmäßige Subsumtion aus den verfassungsgesetzlichen Bestimmungen der Art. 56 oder 48 abgeleitet, wie jene Gefängnisstrafe aus der strafgesetzlichen Norm. Es ist ein Mißbrauch, die Unterscheidung von Zuständigkeitsanweisung und inhaltlicher Normierung ineinander übergehen zu lassen, die verschiedenartigsten Sätze, Befehle, Regelungen, Ermächtigungen und Entscheidungen mit dem Worte „Norm" zu belegen und, wo es sich um Justiz handelt, nicht einmal mehr zwischen justiziablen und nichtjustiziablen „Normen" zu unterscheiden. Zum Wesen der richterlichen Entscheidung gehört es, daß sie inhaltlich aus der zugrunde liegenden Norm abgeleitet werden kann, daß die den Richter bindende Norm wirklich in meßbarer und berechenbarer Weise bindet und nicht nur ermächtigt. Ein Spielraum unbestimmter Begriffe kann bleiben; wird die „Norm" aber so weit und inhaltlos, daß eine tatbestandsmäßige Subsumtion nicht mehr möglich ist, oder liegt nur eine Zuständigkeitsanweisung vor, so entfällt in gleichem Maße mit der justiziablen Norm die Grundlage für eine mögliche Justizförmigkeit. Würden die Richtlinien der Politik statt vom Reichskanzler vom Reichsgericht unter dem Schutz seiner richterlichen Unabhängigkeit bestimmt, so wäre das trotzdem nicht Justiz, auch dann nicht, wenn man sämtliche Bestimmungen der Zivil- oder Strafprozeßordnung für „sinngemäß anwendbar" erklärte, wenn man die „strenge" „Norm" aufstellte, daß das Reichsgericht nur richtige Richtlinien aufstellen darf und wenn dann „auf Grund" dieser „Norm" und „auf Grund" der Plaidoyers von Parteien und Anwälten nach mündlicher Verhandlung die Entscheidung getroffen würde, kurz, wenn man eine noch so sehr ins einzelne gehende Parodie eines Prozesses inszenierte.

Wie jedes andere verfassungstheoretische Problem läßt sich auch das der „Verfassungsjustiz" mit Hilfe von „formellen" Begriffen einfach lösen. Sobald man aber die sachliche Verschiedenheit von Gesetzgebung und Justiz und die Verschiedenheit justiziabler und nichtjustiziabler Normen im Auge behält, zeigt sich, daß jene leichte Einfachheit nur ein Spiel von Äquivokationen darstellt. Wenn *Kelsen* z. B. von einem durchgängigen „Stufenbau der Rechtsordnung" spricht und darauf seinen ganzen Gedankengang aufbaut, so ist das nur solange möglich, als die verschiedenen Bedeutungen des vieldeutigen Wortes „Verfassung" — Grundnorm, politische Gesamtentscheidung, der „zufällige Inhalt geschriebener Verfassungsparagraphen" (*R. Smend*), verfassungsgesetzliche Zuständigkeitsanweisung, materiellrechtliche verfassungsgesetzliche Einzelnormierung — wie auch die

Ein Gesetz kann nicht Hüter eines anderen Gesetzes sein. Das schwächere Gesetz kann selbstverständlich das stärkere nicht hüten oder garantieren. Soll aber etwa umgekehrt das erschwert abänderbare Gesetz das einfache Gesetz hüten? Damit wäre alles in sein Gegenteil verkehrt, denn es handelt sich um Schutz und Hütung des Verfassungsgesetzes, nicht aber des einfachen Gesetzes, und das Problem ist doch gerade, das erschwert abänderbare Gesetz vor Abänderungen durch ein einfaches Gesetz zu schützen. Das Problem entstände gar nicht, wenn eine Norm sich normativ selber schützen könnte. Eine Norm gilt, stärker, schwächer oder ebenso stark wie eine andere

---

vielen Arten von „Normen" nicht unterschieden, sondern fortwährend miteinander vertauscht werden. In einem Aufsatz von *A. Caspary*, Versuch über den Begriff des Staatszweckrechts, Zeitschr. f. d. ges. Staatswissenschaft, Bd. 83 (1927) S. 238 ist treffend bemerkt: wenn die Verfassung positives Gesetz wird, so ist sie „nicht mehr und nicht minder Recht als etwa das bürgerliche Gesetzbuch, welches ja auch durchaus nicht ‚auf Grund' der Verfassung gilt". So ist die „Stufentheorie" mit ihrer „Durchgängigkeit" der Norm vielleicht für eine abstrakte Rechtstheorie, nicht aber verfassungstheoretisch interessant. Das spezifische Problem wird verfehlt, weil statt einer verfassungstheoretischen Grundlage ein leeres rechtstheoretisches Schema von „Rechtsordnung" und durchgängigem „Stufenbau" oder „Hierarchie" von „Normen" gegeben wird. Nur so erklärt sich auch die eigenartige Vorstellung, daß bei der Verfassungsjustiz eine Justiz von Normen über Normen vorliege, daß (Verfassungs-) Gesetzmäßigkeit der Gesetze „rechtstheoretisch und rechtstechnisch keine andere Forderung ist wie die der Gesetzmäßigkeit der Rechtsprechung und Verwaltung" (Bericht S. 53), und daß ein Gesetz als solches G e g e n s t a n d eines Prozesses statt Grundlage der Prozeßentscheidung sein könne. Weil es Gesetze mit stärkerer und schwächerer Geltungskraft gibt und ein Verfassungsgesetz nur unter den erschwerten Bedingungen des Art. 76 RV. abänderbar ist, während ein einfaches Gesetz durch ein späteres einfaches Gesetz abgeändert und aufgehoben werden kann, kann man mit einem gewissen Recht von stärkeren oder schwächeren, „höheren" und „niederen" Normen sprechen. Der Ausdruck ist brauchbar und nicht mißverständlich, solange damit nur jene verschiedenen Grade der Abänderbarkeit und Aufhebbarkeit bezeichnet werden. Er wird zu einer phantasievollen Metapher, wenn man daraufhin von einer allgemeinen „Hierarchie der Normen" spricht und in diesem Bild drei oder vier verschiedene Arten von Über- und Unterordnung — die „Überordnung" der Verfassung über das ganze staatliche Leben, die „Überordnung" des stärkeren Gesetzes über das schwächere, die „Überordnung" des Gesetzes über Richterspruch und Akte der Gesetzesanwendung, die Überordnung des Vorgesetzten über den Untergebenen — ineinandermengt. Richtigerweise gibt es nur eine Hierarchie konkret existierender Wesen, eine Über- und Unterordnung konkreter Instanzen. Eine „Hierarchie der Normen" ist eine kritik- und methodenlose Anthropomorphisierung der „Norm" und eine improvisierte Allegorie. Wenn die eine Norm schwerer abzuändern ist als die andere, so ist das in jeder denkbaren Hinsicht, logisch, juristisch, soziologisch etwas anderes als eine Hierarchie; eine verfassungsgesetzliche Zuständigkeitsanweisung steht zu den von der zuständigen Stelle ergehenden Akten nicht in dem Verhältnis einer vorgesetzten Behörde (denn eine Normierung ist keine Behörde) und erst recht ist das einfache Gesetz nicht der Untergebene des erschwert abänderbaren Gesetzes.

3. Maßgebliche Festsetzung des Inhaltes eines zweifelhaften Verfassungsgesetzes 41

Norm; es sind Widersprüche und Kollisionen zwischen den Normen möglich, die irgendwie zu lösen sind; eine Norm kann eine andere Norm inhaltlich wiederholen; sie kann ihr auch eine neue, verstärkte Art Geltung geben (so, wenn ein einfaches Gesetz als Verfassungsgesetz wiederholt wird); eine Norm kann neue Rechtsfolgen, Strafdrohungen usw. einführen (verstärkte „Sanktion"); es können immer stärkere, immer schwerer abänderbare Normen geschaffen werden. Solange es aber normativ zugeht, kann man einen Schutz und eine Garantie immer nur durch eine noch stärkere Norm erreichen, und das ist gegenüber dem Verfassungsgesetz, wenn es seinem Begriff nach die höchste und stärkste Norm sein soll, eben nicht mehr möglich. Bei der Frage nach dem Hüter der Verfassung handelt es sich um den Schutz der stärksten Norm gegenüber einer schwächeren Norm. Für eine normativistische und formalistische Logik ist das überhaupt kein Problem, die stärkere Geltung kann nicht durch eine schwächere bedroht oder gefährdet werden, und das formalistische Verfassungsrecht hört auch hier wieder eben dort auf, wo das sachliche Problem beginnt.

Wäre Verfassungsjustiz eine Justiz des Verfassungsgesetzes über das einfache Gesetz, so wäre das Justiz einer Norm als solcher über eine andere Norm als solche. Es gibt aber keine Justiz der Norm über eine Norm, wenigstens nicht, solange der Begriff der „Norm" eine gewisse Präzision behält und das Wort nicht einfach zu einer Redensart mit Dutzend Neben-, Seiten- und Hintertüren, also zum Vehikel grenzenloser Vieldeutigkeit wird, wozu es sich allerdings vortrefflich eignet. Schon vor Jahren hat *Otto Mayer* vor dem Mißbrauch und der Verwirrung des Wortes „Norm" eindringlich gewarnt [1]. Leider vergebens. Sonst wäre die Vorstellung von der Verfassungsjustiz als einer Justiz von Normen über Normen wohl nicht möglich gewesen. Soll mit dem Wort „Verfassungsjustiz" eine Art Justiz bezeichnet werden, die nur durch die Art des als Entscheidungsgrundlage benutzten Gesetzes bestimmt ist, dann ist jeder Zivilprozeß, der auf Grund des Art. 131 oder 153 RV. entschieden wird, Verfassungsjustiz. Oder soll etwa die Verfassung (genauer: das einzelne Verfassungsgesetz) Gegenstand des Prozesses sein? Ein Gesetz, das als Grundlage der Prozeßentscheidung dient, ist doch nicht Gegenstand des Prozesses, sondern eben Entscheidungsgrundlage. Oder soll man sich das Verfassungsgesetz zum Richter personifiziert denken, und das einfache Gesetz zur Partei personifizieren? Dann bestünde die Eigenart der „Verfassungsjustiz" darin, daß hier eine Norm sowohl Richter als auch Partei als auch Entscheidungsgrundlage und schließlich sogar auch Entscheidungstenor wäre, ein sonderbarer Prozeß, dessen Konstruierbarkeit nur beweist, was alles mit dem Worte Norm anzufangen ist, wenn die Abstraktionen zu Metaphern werden und die „Durchgängigkeit" der Begriffe schließlich nur darin besteht, daß die leeren und gegenstandslosen Abstraktionen durch-

---
[1] Verwaltungsrecht I, 3. Aufl., 1924, S. 84 Anm.

einandergehen, wie in einem Schattenspiel der Schatten einer Figur durch den einer andern Figur hindurchgeht.

Die Anwendung einer Norm auf eine andere Norm ist etwas qualitativ anderes als die Anwendung einer Norm auf einen Sachverhalt, und die Subsumtion eines Gesetzes unter ein anderes Gesetz (wenn sie überhaupt denkbar ist) etwas wesentlich anderes als Subsumtion eines geregelten Sachverhaltes unter seine Regelung. Soll ein Widerspruch zwischen dem einfachen Gesetz und Verfassungsgesetz festgestellt und das einfache Gesetz für ungültig erklärt werden, so kann man das nicht im gleichen Sinn Anwendung des Verfassungsgesetzes auf das einfache Gesetz nennen, wie es die justizmäßige Anwendung des Gesetzes auf den Einzelfall ist. Im ersten Fall werden Normen miteinander verglichen, und bei Kollisionen und Widersprüchen, die aus sehr verschiedenen Gründen möglich sind, hebt die eine Norm die andere auf. Im zweiten Fall, bei justizmäßiger Anwendung des Gesetzes auf einen bestimmten Sachverhalt, wird ein einzelner Fall unter die generellen Begriffe (und den gesetzlichen „Tatbestand") subsumiert. Wenn ein Verfassungsgesetz bestimmt: die theologischen Fakultäten bleiben erhalten (Art. 149 Abs. 3 RV.), und ein einfaches Gesetz im Gegensatz dazu bestimmt: die theologischen Fakultäten werden beseitigt, dann ist es Anwendung des Verfassungsgesetzes, die theologischen Fakultäten zu erhalten, und Anwendung des einfachen Gesetzes, sie zu beseitigen. Das wird man nicht gut bestreiten können. In beiden Fällen liegt eine Gesetzesanwendung auf einen Sachverhalt vor, und die Entscheidung wird in beiden Fällen in gleicher Weise durch tatbestandsmäßige Subsumtion unter ein Gesetz gewonnen. Wird dagegen der Inhalt des einen Gesetzes mit dem Inhalt des andern konfrontiert, eine Kollision oder ein Widerspruch festgestellt und die Frage erhoben, welches der beiden einander widersprechenden Gesetze gelten soll, so werden generelle Regeln miteinander verglichen, aber nicht untereinander subsumiert oder aufeinander „angewandt". Die Entscheidung, daß die eine oder die andere der beiden generellen Regeln gelten soll, kommt nicht durch tatbestandsmäßige Subsumtion der einen Regel unter die andere zustande. Was sollte denn in einem solchen klaren Fall subsumiert werden? Wenn das eine Gesetz das Gegenteil des andern Gesetzes anordnet und der Widerspruch dahin entschieden wird, daß eine der beiden widersprechenden Anordnungen gilt und die andere nicht gilt, so wird doch nicht das ungültige unter das gültige oder das gültige unter das ungültige Gesetz subsumiert. In dem eben genannten Beispiel ist der gesetzliche „Tatbestand" der beiden einander widersprechenden Normen — theologische Fakultäten — genau derselbe. Man kann also nicht sagen, die theologischen Fakultäten des Verfassungsgesetzes würden unter die theologischen Fakultäten des einfachen Gesetzes subsumiert. Ebensowenig wird bei der Lösung des Widerspruchs die eine der gegenteiligen Anordnungen unter die andere subsumiert und „auf sie angewandt". Es wäre unsinnig zu sagen, man subsumiere „Aufgehobenwerden" unter „Beibehaltenwerden" oder umgekehrt. Dieser klarste Fall einer Normenkollision

3. Maßgebliche Festsetzung des Inhaltes eines zweifelhaften Verfassungsgesetzes

zeigt also, daß der typisch justizmäßige Vorgang der richterlichen, durch tatbestandsmäßige Subsumtion gewonnenen Entscheidung bei der Entscheidung einer Normenkollision in keiner Weise vorliegt. Es wird überhaupt nicht subsumiert, es wird nur ein Widerspruch festgestellt und dann entschieden, welche der einander widersprechenden Normen gelten und welche „außer Anwendung" bleiben soll [1].

Hält man sich an diesen einfachsten Fall eines offensichtlichen Widerspruchs zwischen Verfassungsgesetz und einfachem Gesetz, so wird man nicht auf den Gedanken kommen, hier von einer Justiz des Verfassungsgesetzes über das einfache Gesetz zu sprechen. Die einzige Justiz, die in einem solchen Fall möglich ist, wäre vindikative Strafjustiz wegen begangener Verfassungsverletzung gegen einen Täter, aber nicht gegen eine Norm. Das praktische Interesse an einer Entscheidung der Gesetzeskollision richtet sich nun im allgemeinen nicht auf solche Fälle eines offenbaren Widerspruchs, die in normalen Zeiten nicht sehr häufig sein werden, und nicht auf eine nachträgliche Korrektur in der Vergangenheit liegender Verstöße, sondern auf die ganz anders geartete Frage, wer Zweifel und Meinungsverschiedenheiten darüber

---

[1] Vgl. oben S. 16. Der „Widerspruch" der einen Norm gegen die andere ist auch etwas anderes als der „Widerspruch" gegen eine Norm, der bei einem richterlichen „Schuldig"-Urteil festgestellt wird. Wenn eine Norm bestimmt: Du sollst nicht töten, und der Richter feststellt: X hat getötet, so ist der Widerspruch zur Norm, der damit festgestellt wird, eine andere Art Widerspruch als der Widerspruch zwischen den zwei widersprechenden Normen: du sollst nicht töten und du sollst töten. Die Feststellung: was X hier getan hat, ist eine Tötung, und die andere Feststellung: die eine Norm bestimmt das Gegenteil der anderen Norm, sind logisch und juristisch nicht unter eine gemeinsame und „durchgängige" Kategorie zu bringen. Es könnte sein, daß eine normativistische Betrachtungsweise hier die Methode fiktiver Verdoppelungen anwenden wollte, die ganz allgemein für sie charakteristisch ist, weil sie nicht von der Sache spricht, sondern nur von ihren formalistischen Schatten. Wie der Normativismus dazu führt, der Gültigkeit des konkreten Vertrages die Gültigkeit des allgemeinen Satzes, daß gültige Verträge gültig sind, zu unterschieben (vgl. Verfassungslehre S. 69 f.), so kann der Gültigkeit jedes Gesetzes noch die Gültigkeit des allgemeinen Gesetzes, daß gültige Gesetze gültig sind, hinzuaddiert werden, ebenso wie zu jedem Verbot das weitere Verbot hinzukommt, gültige Verbote nicht zu beachten usw. usw. Mit Hilfe solcher leeren Hinzu-Addierungen ließe sich sagen, daß neben dem Verfassungsgesetz und neben dem einfachen Gesetz auch noch eine verfassungsgesetzliche Bestimmung bestehe, wonach es verboten ist, einfache Gesetze zu erlassen, welche einem Verfassungsgesetz widersprechen; dieses Verbot habe der Urheber des einfachen Gesetzes verletzt, und diese Verfassungsverletzung werde vom Richter festgestellt. Aber auch das wäre keine Hierarchie der Normen und keine Verfassungsjustiz. Wenn hier ein Richter darüber entscheidet, daß der Gesetzgeber jenem Verbot zuwidergehandelt hat, so wäre dies der Sache nach eine repressive Strafjustiz und nicht Verfassungsjustiz. Im übrigen ist mit der Hinzu-Addierung eines verfassungsgesetzlichen Verbots nichts gewonnen; die Feststellung, daß zwischen einem Befehl und dem gegenteiligen Befehl ein Widerspruch vorliegt, wird auch dadurch nicht zu einer tatbestandsmäßigen Subsumtion im Sinne justizmäßiger Gesetzesanwendung.

entscheidet, ob und inwieweit überhaupt ein Widerspruch besteht. Das Interesse an dieser Frage ist angesichts der Weimarer Verfassung sehr groß, denn besonders im 2. Hauptteil der Verfassung sind die verschiedenartigsten Grundsätze, materiellrechtliche Einzelbestimmungen, Programme und Richtlinien und dilatorische Formelkompromisse [1] nebeneinander gestellt, und wenn man alle diese verschiedenartigen Sätze als „Normen" bezeichnet, so ist das Wort Norm eben wertlos und unbrauchbar geworden. Hier liegt in den schwierigsten und praktisch wichtigsten Fällen die Unklarheit oder der Widerspruch sogar innerhalb der verfassungsgesetzlichen Bestimmungen selbst, die in sich, weil sie auf einem unverbundenen Nebeneinander widersprechender Prinzipien beruhen, unklar und widerspruchsvoll sind. Hier hört offenbar auch die Möglichkeit auf, einen Stufenbau von Normen zu fingieren, und wenn eine verfassungsgesetzliche Bestimmung etwas anders bestimmt als eine andere (z. B. Art. 146 Abs. 1 und Abs. 2), so ist die Kollision nicht mit Hilfe des Bildes von einer „Hierarchie" der Normen zu lösen. Aber auch in andern Fällen von Zweifeln und Meinungsverschiedenheiten über die Frage, ob überhaupt ein Widerspruch zwischen Verfassungsgesetz und einfachem Gesetz vorliegt, kommt es nicht zu tatbestandsmäßigen Subsumtionen im Sinn echter Justiz, weil der Zweifel immer nur den Inhalt des Verfassungsgesetzes betrifft. Wenn das Verfassungsgesetz bestimmt: die theologischen Fakultäten bleiben erhalten, und ein einfaches Gesetz bestimmt: die theologischen Akademien werden beseitigt, so kann es fraglich sein, ob die theologischen Akademien theologische Fakultäten sind und der von dem einfachen Gesetz getroffene Sachverhalt auch vom Verfassungsgesetz getroffen wird. Auch das ist, näher betrachtet, keine tatbestandsmäßige Subsumtion des einfachen Gesetzes unter das Verfassungsgesetz, keine Subsumtion von der Art richterlicher Subsumierung eines konkreten Sachverhalts unter ein Gesetz. Vielmehr wird gefragt, ob der unter das einfache Gesetz fallende Sachverhalt gleichzeitig unter das Verfassungsgesetz fällt. Derselbe Sachverhalt wird unter beide Gesetze subsumiert. Die Subsumtion des gleichen Sachverhalts unter das Verfassungsgesetz ist die gleiche wie die unter das einfache Gesetz. Die Frage ist nur, unter welches der beiden widersprechenden Gesetze der konkrete Sachverhalt subsumiert werden soll, aber nur der konkrete Sachverhalt, nicht das einfache Gesetz wird subsumiert. Damit ist klar bewiesen, daß jene Fragen und Zweifel **nur den Inhalt des Verfassungsgesetzes** betreffen, nicht aber die Subsumtion eines einfachen Gesetzes unter eine verfassungsgesetzliche Bestimmung. Die Frage: fällt der gesetzliche Tatbestand eines einfachen Gesetzes (die theologischen Akademien) unter den gesetzlichen Tatbestand des Verfassungsgesetzes (die theologischen Fakultäten) betrifft die Möglichkeit der Subsumtion eines engeren Begriffs unter einen weiteren, nicht die Subsumtion eines seinsmäßigen Sachverhalts unter eine sollensmäßige Norm. Nur psycho-

---

[1] Verfassungslehre S. 31 f.

3. Maßgebliche Festsetzung des Inhaltes eines zweifelhaften Verfassungsgesetzes

logisch kann man ungenau sagen, es werde subsumiert (was man im Fall des offenbaren Widerspruchs zwischen zwei Normen nicht einmal psychologisch sagen könnte). Aber diese Art Subsumtion ist nicht im spezifischen Sinn die der Justiz, sondern nur die allen menschlichen Urteilens und Meinens überhaupt. Dann ist es schließlich auch „Justiz" und „Normgebung", wenn jemand sagt, ein Pferd sei kein Esel. Auch bei der Entscheidung von Zweifeln und Meinungsverschiedenheiten darüber, ob ein Widerspruch zwischen zwei Normen vorliegt, wird nicht die eine Norm auf die andere angewandt, sondern — weil die Zweifel und die Meinungsverschiedenheiten nur den Inhalt des Verfassungsgesetzes betreffen — in Wahrheit ein zweifelhafter Norminhalt außer Zweifel gestellt und authentisch festgelegt. Das ist in der Sache Beseitigung einer Unklarheit über den Inhalt des Verfassungsgesetzes und daher B e s t i m m u n g d e s G e s e t z e s i n h a l t e s , demnach in der Sache Gesetzgebung, sogar V e r f a s s u n g s g e s e t z g e b u n g , und nicht Justiz.

Immer ergibt sich die gleiche und einleuchtende Alternative: e n t w e d e r liegt ein o f f e n s i c h t l i c h e r und z w e i f e l l o s e r Widerspruch gegen verfassungsgesetzliche Bestimmungen vor, dann ahndet der Gerichtshof diesen Verstoß, indem er ihn in aller Form ausdrücklich feststellt, nach Art einer vindikativen Strafjustiz; o d e r der Z w e i f e l über den Inhalt einer Norm ist so begründet und die Norm in sich selbst in ihrem Inhalt so unklar, daß von einer Verletzung auch dann nicht gesprochen werden kann, wenn das Gericht anderer Auffassung ist als der Gesetzgeber oder die Regierung, deren Anordnungen mit dem zweifelhaften Verfassungsgesetz in Widerspruch stehen. In dem letzten Falle ist es klar, daß die Entscheidung des Gerichtshofes keinen andern Sinn hat als den einer authentischen Interpretation. Die Sächsische Verfassung von 1831 hat deshalb in ihrem § 153 Abs. 3 ganz zutreffend gesagt, der Ausspruch, den der Staatsgerichtshof erteilt, wenn über die Auslegung einzelner Punkte der Verfassungsurkunde Zweifel entstehen, die nicht durch Übereinkunft zwischen der Regierung und den Ständen beseitigt werden können, solle „als authentische Interpretation angesehen und befolgt werden". Das entspricht der Natur der Sache und trifft für alle Fälle einer in dieser Weise den maßgebenden Inhalt einer Norm bestimmenden Instanz zu, wobei es gleichgültig ist, ob diese Instanz als Gerichtshof oder anders organisiert ist, ob sie im justizförmigen Verfahren entscheidet oder nicht. Jede Instanz, die einen zweifelhaften Gesetzesinhalt authentisch außer Zweifel stellt, fungiert in der Sache als Gesetzgeber. Stellt sie den zweifelhaften Inhalt eines Verfassungsgesetzes außer Zweifel, so fungiert sie als Verfassungsgesetzgeber.

Der letzte, rechtstheoretische Grund jener immer wiederkehrenden Alternative liegt in Folgendem: In jeder Entscheidung, selbst in der eines tatbestandsmäßig subsumierenden prozeßentscheidenden Gerichtes liegt ein Element reiner Entscheidung, das nicht aus dem Inhalt der Norm abgeleitet werden kann¹. Ich habe das als „Dezisionismus" bezeichnet. Auch bei einem nur akzessorisch sein Prüfungsrecht ausübenden Gericht ist dieses dezisionistische Element erkennbar. Wenn man sich die Mühe gibt, etwa in *Warrens* Geschichte des Höchsten Gerichtshofes der Vereinigten Staaten nachzulesen, so trifft man bei allen wichtigen Entscheidungen dieses Gerichtshofes schwankende Argumentationen und starke Minderheiten überstimmter und dissentierender Richter; sog. „Fünf gegen Vier-" oder auch „Ein-Mann-Entscheidungen" kommen vor und werden vielleicht übertrieben kritisiert². Damit erledigt sich jedenfalls der naive Glaube, die Beweisführung solcher Entscheidungen habe keinen anderen Sinn als den, eine bisher zweifelhafte Verfassungswidrigkeit nunmehr in eine aller Welt einleuchtende Verfassungswidrigkeit zu verwandeln. Der Sinn ist nicht überwältigende Argumentation, sondern eben Entscheidung durch autoritäre Beseitigung des Zweifels. Noch viel stärker aber und wesensbestimmender ist der dezisionistische Charakter jedes Ausspruches einer Instanz, deren spezifische Funktion es ist, Zweifel, Unsicherheiten und Meinungsverschiedenheiten zu entscheiden. Hier ist das dezisionistische Element nicht nur ein Teil der Entscheidung, das zu dem normativen Element hinzutritt, um überhaupt eine *res judicata* zu ermöglichen; vielmehr ist die Entscheidung als solche Sinn und Zweck des Ausspruchs, und ihr Wert liegt nicht in einer überwältigenden Argumentation, sondern in der autoritären Beseitigung des Zweifels, der gerade aus den vielen möglichen, einander widersprechenden Argumentationen entsteht. Denn es ist eine uralte und trotz der Fortschritte unseres kritischen Denkens leider immer noch nicht überholte Erfahrung, daß gerade ein logizistischer Scharfsinn mit Leichtigkeit immer neue Zweifel zu produzieren vermag. Damit entfällt übrigens auch die bei den Plänen eines derartigen Gerichtshofes häufig zutage tretende oder wenigstens unbewußt mitwirkende Vorstellung, ein solcher Gerichtshof beseitige die Zweifel und Meinungsverschiedenheiten in seiner Eigenschaft als bester juristischer Sachverständiger, er sei also eine Art höchsten, rechtswissenschaftlichen G u t a c h t e r s. In solchen Gedankengängen wird meistens übersehen, daß die Wirkung des Gutachtens wesentlich auf seinem Argumentationswert beruht, und das Gutachten insofern gegenüber der reinen Dezision den Gegenpol bedeutet. Ein Richter ist kein Gutachter, und die Verbindung gutachtender Tätigkeit mit richterlicher Tätigkeit enthält schon an sich eine unklare Vermischung, weil die Gutachtertätigkeit in der Sache nicht richterliche Tätigkeit, nicht Justiz, sondern Verwaltung ist³. Macht man das Gutachten aber in seinem Ergebnis

---

[1] *Carl Schmitt*, Gesetz und Urteil, Berlin 1912; Politische Theologie, München und Leipzig 1922; ferner *H. Isay*, Rechtsnorm und Entscheidung, Berlin 1929.

[2] Darüber z. B. *Ogg-Ray*, Introduction to American Government, 2. Aufl. New York 1926, S. 428.

[3] Dahin gehören auch die Gutachten des Reichsgerichts nach § 4 des Einf.-Gesetzes zum GVG. und des Kartellgerichts nach § 20 der VO. gegen Mißbrauch wirtschaftlicher

3. Maßgebliche Festsetzung des Inhaltes eines zweifelhaften Verfassungsgesetzes 47

verbindlich, so ist es Entscheidung und nicht mehr Gutachten[1]. Gilt das schon für jeden Richter, so muß es in unendlich gesteigertem Maße für eine zur authentischen und endgültigen Beseitigung der Zweifel und Meinungsverschiedenheiten bestellte Instanz gelten.

Für eine Verfassung von der Art der Weimarer Verfassung ist das noch aus einem besonderen Grunde von unmittelbarer praktischer Bedeutung. Jede Verfassung ist voller „Vorbehalte", aber die Urheber dieser Verfassung haben außerdem die alte Erfahrung, daß man nicht zuviel in eine Verfassung hineinschreiben darf, zu sehr mißachtet[2]. Die Parteipolitiker haben vielmehr, entgegen den ersten Entwürfen von *Hugo Preuß*, namentlich in den zweiten Hauptteil sehr viel hineingeschrieben. Das war bei dem damaligen Stand der Verfassungstheorie übrigens durchaus konsequent und einwandfrei. Denn wenn die Verfassung formalistisch mit dem einzelnen Verfassungsgesetz gleichgestellt, dieses dann ebenso formalistisch als „nichts anderes als ein erschwert

---

Machtstellungen vom 2. November 1923, RGBl. I S. 1067. Über die Gutachten des Reichsfinanzhofes nach § 43 der Reichsabgabenordnung: *J. Popitz*, in Steuer und Wirtschaft, VIII (Oktober 1928) Sp. 985 und *A. Hensel*, eod. Sp. 1130 („ein interessanter Beleg für den Funktionswandel staatlicher Einrichtungen"). Eine besonders merkwürdige Verbindung enthält § 106 des Arbeitsgerichtsgesetzes: „Soweit die Vertragsparteien nach § 91 einen Schiedsvertrag in Arbeitsstreitigkeiten schließen können, können sie auch ohne Ausschluß der Arbeitsgerichtsbarkeit vereinbaren, daß T a t f r a g e n , d i e f ü r d i e E n t s c h e i d u n g d e s R e c h t s s t r e i t s e r h e b l i c h s i n d , durch ein S c h i e d s g u t a c h t e n entschieden werden sollen (Schiedsgutachtenvertrag). Die Vereinbarung hat die Wirkung, daß die durch Schiedsgutachten zu entscheidenden Tatfragen der Sachprüfung und Beweiserhebung im arbeitsgerichtlichen Verfahren entzogen sind und daß d i e A r b e i t s g e r i c h t s b e h ö r d e a n d a s S c h i e d s g u t a c h t e n g e b u n d e n i s t . " — Über den Versuch auf dem Weg über das Gutachten einen neutralen Sachverständigen- (Experten-) Staat zu gewinnen vgl. unten S. 103.

[1] *A. Bertram*, Zeitschrift für Zivilprozeß, Bd. 53, 1928, S. 428: „Mit der quasi-authentischen Interpretation im Wege der Begutachtung würde das Reichsgericht de facto ein Gerichtshof für bindende Gesetzesauslegung werden; alles, was gegen den Plan eines solchen Gerichtshofes mit Recht vorgebracht ist (vgl. *Reichel*, Gesetz und Richterspruch S. 111 und die dort genannten), spricht auch gegen die Verwirklichung einer derartigen Gutachtenpflicht des Reichsgerichtes. Ein Reichsgericht, das Zweifel und Lücken des Gesetzes nachbesserte, würde eine Grenzüberschreitung ins Gebiet des Gesetzgebers vornehmen und sich gleichzeitig der für die richtende Tätigkeit erforderlichen Unbefangenheit berauben." „Die Begutachtung ist kein Bestandteil richterlicher Tätigkeit, sie ist Verwaltungstätigkeit, und darum muß sie sich (sc. wegen § 4 des Einführungsgesetzes zum Gerichtsverfassungsgesetz) auf das beschränken, was den Gerichten übertragen werden kann, auf Geschäfte der Justizverwaltung."

[2] Über das Problem der Vorbehalte: *C. Bilfinger*, Zeitschr. f. ausl. öff. Recht u. Völkerrecht, I. S. 63; für die „Staatsgerichtsbarkeit" *F. W. Jerusalem*, Die Staatsgerichtsbarkeit, Tübingen, 1930 S. 97 f. Jm übrigen vgl. *Benjamin Constant*, Réflexions sur les Constitutions, Paris 1814, Kap. 9: De la nécessité, de ne pas étendre les constitutions à trop d'objets.

abänderbares Gesetz" definiert wird, so tut jeder gut daran, wenn er die Gelegenheit ausnützt, um alles, was ihm am Herzen liegt, erschwert abänderbar zu machen. Außerdem enthält, wie schon gesagt, der zweite Hauptteil der Verfassung (auf den sich besonders viele Zweifel und Meinungsverschiedenheiten beziehen) in der bunten Mannigfaltigkeit seiner grundsätzlichen Erklärungen und verfassungsgesetzlichen Einzelbestimmungen vielfach überhaupt keine Entscheidung, auch keine Kompromißentscheidung, sondern nur mehrdeutige Formeln, durch welche die Entscheidung hinausgeschoben und verschiedenartigen, oft sogar widersprechenden Gesichtspunkten Rechnung getragen werden soll. Die Kompromißregelung in der Kirchen- und Schulfrage bietet hierfür einleuchtende Beispiele. Bei solchen „dilatorischen Formelkompromissen"[1] ist die Entscheidung über „Zweifel und Meinungsverschiedenheiten" in Wahrheit überhaupt erst die wirkliche Normierung. Eine Instanz, die im Sommer 1927 über die Verfassungsmäßigkeit des damaligen, lebhaft umstrittenen Reichsschulgesetzentwurfes entschieden hätte, würde dem Art. 146 RV. erst seinen Inhalt gegeben und die Schulfrage maßgebend entschieden haben. Wenn hier ein Gerichtshof entscheidet, ist er offenbar Verfassungsgesetzgeber in hochpolitischer Funktion.

4. Der Staatsgerichtshof für das Deutsche Reich

a) Sachlicher Zusammenhang von Verfassungsbegriff und Verfassungsgerichtsbarkeit; Anerkennung der sachlichen Grenzen der Justiz durch den Staatsgerichtshof für das Deutsche Reich; besonderer Zusammenhang von Verfassungsvertrag und Verfassungsjustiz

Es ist keine rechtstheoretische, sondern eine Frage der politisch-praktischen Zweckmäßigkeit, wie weit man vorhandene oder neu einzurichtende Instanzen mit der maßgeblichen Festsetzung des Inhaltes unklarer und unbestimmter Verfassungsgesetze beauftragen und dadurch zu einem Gegengewicht gegen die gesetzgebende Körperschaft machen will. Es ist ferner eine Angelegenheit politisch-praktischer Erwägungen, ob man diese Instanz mit unabsetzbaren Berufsrichtern besetzen und dadurch die Beamten-Justiz einer politischen Belastungsprobe aussetzen will. Aber auch diese Zweckmäßigkeitsfrage läßt sich nicht ohne verfassungstheoretisches Bewußtsein lösen und ist zu ernst, als daß man bei ihrer Beantwortung auf sachliche und inhaltliche Begriffe verzichten dürfte. Vor allem ist es weder theoretisch noch praktisch richtig, den Begriff der Verfassungsstreitigkeit „durch Vermittlung der Idee der Verfassungsform" zu formalisieren d. h. ihm seinen konkreten Sinn und Gegenstand zu nehmen und dann einfach alles als Verfassungsstreitigkeit zu bezeichnen, wofür ein „Verfassungsgerichtshof" zuständig gemacht werden soll.

---
[1] Verfassungslehre S. 31 f.; vgl. oben S. 44.

4. a) Der Staatsgerichtshof für das Deutsche Reich

Die erste Voraussetzung jeder Staatsgerichtsbarkeit oder Verfassungsjustiz ist vielmehr ein bestimmter Begriff der Verfassungsstreitigkeit, der diese Art Streitigkeiten wenigstens in ihrem inhaltlichen Prinzip und ihrer Struktur von andern Streitigkeiten dadurch deutlich unterscheidbar macht, daß er einen unmittelbaren sachlichen Zusammenhang mit der Verfassung erkennen läßt. Es wäre sehr unbedacht, den umgekehrten Weg zu nehmen und es darauf ankommen zu lassen, daß der Staats- oder Verfassungsgerichtshof einem völlig unbestimmten und unbegrenzten Begriff von Verfassungsstreitigkeiten selber durch bloße Präjudizien einen Inhalt gibt und auf diese Weise selber bestimmt, was eine Verfassungsstreitigkeit ist. Das würde bedeuten, daß der Staatsgerichtshof sich seine Kompetenzen selber holt. An sich ist es durchaus möglich, eine Stelle zu schaffen, die ihre Zuständigkeiten und Befugnisse in solcher Weise selbst entwickelt. Es gehört sogar zu den typischen Erscheinungen des Verfassungslebens, daß eine ihres politischen Einflusses bewußt werdende Stelle den Umkreis ihrer Befugnisse immer mehr ausdehnt. So hat der Deutsche Reichstag trotz der vorsichtigen Normierung und Dosierung seiner Befugnisse durch Bismarcks Verfassung von 1871 unter dieser Verfassung einen größeren politischen Einfluß gehabt als man aus dem Verfassungstext hätte ablesen können. In anderer Weise ist heute die verfassungsrechtliche Bedeutung sowohl des Reichsrates wie einzelner deutscher Länder, insbesondere Preußens, ganz anders und weit größer, als eine noch so scharfsinnige Silbenstecherei aus dem Wortlaut der geltenden Reichsverfassung heraus interpretieren könnte. Auch ein Gerichtshof ist vielleicht in der Lage, sich über die ihm zugedachten Zuständigkeiten hinaus zu einer Autorität von großem politischen Einfluß zu entwickeln. Aber eine gerichtliche Instanz, die heute in Deutschland Streitigkeiten aus der geltenden Reichsverfassung entscheiden soll, ist ohne einen einigermaßen umgrenzbaren Begriff von Verfassungsstreitigkeit in einer eigentümlichen Lage. Zunächst wegen der bereits hervorgehobenen charakteristischen Besonderheit der geltenden Reichsverfassung, deren bundesstaatliche Organisation Reich und Länder in einem kaum durchdringlichen Gewirr von Zuständigkeiten und Befugnissen nebeneinanderstellt, und deren zweiter Hauptteil, Art. 109 bis 165, unter der problemreichen Überschrift „Grundrechte und Grundpflichten der Deutschen" zu einem fast bodenlosen Abgrund von Zweifeln, Meinungsverschiedenheiten und — in dem Maße, in dem er positiviert und aktualisiert wird — von Rechtsansprüchen und infolgedessen auch von Rechtsstreitigkeiten werden kann. Angesichts einer solchen Verfassung einen Verfassungsgerichtshof für Verfassungsstreitigkeiten einzusetzen und ihm keinen anderen Begriff von Verfassungsstreitigkeiten, d. h. keine andere Abgrenzung seiner Zuständigkeit an die Hand zu geben, als eine völlig leere Wortdefinition, nach welcher jede Streitigkeit über eine Verfassungsbestimmung eine Verfassungsstreitigkeit ist, das heißt in der Tat nichts anderes, als dem Gerichtshof selbst die Entscheidung über seine Kompetenz zu überlassen. Angesichts der sachlichen Bedeutung von Verfassungsstreitigkeiten kann darin in Wahrheit eine Kompetenz-Kompetenz erstaunlichster Art liegen, die bei konsequenter Ausnützung nicht weit von jener Kompetenz-Kompetenz entfernt ist, in welcher das staatsrechtliche Schrifttum der Vorkriegszeit, nach dem Vorgang von *Haenel* und *Rosin*, vielfach sogar das Kriterium der Souveränität erblickt hat.

Das praktische Ergebnis für die heutige Wirklichkeit wird freilich ein ganz anderes sein, und zwar nicht nur deshalb, weil der Staatsgerichtshof nach Art. 19 RV. nur für Verfassungsstreitigkeiten innerhalb eines Landes, nicht solche innerhalb des Reiches zuständig ist. Ein mit Berufsjuristen besetzter Gerichtshof, der sich seiner Stellung als Gerichtshof bewußt bleibt, wird vielmehr die Sphäre wirklicher Justiz wahrscheinlich überhaupt nicht verlassen wollen. Dann aber steht er vor dem einfachen Dilemma, auf das in diesen Ausführungen immer wieder hingewiesen wurde, weil es sich mit Bezug auf die Verfassung für jede exakte Betrachtung der Grenzen der Justiz ergibt: e n t w e d e r handelt es sich o f f e n s i c h t l i c h um z w e i f e l s f r e i e Verstöße gegen die Verfassung, also eine *post eventum* eintretende Justiz; o d e r aber um Z w e i f e l s f ä l l e, und dann schränkt sich der Raum der Justiz auf ein Nichts ein, erstens weil eine allgemeine V e r m u t u n g für die Gültigkeit der Akte des Gesetzgebers und der Regierung spricht, und zweitens weil auch bei fehlerhaften Staatsakten die Nichtigkeit, Ungültigkeit oder Unbeachtlichkeit solcher Akte, wie *Walter Jellinek* in seiner Lehre von den fehlerhaften Staatsakten gezeigt hat [1], nur in verhältnismäßig seltenen Fällen die Folge der Fehlerhaftigkeit, d. h. des Verstoßes gegen irgendeine Norm ist. Sieht man nun die Aufgabe eines Verfassungsgerichtshofes gerade darin, daß er Zweifel über den Inhalt einer Verfassungsbestimmung außer Zweifel stellt, so ist das, was er tut, wie oben dargelegt, nicht mehr Justiz, sondern eine unklare Verbindung von Gesetzgebung und juristischer Begutachtung. Deshalb ist es auch nicht verwunderlich, daß ein solcher Gerichtshof in der konkreten Wirklichkeit seiner Praxis stets in die Grenzen der Justiz zurückzukehren bestrebt ist und es vor allen Dingen vermeidet, in ernsten Fällen von einiger Tragweite dem ordentlichen Gesetzgeber oder der zuständigen Regierung entgegenzutreten. Denn mit solchem Entgegentreten würde er selber zum Gesetzgeber oder zur Regierung werden, sobald er aus dem Rahmen des bloß defensiven Selbstschutzes der normgebundenen unabhängigen Justiz herausträte. Hier ist ein tief in der Natur der Sache begründetes Motiv wirksam, das gleichzeitig mit jeder neuen Art von Justiz auch neue Ausnahmen, Vorbehalte und Korrekturen schafft. So hat z. B. der französische *Conseil d'Etat*, mit der verwaltungsgerichtlichen Kontrolle auch den Begriff der Regierungsakte, *actes de gouvernement*, ent-

---

[1] *W. Jellinek*, Der fehlerhafte Staatsakt und seine Wirkungen, Tübingen 1908; Gesetz, Gesetzesanwendung und Zweckmäßigkeitserwägung, Tübingen 1913, S. 209; Verwaltungsrecht, 2. Aufl., Berlin 1929, S. 253 f.

wickelt, um sie von dieser Kontrolle auszunehmen [1]. Man darf die Tendenz jedes mit berufsbeamteten Juristen besetzten Gerichtshofs, im Rahmen des Sachgebietes der Justiz zu bleiben, nicht als eine bloß politische Vorsicht oder gar als subalternen Kleinmut hinstellen und sie psychologisch oder soziologisch „entlarven" wollen. Vielmehr wird damit nur bewiesen, daß es zwecklos ist, in sachwidriger Weise der Justiz Funktionen zuzumuten, die den Bereich einer tatbestandsmäßigen Subsumtion überschreiten, d. h. über die Grenzen hinausgehen, welche durch eine Bindung an inhaltlich bestimmbare Normen gegeben sind.

In seiner Entscheidung vom 17. Februar 1930 über die Verfassungsmäßigkeit des preußischen Wahlgesetzes [2] hat es der Staatsgerichtshof für das Deutsche Reich abgelehnt, Bestimmungen des Preußischen Landeswahlgesetzes von 1920/24 als verfassungswidrig zu behandeln, von denen jedenfalls, auf Grund einer verbreiteten, von angesehenen Rechtsgelehrten vertretenen Auffassung und insbesondere auch nach früheren Entscheidungen des Staatsgerichtshofs selbst, mit gutem Grund zweifelhaft sein konnte, ob sie nicht gegen den in der Reichsverfassung aufgestellten Grundsatz der Gleichheit der Wahl verstoßen. Hier kann ganz davon abgesehen werden, wie diese Zweifel in der Sache richtig zu entscheiden wären. Dagegen ist es von allergrößter Bedeutung, daß der Staatsgerichtshof selbst (genau betrachtet) sie in der Sache auch nicht entschieden hat, sondern sich, trotz ergangener Entscheidung, in gewissem Sinne für nicht zuständig erklärt. Denn im Kern der Entscheidungsgründe dieses wichtigen Urteils steht folgender Gedankengang: Der Staatsgerichtshof antwortet auf die zur Entscheidung stehende Frage, ob ein Verstoß gegen den Grundsatz der Wahlgleichheit vorliegt: „Es handelt sich bei ihm (nämlich bei dem Grundsatz der Wahlgleichheit) nicht um einen logisch-mathematischen Begriff, sondern um einen Rechtsbegriff", und er fügt unmittelbar anschließend noch hinzu: „Deshalb sind Gleichheit und Ungleichheit keine sich ausschließenden Gegensätze." Die antithetische Gegenüberstellung von logisch-mathematisch auf der einen, rechtlich auf der andern Seite, ist methodisch außerordentlich bedeutungsvoll und enthält eine sehr beachtenswerte Ablehnung des leeren Normativismus, mit dem man eine Zeitlang das Staats- und Verfassungsrecht gegenstandslos zu machen suchte. Aber auch davon kann hier abgesehen werden, denn jene Antithese von „logisch-mathematisch" und „rechtlich" dient dem Staatsgerichtshof nur dazu, trotz „der Strenge, die dem Gleichheitssatz des Art. 22 RV. an sich innewohnt", dennoch

---

[1] Darüber zuletzt die Rapports des Institut International de Droit Public, 1930, mit den Berichten von *R. Smend, R. Laun* und besonders für die französische Entwicklung *P. Duez.*

[2] RGZ. 128 Anhang S. 1 f.; Ausgewählte Entscheidungen des Staatsgerichtshofs für das Deutsche Reich, herausgegeben von Reichsgerichtspräsident Dr. *Bumke,* Heft 2, Berlin 1930, besonders S. 15/16.

Abweichungen von dieser Gleichheit für gerechtfertigt zu halten, wenn sie nur „durch ein wirklich dringendes Bedürfnis gerechtfertigt werden". Nun gibt es vielleicht Juristen, die in der Wendung „wirklich dringendes Bedürfnis" einen subsumierbaren Begriff sehen, weil sie sich der unbestimmten Begriffe erinnern, die in der Zivil- und Verwaltungsrechtspraxis vorkommen und von den Gerichten justizförmig gehandhabt werden können, soweit relativ berechenbare Anschauungen des Verkehrs und der Sitte, relativ stabile Verhältnisse innerhalb eines geordneten Staatswesens (z. B. öffentliche Sicherheit und Ordnung im normalen Polizeirecht, Bedürfnisfrage oder Eignungsfrage im Verwaltungsrecht) einen ausreichenden Ersatz für die inhaltliche Normierung durch den Gesetzgeber bieten. Um so interessanter, daß der Staatsgerichtshof diesem Irrtum einer unterschiedslosen Gleichstellung der verschiedenen Rechtsgebiete nicht verfällt, sondern einen ganz anderen Weg geht. Unmittelbar nach den eben zitierten Sätzen heißt es wörtlich weiter: „Ob und inwieweit Abweichungen von den einzelnen Wahlgrundsätzen im Interesse der Einheitlichkeit des ganzen Wahlsystems und zur Sicherung der Erreichung der mit ihm verfolgten staatspolitischen Ziele geboten sind, h a t h i e r n a c h d e r o r d e n t l i c h e G e s e t z g e b e r z u e n t s c h e i d e n. . . . Seinen Entschließungen kann der Staatsgerichtshof, **wenn überhaupt**, so doch jedenfalls nur dann entgegentreten, wenn sie o f f e n s i c h t l i c h der inneren Rechtfertigung entbehren, und wenn von ihnen deshalb m i t S i c h e r h e i t gesagt werden kann, daß sie dem in Abs. 1 Artikel 22 RV. zum Ausdruck gelangten Willen des Verfassungsgesetzgebers zuwiderlaufen." Mit diesem Satz ist in Wahrheit die Entscheidung über alle Unbestimmtheiten, Unsicherheiten, Zweifel und Meinungsverschiedenheiten zu einer Sache des Gesetzgebers (oder natürlich, nach Lage der Zuständigkeit, zu einer Sache der Regierung) erklärt und der Zuständigkeit des Staatsgerichtshofs entzogen. Erinnert man sich daran, daß der Ruf nach einem Staatsgerichtshof gerade aus dem Bedürfnis hervorging, Zweifel und Unsicherheiten über verfassungsgesetzliche Bestimmungen justizförmig entschieden zu sehen, so ist diese Stellungnahme des Staatsgerichtshofs für das Deutsche Reich von grundlegender Bedeutung für das Problem des Staatsgerichtshofs überhaupt. Er will nur offensichtlichen, also nicht bezweifelbaren Verfassungsverletzungen entgegentreten. Er läßt alle Entscheidungen des Gesetzgebers gelten, bei denen dieser sich, wie es einige Sätze später heißt, „jedenfalls nicht von unsachlichen Erwägungen hat leiten lassen". Die Worte „offensichtlich" und „mit Sicherheit" müssen angesichts unseres Ausgangspunkts — Beseitigung von Unsicherheiten und Zweifeln — ganz besonders auffallen. Die spezifische, über die sachlichen Grenzen der Justiz hinausgehende, dezisionistische Eigenart einer Entscheidung von Zweifeln und Unsicherheiten tritt hier ebenso klar hervor, wie die Abneigung des Staatsgerichtshofes, sich in die Rolle einer solchen Dezision hineindrängen zu lassen. Wenn der Staatsgerichtshof nur offensichtlichen, zweifelsfreien, mit Sicherheit festzustellenden Verfassungsverletzungen entgegentritt, so ist er eben das Gegenteil einer zur Entscheidung von Zweifeln und Unsicherheiten berufenen Instanz. Darum ist es noch viel auffälliger und sogar aufsehenerregend, daß ein Staatsgerichtshof, der sich selbst mit äußerster Vorsicht nur auf die allgemeine Kontrolle offensichtlich verfassungswidriger Gesetze beschränkt, dieser Einschränkung außerdem noch die Worte „wenn überhaupt" beifügt. Ob das als eine weitere Einschränkung oder als ein besonders gearteter Vorbehalt zu verstehen ist und auch noch gegenüber offensichtlichen Verfassungsverletzungen eine Zurückhaltung zum Ausdruck bringen soll, ist nicht ohne weiteres zu erkennen. Doch liegt es wohl in der Richtung auf eine noch weiter gehende Begrenzung.

Die erste Bedingung einer „Verfassungsjustiz" bleibt ein deutlicher Begriff von Verfassungsstreitigkeit. Dieser wiederum läßt sich nur in engstem Zusammenhang mit einem klar erkannten Begriff der Verfassung bestimmen. Eine nur von den nächstliegenden Zweckmäßigkeits- oder Gefühlserwägungen beherrschte Ausdehnung der „Verfassungsstreitigkeiten" und eine unbedachte Zulassung von Parteien würde umgekehrt auch das Wesen der Verfassung selbst berühren und wandeln und könnte unerwartete Folgen zeitigen, an denen sich dann der Mangel verfassungstheoretischen Bewußtseins rächt. Die Begriffe „Verfassungsstreitigkeit", „Verfassungsgerichtsbarkeit" und „Verfassung" hängen sachlich so eng zusammen, daß nicht nur eine Änderung des Verfassungsbegriffs den Begriff der Verfassungsstreitigkeit ändert, sondern auch umgekehrt eine neue Praxis von Verfassungsprozessen und Verfassungsgerichtsbarkeit das Wesen der Verfassung wandeln kann.

Eine theoretisch und praktisch bestimmbare Art von Verfassungsstreitigkeiten und infolgedessen auch ein besonders gearteter Staatsgerichtshof zu ihrer Entscheidung ergibt sich dann, wenn die Verfassung ein Vertrag (also ein zwei- oder mehrseitiges Rechtsverhältnis, nicht einseitige politische Entscheidung oder Gesetz) ist, oder wenn sie wenigstens als Vertrag aufgefaßt wird. Aus dem Wesen des Vertrages heraus läßt sich nämlich die zentrale Frage beantworten, was eine Verfassungsstreitigkeit ist und wer Partei einer Verfassungsstreitigkeit sein kann. Diese Frage, die am Anfang jeder Erörterung über den Staatsgerichtshof steht, kann nicht dem Gerichtshof selbst überlassen werden, indem man abwartet, wie er in seiner Praxis nach seinem Ermessen den Begriff der Verfassungsstreitigkeit und die Zulassung von Parteien entwickelt. Sonst wäre der Hüter zum Herrn der Verfassung geworden. Soll ein Staatsgerichtshof justizförmig über Verfassungsstreitigkeiten entscheiden, so muß vorher klar sein, was Verfassungsstreitigkeiten sind, und eine solche Frage läßt sich nicht mit „formalen" Antworten abspeisen. Wenn nun die Verfassung ihrem Wesen nach Vertrag oder Kompromiß ist, so folgt daraus ein brauchbarer und plausibler Begriff von Verfassungsstreitigkeit. Denn ebenso wie Streitigkeiten aus einem Vertrage solche Streitigkeiten sind, die zwischen den Parteien des Vertrages über den Inhalt des Vertrages entstehen (Mietsstreitigkeiten z. B. Streitigkeiten zwischen

Mieter und Vermieter über den Inhalt des Mietvertrages), wären Verfassungsstreitigkeiten solche zwischen den Parteien des Verfassungsvertrages oder Kompromisses über den Inhalt ihrer Abmachungen. Differenzen und Streitigkeiten, die aus einem solchen Vertrag entstehen, eignen sich besonders für eine richterliche oder schiedsrichterliche Erledigung, weil und soweit der festgelegte Vertragsinhalt eine Grundlage für die richterliche Tätigkeit bietet, indem er eine Ableitung der richterlichen Entscheidung aus dem Inhalt des Vertrages ermöglicht [1]. Infolgedessen wird gerade in Staatsverträgen der Staatsgerichtshof für zuständig erklärt [2], und im Völkerrecht gelten Streitigkeiten zwischen Staaten, die aus einem Vertrag entstehen, in typischer Weise als „justiziabel" oder „arbitrabel" [3]. Der Verfassungsbegriff führt hier zu folgerichtigen und praktisch brauchbaren Begriffen von Verfassungsstreitigkeit, Parteifähigkeit und dadurch auch von Gerichtsbarkeit. Aber auch umgekehrt: wenn ohne verfassungstheoretische Überlegung die verschiedenartigsten sozialen Gruppen vom Staatsgerichtshof als Partei zugelassen werden, so führt das zu einer pluralistischen Auffassung des Staates und verwandelt die Verfassung aus einer politischen Entscheidung des Trägers der verfassunggebenden Gewalt in ein System vertraglich erworbener Rechte, deren Einhaltung die interessierten Gruppen und Organisationen vom Staat durch einen Prozeß erzwingen können.

b) Der Staatsgerichtshof als spezifisch bundesstaatliche (föderalistische) Einrichtung

Die Verfassung ist Vertrag bei einem echten Bund (Staatenbund oder Bundesstaat) als Bundesverfassung der im Bund durch den Bundesvertrag vereinigten Staaten. Bei einer solchen politischen Organisation wird häufig eine Instanz eingesetzt, um Streitigkeiten zwischen den Bundesmitgliedern auszutragen und ferner über Streitigkeiten innerhalb eines Einzelstaates zu befinden, die geeignet sind, den Frieden und die Sicherheit oder die Homogeni-

---

[1] Auch hier soll nicht etwa eine grenzenlose und absolute Justiziabilität behauptet werden, sondern nur die Möglichkeit einer Bestimmung dessen, wer Vertragspartei und was Vertragsstreitigkeit ist.

[2] Z. B. Staatsvertrag zwischen dem Deutschen Reich und dem Freistaat Bayern über den Übergang der Post- und Telegraphenverwaltung Bayerns an das Reich vom 23./31. März 1920, § 13 (RGBl. S. 640); Meinungsverschiedenheiten zwischen den vertragschließenden Regierungen in bezug auf die Auslegung dieses Vertrages sollen durch den Staatsgerichtshof entschieden werden. Oder § 43 des Staatsvertrages über den Übergang der Staatseisenbahnen auf das Reich vom 31. März 1920 (RGBl. S. 787).

[3] Z. B. Art. 38 des Haager Schiedsgerichtsabkommens von 1907. Art. 13 Abs. 2 der Völkerbundssatzung; Art. 36 des Statuts des Ständigen Internationalen Gerichtshofes; Art. 2 des Deutsch-Schweizerischen Schiedsgerichts- und Vergleichsvertrages vom 3. Dezember 1921 (*Strupp*, Documents, V, S. 591) usw.

4. b) Der Staatsgerichtshof als bundesstaatliche Einrichtung

tät innerhalb des Bundes zu gefährden [1]. Dabei ist vorausgesetzt, daß die Grundlage der Bundesverfassung ein Vertrag ist, über dessen richtige Auslegung und Anwendung unter den Vertragsparteien Streitigkeiten entstehen können, die beigelegt werden müssen. Wenn im Lauf der Entwicklung die vertragsmäßige Grundlage entfällt und die bundesstaatliche Organisation nur noch auf der politischen Entscheidung eines einheitlichen Trägers der verfassunggebenden Gewalt beruht, wie das für die bundesstaatliche Organisation des Deutschen Reichs nach der Weimarer Verfassung der Fall ist, so kann mit andern bundesstaatlichen Einrichtungen auch ein besonders gearteter, bundesstaatlicher Staatsgerichtshof übernommen oder neu eingesetzt werden, solange eine bundesstaatliche Organisation verfassungsmäßig vorhanden ist.

Art. 19 RV. steht ganz in dem systematischen Zusammenhang der bundesstaatlichen Organisation des Deutschen Reiches, in dem Abschnitt „Reich und Länder". Er spricht von nicht-privatrechtlichen Streitigkeiten zwischen Reich und Ländern, von Streitigkeiten zwischen Ländern und endlich von Verfassungsstreitigkeiten innerhalb eines Landes. Der in dieser dreifachen Nebeneinanderstellung enthaltene Verfassungsbegriff ist auf doppelte Weise vom Vertragsgedanken her bestimmt: durch die bundesstaatliche Organisation des Reichs und durch die Nachwirkungen der konstitutionellen Kampfzeit der Mitte des 19. Jahrhunderts, für welche die Verfassung ein Vertrag (Pakt, Vereinbarung) zwischen Regierung und Volksvertretung war. Streitigkeiten zwischen Reich und Ländern oder zwischen Ländern sind bei bundesstaatlicher Organisation Streitigkeiten aus dem Bundesvertragsverhältnis, oder doch wenigstens aus einer von der Verfassung beibehaltenen Koordinierung staatlicher Gebilde. Verfassungsstreitigkeiten innerhalb eines Landes aber sind nach geschichtlicher Auffassung Streitigkeiten zwischen Parlament und Regierung aus dem zwischen ihnen bestehenden Verfassungsvertrag [2]. An den Verfassungsstreitigkeiten innerhalb eines Landes hat der Bund als solcher ein Interesse, weil er an der friedlichen Beilegung und Erledigung interessiert ist, entsprechend der allgemeinen „Befriedung", die zum Wesen jedes Bundes gehört (Verfassungslehre S. 369). Demnach ist die Entscheidung solcher innerhalb eines Landes sich abspielenden Verfassungsstreitigkeiten durch einen Bundesgerichtshof aufs engste mit der bundesstaatlichen Organisation verbunden und von ihr nicht zu trennen. Es ist schon aus diesem Grunde unzu-

---

[1] Verfassungslehre, S. 113 f. Damit soll nicht etwa eine grenzenlose Justizförmigkeit für alle Bundesbeziehungen als möglich oder richtig behauptet werden; darüber sehr treffend *C. Bilfinger*, Der Einfluß der Einzelstaaten auf die Bildung des Reichswillens Tübingen 1923, S. 9 f., auch die Auffassung von *A. Haenel* oben S. 36 Anm. Es handelt sich hier nur um den allgemeinen Zusammenhang von Verfassungs v e r t r a g und Justiziabilität. So wenig wie irgendeine andere Verfassung läßt sich die Bundesverfassung in ein System einzelner Rechte und Verbindlichkeiten auflösen (*R. Smend*, Verfassung und Verfassungsrecht S. 172).

[2] Verfassungslehre S. 115.

lässig, die Zuständigkeit eines Staatsgerichtshofes des Reichs, der für Verfassungsstreitigkeiten innerhalb eines Landes zuständig ist, einfach auf Verfassungsstreitigkeiten innerhalb des Reiches „auszudehnen". Das wäre eine tiefgreifende Verfassungsänderung und sicher nur auf dem Weg einer Verfassungsänderung zulässig [1]; es würde die ganze Einrichtung von Grund auf in ihrer Struktur umgestalten und derselben Instanz zwei entgegengesetzte Funktionen zuweisen, eine spezifisch bundesstaats-rechtliche und eine spezifisch innerstaatliche, die Seite an Seite nebeneinander herlaufen sollen. Eine bundesrechtlich-föderalistische Einrichtung würde mit einer zentralistisch-unitarischen verquickt, und die Verwirrung, die heute schon im Bundesstaatsrecht des Deutschen Reiches herrscht, würde noch trüber und undurchsichtiger. Ein Staatsgerichtshof des Reiches für Verfassungsstreitigkeiten innerhalb eines Landes und ein Staatsgerichtshof für Reichsverfassungsstreitigkeiten innerhalb des Reiches sind wesensverschiedene Gebilde, weil der erste auf der Voraussetzung und Grundlage einer bundesstaatlichen Organisation beruht, und der zweite nicht. Es wäre nicht eine einfache „Ausdehnung", sondern ein Schritt in ein anderes verfassungsrechtliches Gebiet, wenn der Zuständigkeit einer bundesstaatlichen Instanz des Reiches eine einheitsstaatlich gedachte Funktion hinzugefügt würde.

Ein Bundesgerichtshof, der über Verfassungsstreitigkeiten innerhalb eines Mitgliedstaates entscheidet, ist gleichzeitig Hüter der Bundes- wie der Landesverfassung. Insbesondere ist er Hüter der jedem Bunde wesentlichen Verfassungshomogenität. In keinem Bund oder bundesstaatlichen Gebilde läßt sich die Verfassung des Gliedstaates unabhängig von der Verfassung des Gesamtstaates betrachten. Der Staatsgerichtshof für das Deutsche Reich kann deshalb, wenn er Verfassungsstreitigkeiten innerhalb eines Landes entscheidet, die Reichsverfassung nicht ignorieren, sondern muß sie seiner Entscheidung zugrunde legen. Daraus folgt ferner, daß aus Bestimmungen der geltenden Reichsverfassung innerhalb eines Landes echte Verfassungsstreitigkeiten entstehen können, soweit das Reich verfassungsorganisatorische Bestimmungen für die Landesverfassung enthält (Art. 17, 30, 36, 37, 38, 39 RV.). Nicht aber folgt daraus, daß alle Streitigkeiten über Anwendung und Ausführung von Bestimmungen der Reichsverfassung, wenn sie sich territorial oder hinsichtlich der streitenden Parteien innerhalb eines Landes abspielen, Verfassungsstreitigkeiten innerhalb eines Landes seien. Denn die Reichsverfassung gilt innerhalb des Landes nicht als Teil der Landesverfassung, sondern selbständig.

---

[1] Es bedürfte eines verfassungsändernden Gesetzes auch deshalb, weil in der Sache eine neue Instanz für gesetzgeberische Funktionen geschaffen würde; das ist verkannt bei *Löwenthal*, DJZ. 1927, Sp. 1234 f. und Reichsverwaltungsblatt 22. Nov. 1930, S. 748. Ein verfassungsänderndes Gesetz verlangen mit Recht: *Hofacker*, Gerichtssaal 1927, S. 213; *R. Grau* a. a. O. S. 287; *Bredt*, Zeitschrift f. d. ges. Staatsw., Bd. 82 (1927) S. 437; vor allem *v. Imhoff* a. a. O. S. 244 f.

4. b) Der Staatsgerichtshof als bundesstaatliche Einrichtung

Die Organisation eines Landes ist nicht so gestaltet, daß sie 1. auf der Landesverfassung und 2. auf der von der Landesverfassung rezipierten territorial begrenzten Reichsverfassung beruht. Die Landesverfassung betrifft nur den Rest von Staatlichkeit, welcher den Ländern noch zukommt; nur in diesem Rahmen sind Verfassungsstreitigkeiten innerhalb eines Landes möglich, und nur darauf bezieht sich auch die Einrichtung eines Staatsgerichtshofes eines Landes, dessen Zuständigkeit nach Art. 19 RV. der Zuständigkeit eines Reichsgerichtshofes vorgeht. Nach der verfassungsgeschichtlichen Entwicklung der Formel „Verfassungsstreitigkeiten innerhalb eines Landes"[1] sind Streitigkeiten aus der Reichsverfassung keine Streitigkeiten innerhalb eines Landes. Daran sollte durch Art. 19 nichts geändert werden, wie sich aus den Erklärungen des Vertreters des Reichsjustizministeriums, Geheimrat *Zweigert*[2], bei der Beratung der Weimarer Verfassung deutlich ergibt, und der Wortlaut des Artikels besagt nicht etwa „zweifelsfrei" (wie es in der Entscheidung vom 13. April 1927, RGZ. 120 Anhang S. 21 heißt) das Gegenteil. Vielmehr hat *R. Thoma* recht, wenn er sagt: „Der Wortlaut des Artikels spricht eher für die Verneinung der Frage", ob auch ein Streit über die Reichsverfassung als Verfassungsstreitigkeit innerhalb eines Landes angesehen werden darf[3]. Auch die Materialien sprechen für die Verneinung[4]. Die Voraussetzung, die Art. 19 macht (Verfassungsstreitigkeiten innerhalb eines Landes, „in dem kein Gericht zu ihrer Erledigung besteht"), bestätigt diese Ansicht. Art. 19 bezweckt doch nicht, Verfassungsstreitigkeiten aus der **Reichsverfassung** einem Staatsgerichtshof des **Landes** zur Entscheidung zu überlassen und die Staatsgerichtshöfe der Länder zu Instanzen für ein territorial begrenztes Reichsverfassungsrecht zu machen. Er dient nur dem Interesse des Reichs, als des Ganzen der bundesstaatlichen Organisation, an der Beilegung politischer Konflikte, die aus der Landesverfassung innerhalb des Landes entstehen.

Der Staatsgerichtshof für das Deutsche Reich hat allerdings seiner Zuständigkeit eine weitere Ausdehnung gegeben. Er behandelt Streitigkeiten, die „in der Reichsverfassung wurzeln", „sofern eine Vorschrift der Reichsverfassung im Streit ist, welche die Landesverfassung oder andere landesverfassungsrechtliche Normen ergänzt", als Verfassungsstreitigkeiten innerhalb eines Landes[5]. Dadurch wird die Einschränkung „innerhalb eines

---

[1] Darüber Verfassungslehre S. 114.
[2] Prot. S. 411 (gegen die Auffassung von *Kahl*, der jeden die Verfassung zum Gegenstand habenden Streit als Verfassungsstreitigkeit bezeichnen wollte); ferner die Äußerung von *Hugo Preuß* vom 2. April 1919, in den handschriftlichen Sitzungsprotokollen des Verfassungsausschusses, Bd. I Nr. 6, Nebenakten 3.
[3] Die Staatsgerichtsbarkeit im Deutschen Reich, Reichsgerichtsfestschrift 1929, I S. 181. Allerdings sagt *Thoma* gleich im Anschluß daran, daß der Wortlaut aber auch die Bejahung der Frage zulasse.
[4] So mit Recht *R. Thoma* a. a. O. S. 181.
[5] Entscheidung vom 12. Juli 1921 (RGZ. 102 S. 415 und AöR. 42 S. 79; *Lammers-*

Landes" entweder zu einer bloß territorialen Begrenzung oder davon abhängig, daß beide Parteien oder wenigstens die beklagte Partei Landesinstanzen oder -organisationen sind. So wird es als eine Verfassungsstreitigkeit innerhalb eines Landes behandelt, wenn Religionsgesellschaften auf Grund historischer Titel unter Berufung auf Bestimmungen der Reichsverfassung gegen ein Land Ansprüche erheben; es müßte — Parteifähigkeit vorausgesetzt — als Verfassungsstreitigkeit innerhalb eines Landes angesehen werden, wenn eine Beamtenorganisation in dem Besoldungsgesetz eines Landes einen Verstoß gegen Art. 129 RV. erblickt, wenn Gemeinden, Kirchen, Splitterparteien, Handelskammern, Handwerkskammern, Anwalts- und Ärztekammern, Gewerkschaften, Interessenverbände der verschiedensten Art, Universitäten, vielleicht sogar theologische Fakultäten, irgendeinen der unabsehbaren Sätze des 2. Hauptteils der Weimarer Verfassung für sich geltend machen können. Der Ausdruck „Verfassungsstreitigkeiten innerhalb eine Landes" wird dadurch aus dem streng bundesstaatlichen Zusammenhang gelöst. Die Grenze ist hier nicht mehr zu erkennen.

Aber auch für die Streitigkeiten zwischen Reich und Ländern ergeben sich viele Unklarheiten, wenn alle „nichtprivatrechtlichen Streitigkeiten" zwischen dem Reich und einem Land ohne weiteres vor den Staatsgerichtshof für das Deutsche Reich gebracht werden können, außerdem der Begriff der Streitig-

---

Simons I S. 357); Zwischen-Entscheidung vom 15. Oktober 1927 (RGZ. 118, Anhang S. 4 und *Lammers-Simons* I S. 292); drei Entscheidungen vom 17. Dezember 1927 (*Lammers-Simons* I S. 330, 341 f. u. 398 f.); Zwischenentscheidung vom 12. Mai 1928 (RGZ. 120, Anhang S. 19; *Lammers-Simons* I S. 352); endlich die bisherige Praxis ausdrücklich bestätigend: Entscheidung vom 24. Juni 1930, RGZ. 129, Anhang S. 1 f.; dort auch auf S. 6 die oben im Text zitierte Formulierung; ebenso *Poetzsch-Heffter*, Handkommentar, 3. Auflage, S. 157 (unter Berufung auf Art. 17, 37 f. RV., was m. E. nicht ausschlaggebend ist); *H. H. Lammers*, JW. 1928, S. 3255 Anm., hält es im Anschluß an bisherige Vorentscheidungen des Staatsgerichtshofes bereits für „zweifellos", daß Streitigkeiten aus der Reichsverfassung zu den Verfassungsstreitigkeiten innerhalb eines Landes gehören. Dagegen scheint mir das Argument von *G. Leibholz*, Gleichheit vor dem Gesetz, S. 126 Anm., richtig zu sein, wonach in Art. 19 unter Verfassungsstreit „ein Streit über die Anwendung, Handhabung oder Auslegung eines einzel-staatlichen Grundgesetzes" zu verstehen ist. „Dieses folgt sicher aus der nur subsidiären Zuständigkeit des Staatsgerichtshofes; denn sonst bestünde die Möglichkeit für die Länder, die ein Gericht zur Erledigung solcher Streitigkeiten eingesetzt haben, die so begründete Zuständigkeit des Reichsgerichts oder des Staatsgerichtshofes zu umgehen und durch die Entscheidung eines Landesgerichtes zu ersetzen." Richtig ferner: *E. R. Huber*, AöR. XIX (1930) S. 456 in der Besprechung des Buches von *Fr. Kühn*, Formen des verfassungsgerichtlichen Rechtsschutzes im deutschen Reichs- und Landesstaatsrecht, Leipzig 1929. *Anschütz*, Kommentar, 3. Bearbeitung, S. 154 (Nr. 2 zu Art. 19) hat seine bisherige Auffassung aufgegeben und die Auffassung des Staatsgerichtshofes übernommen; *Giese*, Kommentar, 8 Aufl., S. 82 betont den Ausnahmecharakter der aus der Reichsverfassung entstehenden Verfassungsstreitigkeiten innerhalb eines Landes.

4. b) Der Staatsgerichtshof als bundesstaatliche Einrichtung

keit so weit gefaßt wird, daß schließlich jede Meinungsverschiedenheit zwischen dem Reich und einem Land darunter fällt. Dann kann die zuständige Reichsstelle einfach den Staatsgerichtshof zur höchsten Reichsaufsichtsinstanz machen und umgekehrt das Land dem normalen Gang der Reichsaufsicht mit einer Klage beim Staatsgerichtshof zuvorkommen; Streitigkeiten zwischen Reich und Land können gleichzeitig Verfassungsstreitigkeiten innerhalb eines Landes sein und umgekehrt usw. Die verfassungsmäßigen Möglichkeiten, Instanzen und Wege, welche die Reichsverfassung für das Verhältnis von Reich und Ländern eingeführt hat, namentlich Reichsexekution nach Art. 48 Abs. 1 RV., Entscheidung über Reichsrechtsmäßigkeit eines Landesgesetzes nach Art. 13 Abs. 2 und das Rechtsinstitut der Reichsaufsicht nach Art. 15 [1], würden noch mehr verwickelt als sie es bereits sind. Man könnte diesem Ergebnis dadurch zu entgehen suchen, daß man den subsidiären Charakter der Zuständigkeit nach Art. 19 RV. betont. Aber die bisherige Praxis des Staatsgerichtshofes hat die eigene Zuständigkeit nicht unter diesem Gesichtspunkt eingeschränkt. Die Reichsregierung scheint den Staatsgerichtshof gelegentlich auch zu benutzen, um einer eigenen politischen Stellungnahme zu entgehen [2]. Es ist überdies grundsätzlich nicht angängig, die

---

[1] Die grundsätzliche Auffassung des Verhältnisses von Art. 15 zu Art. 19 RV. hat der Staatsgerichtshof in der Entscheidung vom 9. Dezember 1929 (RGZ. 127, Anhang S. 125, *Lammers-Simons* II S. 25) ausgesprochen: „Eine unter den Art. 19 fallende Streitigkeit nichtprivatrechtlicher Art ist danach auch eine Streitigkeit zwischen dem Reich und einem Land darüber, ob die Art der Ausführung eines Reichsgesetzes durch das Land gegen den Sinn des auszuführenden Reichsgesetzes verstößt, also die Ausführung ihrer Art nach mangelhaft ist." Aus der ausdrücklichen Regelung des Art. 15 Abs. 3 darf „nicht gefolgert werden, daß in denjenigen Fällen, in denen die Meinungsverschiedenheit über die Art der Ausführung eines Reichsgesetzes noch nicht ihre besondere Ausprägung durch eine förmliche Mängelrüge gefunden hat, diese Streitigkeit nichtprivatrechtlicher Art nicht vor den Staatsgerichtshof gebracht werden könnte. In den letztgedachten Fällen greift vielmehr Art. 19 e r g ä n z e n d ein. Er stellt einen allgemeinen Grundsatz auf." Zur Kritik vgl. die m. E. sehr treffenden Ausführungen *von Jan's*, Bayr. VerwBl. 1930, S. 68 f. In der Streitsache betr. die thüringischen Schulgebete (Entscheidung vom 11. Juli 1930, RGZ. 129, Anhang S. 18) hat der Staatsgerichtshof die Frage, ob gemäß Art. 15 Abs. 3 RVerf. der Berufung des Staatsgerichtshofes eine sogenannte Mängelrüge vorauszugehen hat, als „für den vorliegenden Fall keiner Untersuchung bedürftig" erklärt, erstens weil eine solche Rüge stattgefunden habe und zweitens weil auf jeden Fall eine nichtprivatrechtliche Streitigkeit nach Art. 19 vorliege, woraus sich „ohne weiteres" die Zuständigkeit des Staatsgerichtshofes für das Deutsche Reich ergebe. Das vom Reich vorgebrachte Argument, daß Thüringen die Zuständigkeit des Staatsgerichtshofes a n e r k a n n t habe (S. 14), wird vom Staatsgerichtshof beachtenswerterweise n i c h t übernommen.

[2] Sehr charakteristisch die Bemerkung von *H. H. Lammers*, JW. 1928, S. 3255 Anm.: „Daß die Reichsregierung sich nicht offen auf die Seite der Kirche gestellt und damit eine „Meinungsverschiedenheit" i. S. von Art. 15 Abs. 3 RV. oder eine „Streitigkeit" i. S. von Art. 19 RV. herbeigeführt hat, lag offenbar sowohl in der Schwierigkeit der Beurtei-

Entscheidung durch einen Staatsgerichtshof als allgemeine (zu den zivil-, straf-, verwaltungs-, finanzrechtlichen und andern Entscheidungsmöglichkeiten hinzutretende) alternative Ergänzung hinzustellen. Man kann einen Gerichtshof subsidiär zuständig, aber nicht den materiellen Begriff der Verfassungsstreitigkeit zu einem „subsidiären" Begriff machen. Ob eine bundesstaatsrechtliche Streitigkeit vorliegt, kann weder davon abhängig sein, daß andere Instanzen mit der Sache n i c h t befaßt sind, noch kann es e r g ä n z e n d zu jeder Meinungsverschiedenheit hinzutreten. So wenig wie der Begriff der Verfassung selbst kann der Begriff solcher Streitsachen sei es subsidiär, sei es komplementär bestimmt werden. Die Tätigkeit des Staatsgerichtshofes muß einen unmittelbaren und spezifischen Zusammenhang mit der Verfassung selbst immer erkennen lassen.

c) Staats- und Verfassungsgerichtsbarkeit
als Ausdruck der Tendenz, die Verfassung in einen
Verfassungsvertrag (Kompromiß) zu verwandeln

Außer der bundesstaatsrechtlichen Möglichkeit, die Verfassung als Vertrag anzusehen, besteht noch eine weitere, wesentlich anders geartete Möglichkeit, die Verfassung als Vertrag und damit als Grundlage einer Staats- oder Verfassungsgerichtsbarkeit zu behandeln. Wenn nämlich der Staat nicht als eine in sich geschlossene (sei es durch Herrschaft eines Monarchen oder einer herrschenden Gruppe, sei es durch Homogenität des in sich einheitlichen Volkes) bewirkte Einheit aufgefaßt wird, so beruht er d u a l i s t i s c h oder gar p l u r a l i s t i s c h auf dem V e r t r a g und K o m p r o m i ß mehrerer Parteien. Art und Form seiner politischen Existenz sind dann durch Verträge oder Vereinbarungen [1] bestimmt. So beruhte der mittelalterliche Ständestaat

---

lung der auf dem Gebiet des Landesrechts liegenden Fragen, für die der Reichsregierung die Unterlagen fehlten, als auch in Erwägungen politischer Art. Es erscheint begreiflich, daß das Reich Wert darauf legte, daß ein öffentlich-rechtlicher Streit, der im Rahmen von Art. 19 RV. sowohl als „Streitigkeit nicht-privatrechtlich zwischen Reich und Land" als auch als „Verfassungsstreitigkeit innerhalb eines Landes" vor dem StGH. ausgetragen werden konnte, nach Möglichkeit in letzterer Form seine Erledigung fand. Es erscheint daher für die Reichsregierung das Gegebene, die Kirche selbst den Streit vor dem StGH. austragen zu lassen, zumal die Kirche um ihr zustehende Rechte kämpfte und zur Darstellung des im sächsischen Landesstaatsrecht wurzelnden Sach- und Streitstandes besser in der Lage war als die Reichsregierung."

[1] Die Unterscheidung von Vertrag und Vereinbarung kann hier außer acht bleiben; doch muß wenigstens erwähnt werden, daß es ein auffälliges, wenn nicht beunruhigendes Symptom ist, wenn heute in Deutschland diese von *Binding* und *Triepel* für zwischenstaatliche Beziehungen (Völkerrecht und Bundesrecht) entwickelte, noch neuerdings von *Korowin*, Das Völkerrecht der Übergangszeit, Berlin-Grunewald 1929, S. 25 als „unbestreitbar" bezeichnete Unterscheidung auf innerstaatliche Beziehungen und

4. c) Staatsgerichtshof und Verfassungskompromiß

auf Verträgen mannigfacher Art, auf Vereinbarungen, Abmachungen, Kapitulationen, Kompromissen, Rezessen, Stabilimenta, Verständnissen, kurz auf einem System gegenseitiger Verträge mit vertragsmäßig wohlerworbenen Rechten und mit den typischen, existenziellen Vorbehalten, nötigenfalls des Widerstandsrechtes, die nun einmal zu dieser Art von Verträgen gehören. Einer weitverbreiteten, jahrzehntelang durchaus herrschenden Auffassung des deutschen 19. Jahrhunderts entsprach es ebenfalls, die Verfassung als einen Vertrag, und zwar einen geschriebenen Vertrag anzusehen, dessen Partner Fürst und Volk, König und Kammern, Regierung und Volksvertretung waren. Daraus ergab sich, als eine hier besonders praktische Schlußfolgerung, ein eindeutiger Begriff von V e r f a s s u n g s s t r e i t i g k e i t e n , wie er als historisch überlieferter Begriff bis zum Jahre 1919 in Deutschland im Wesentlichen unbestritten war: Verfassungsstreitigkeiten sind nur Streitigkeiten zwischen Regierung und Parlament über ihre beiderseitigen Rechte aus dem Verfassungspakt. Eine weitere, politisch außerordentlich wichtige Konsequenz liegt darin, daß auch die V e r f a s s u n g s ä n d e r u n g infolgedessen als ein Vertrag zwischen den Kontrahenten des Verfassungsvertrages aufgefaßt werden muß. Für den hier interessierenden Zusammenhang kommt es aber vor allem darauf an, daß Meinungsverschiedenheiten, Differenzen und Streitigkeiten über den Inhalt der geschriebenen Verfassung im Wege beiderseitiger V e r s t ä n d i g u n g beigelegt würde. So ist in Bayern das berühmte sogenannte Verfassungsverständnis von 1843 entstanden, das, obwohl es nicht als authentische Verfassungsinterpretation und nur als „Auslegungsmittel" galt, doch, unter Vorbehalt der nicht ausgeglichenen Streitpunkte, der Ausübung des Budgetbewilligungsrechts der Stände als Grundlage diente [1]. In § 153 der Sächs. Verfassung von 1831 ist die Konsequenz offen und ausdrücklich gezogen:

Abmachungen übertragen wird, z. B. *H. Liermann*, Über die rechtliche Natur der Vereinbarungen politischer Parteien untereinander, AöR., N. F. XI (1926) S. 411; über die „Vereinbarung" in der arbeitsrechtlichen Literatur zur Lehre vom Tarifvertrag *E. Jacobi*, Grundlehren des Arbeitsrechts, Leipzig 1927, S. 260 f.; ferner *Hueck-Nipperdey*, Lehrbuch des Arbeitsrechts, II 1930, S. 116, wo die Unterscheidung als arbeitsrechtlich wertlos hingestellt wird, und die dort angegebene Literatur.

[1] *Seydel*, Bayerisches Staatsrecht, 2. Aufl., II. Bd. (1896) S. 565 f. *Seydel* erklärt das Verfassungsverständnis für ein wertvolles Auslegungsmittel, dessen politische Bedeutung darin liege, daß in ihm übereinstimmende Rechtsüberzeugungen der Krone und der Kammern ihren Ausdruck finden (S. 571). Das Verfassungsverständnis ist abgedruckt bei *Stoerk-Rauchhaupt*, Handbuch der deutschen Verfassungen S. 109. Über den Zusammenhang von Verfassungsbegriff und Verfassungsauslegung besonders deutlich: *R. Mohl*, Verantwortlichkeit der Minister, 1837, S. 173 f.: „Ist aber das zu erläuternde Gesetz noch nicht auf solche genügende Weise bestimmt, so gelten nachstehende Grundsätze: 1. Eine Verfassungs-Urkunde ist das Vertrags-Instrument über die zwischen dem Fürsten und dem Volke in gemeinschaftlicher Übereinstimmung festgesetzten Regierungs-Grundsätze" usw.

erst wenn über die Auslegung einzelner Punkte der Verfassungsurkunde Zweifel entstehen und dieselben nicht durch Ü b e r e i n k u n f t zwischen der Regierung und den Ständen beseitigt werden können, entscheidet der Staatsgerichtshof. Die von *Carl Bilfinger* [1] hervorgehobene Verwandtschaft mancher verfassungsrechtlichen Erscheinungen mit denen des V ö l k e r r e c h t s wird überall da, wo der Gedanke eines Verfassungsvertrages oder Verfassungskompromisses auftritt, besonders deutlich erkennbar und äußert sich namentlich darin, daß die zweifelhafte oder streitige Angelegenheit zunächst Gegenstand von Verhandlungen wird und die Zuständigkeit des Gerichts auf der Unterwerfung der Parteien beruht.

Die geltende Reichsverfassung hält an dem demokratischen Gedanken der homogenen, unteilbaren Einheit des ganzen deutschen Volkes fest, das sich kraft seiner verfassunggebenden Gewalt durch positive politische Entscheidung, also durch einseitigen Akt, selbst diese Verfassung gegeben hat. Damit sind alle Deutungen und Anwendungen der Weimarer Verfassung, die aus ihr einen Vertrag, ein Kompromiß oder ähnliches zu machen bestrebt sind, in feierlicher Weise als Verletzungen des Geistes der Verfassung zurückgewiesen. Aber ein vertragsmäßiges Element kommt doch insofern wieder in die Weimarer Verfassung hinein, als diese eine bundesstaatliche Organisation beibehält, wodurch, selbst wenn die bündische Grundlage aufgegeben ist, doch unvermeidlich ein föderalistischer, demnach vertragsmäßige Beziehungen enthaltender Bestandteil als verfassungsmäßig anerkannt wird. Damit ist auch für die im vorigen Abschnitt behandelte, bundesstaatsrechtliche Art eines Staatsgerichtshofes die Grundlage geschaffen. Daneben aber tritt in der Wirklichkeit unserer heutigen Verfassungszustände noch ein anderes, mit dem vertragsmäßigen verwandtes oder doch zu ihm hinführendes, nämlich ein p l u r a l i s t i s c h e s Element auf. Die Entwicklung mancher sozialen Gruppen, politischer Parteien, Interessenverbände und anderer Organisationen geht dahin, daß eine Mehrheit festorganisierter Komplexe mit eigenen Bureaukratien und einem ganzen System von Hilfs- und Stützorganisationen über die Landesgrenzen hinweg sich im Deutschen Reich ausbreitet und sich der staatlichen Willensbildung sowie der öffentlichen Machtpositionen im Reich, in den Ländern und in den Selbstverwaltungskörpern bemächtigt. Als Träger dieses unten noch zu behandelnden Pluralismus kommen verschiedene soziale Größen und Machtkomplexe in Betracht: festorganisierte politische Parteien, Interessenverbände (Industriellenverbände, Landbund, Gewerk-

---

[1] Betrachtungen über politisches Recht, Zeitschrift für ausländisches öffentliches Recht und Völkerrecht, Bd. I (Berlin 1930) S. 63; auch *F. W. Jerusalem*, Die Staatsgerichtsbarkeit, S. 97 f. Auf die „Analogie internationaler Streitigkeiten" verweisen schon *R. Thudichum* a. a. O. S. 681 und *R. Mohl*, Verantwortlichkeit der Minister, 1837, S. 209; vgl. auch oben S. 47 Anm. 2; über die Analogie mit dem Arbeitsrecht unten S. 144 Anm.

schaften), Religionsgesellschaften. Sie bestehen und handeln als Träger einer relativ sichern und festen, berechenbaren sozialen Machtfülle. Ihre Bedeutung ist für verschiedene Sachgebiete (Außenpolitik, Wirtschaft, Kultur, Weltanschauung) verschieden, und nur in ihrem systematischen Zusammenarbeiten richtig zu erkennen; aber die pluralistische Aufteilung des Staates ist als Tendenz klar genug sichtbar. Vor allem läßt sich eine Wirkung feststellen, die hier für das Problem der Verfassung als eines Vertrages von Bedeutung ist: die Verfassung selbst und die in ihrem Rahmen sich abspielende staatliche Willensbildung erscheint als K o m p r o m i ß der verschiedenen Träger des staatlichen Pluralismus und die nach dem Sachgebiet des Kompromisses — Außenpolitik, Wirtschaftspolitik, Sozialpolitik, Kulturpolitik — wechselnden Koalitionen dieser sozialen Machtorganisationen verwandeln mit ihren Verhandlungsmethoden den Staat selbst in ein pluralistisches Gebilde. In der theoretischen Literatur hat man bereits mit großer verfassungstheoretischer Unbekümmertheit die These proklamiert, daß der parlamentarische Staat überhaupt seinem Wesen nach ein Kompromiß sei [1]. Damit ist, wenn auch vielleicht ohne Bewußtsein aller verfassungsrechtlichen Konsequenzen, offen gesagt, daß der heutige Staat mitsamt seiner Verfassung das Kompromißobjekt der sozialen Größen ist, die am Kompromißvertrag beteiligt sind.

Auch die Weimarer Verfassung selbst wird oft als Kompromiß aufgefaßt und definiert, und zwar sowohl als Ganzes, indem man in ihr einen „Klassenfrieden" oder einen „Religionsfrieden", vielleicht auch nur einen bloßen „Waffenstillstand" zwischen deutscher Arbeiterschaft und deutschem Bürgertum, Katholiken und Protestanten, Christen und Atheisten usw. sieht [2], oder auch für wichtige einzelne Abschnitte und Bestimmungen, z. B. Kirche und Schule, wobei die Bezeichnung „Schulkompromiß" insbesondere durchweg geläufig und nicht bedeutungslos ist. In allen solchen Fällen einer pluralisti-

---

[1] H. Kelsen, Allgemeine Staatslehre, Berlin, 1925, S. 324 (mit der typisch liberalen Vertauschung von Liberalismus und Demokratie); Wesen und Wert der Demokratie, 2. Aufl., Tübingen 1929, S. 57; besonders charakteristisch auch in dem Bericht über Wesen und Entwicklung der Staatsgerichtsbarkeit, Veröffentlichung der Vereinigung der deutschen Staatsrechtslehrer, Heft 5 S. 81, wo der Kompromißcharakter des modernen demokratischen Staates mit der Verfassungsgerichtsbarkeit im Bundesstaat zusammengebracht wird. Dabei geht der ganze Bericht davon aus, daß Verfassung gleich Verfassungsgesetz, Verfassungsgesetz gleich Norm sei. Der vieldeutige Begriff der Norm erweist sich hier wieder als Vehikel der Begriffsverschiebungen: da alles Mögliche als Norm gilt, kann selbst die fundamentale, theoretisch und praktisch im Mittelpunkt jeder verfassungsrechtlichen Erörterung stehende Verschiedenheit des Verfassungsbegriffs — ist die Verfassung eine politische Entscheidung der in sich homogenen Einheit des Volkes ?, ist sie ein Gesetz (welches Gesetzgebers) ?, ist sie ein Vertrag oder Kompromiß (welcher Vertragsparteien) ? — unter der Hand verschwinden, und kann alles das, Entscheidung, Gesetz und Vertrag, mit dem einem Worte „Norm" zugedeckt werden.

[2] Dazu Carl Schmitt, Hugo Preuß; sein Staatsbegriff und seine Stellung in der deutschen Staatslehre, Tübingen (Recht und Staat, Heft 72) 1930, S. 31/32.

schen Aufsplitterung der Staats- und Verfassungseinheit erheben die den Pluralismus tragenden Parteien Anspruch auf die Verfassung selbst, d. h. auf die staatliche Macht und ihre Ausübung. Die Verfassung wird i h r e Verfassung, weil sie es sind, die sie abgeschlossen haben. Sie machen R e c h t e a n d e r S t a a t s g e w a l t selbst geltend, weil sie sich darauf berufen können, die Träger des Kompromisses, d. h. die Kontrahenten des Vertrages zu sein, durch den sowohl die Verfassung wie alle weitere staatliche Willensbildung zustande kommt. Ihre Differenzen werden den völkerrechtlichen Streitigkeiten immer ähnlicher und deshalb zunächst durch beiderseitige Verhandlungen, Schlichtung und schließlich, soweit freiwillige Unterwerfung und eine arbitrable oder justiziable Streitigkeit vorliegt, auch durch eine gerichtliche Entscheidung ausgetragen. Es fehlt in der heutigen deutschen Staats- und Verfassungslehre am systematischen Bewußtsein dieser Zustände. Außerdem haben die Interessenten dieses Pluralismus meistens nicht das Bestreben, ihre Praxis in das Licht einer systematischen Klärung hineintragen zu lassen. Sie haben nicht einmal ein Interesse daran, die praktischen Folgerungen zu Ende zu führen, weil sie schon mit Rücksicht auf ihre Anhänger und Wähler dem Risiko des Politischen nach Möglichkeit zu entgehen suchen. So kommt vieles zusammen, um die Wirklichkeit mit Hilfe eines sogenannten Formalismus zu verschleiern und sie durch eine unklare, allen Ausflüchten und Verflüchtigungen dienende Antithese von „rechtlich", und „politisch" in einem unklaren Zwielicht zu halten.

In mancher Rechtsstreitigkeit, die sich heute vor dem Staatsgerichtshof für das Deutsche Reich abspielt, ist leicht zu erkennen, daß die eigentlichen Parteien des Rechtsstreites derartige soziale Machtgebilde oder ihre Parteikoalitionen sind, so daß der Prozeß nur die pluralistische Struktur des Staates widerspiegelt. Selbst in Streitigkeiten zwischen dem Reich und einem Land macht oft in Wirklichkeit nur die eine politische Parteikoalition einer ihr feindlichen Partei den Prozeß. Daß es hier zu V e r g l e i c h e n kommt und solche Vergleiche mit größter Selbstverständlichkeit abgeschlossen werden, ist wohl der beste Beweis dafür, daß die politischen Parteien unter allgemeiner Anerkennung den Gegenstand des Verfassungsstreites als etwas ihrer Verständigung und Vereinbarung, daher auch ihrer Verfügung Unterliegendes behandeln. So ist in dem kürzlich (Dezember 1930) erledigten Streit zwischen Reich und Thüringen wegen der Sperrung der Polizeikostenzuschüsse ein solcher Vergleich geschlossen worden [1]. Immerhin kann man

---

[1] Der vom Vorsitzenden des Staatsgerichtshofes den Beteiligten unterbreitete und von ihnen angenommene Vergleichsvorschlag hatte nach den Pressemitteilungen vom 23. Dezember 1930 folgenden Wortlaut:

Die Parteien sind sich darüber einig, daß die Frage, ob und inwieweit die Nationalsozialistische Deutsche Arbeiterpartei umstürzlerische oder sonst strafbare Ziele verfolgt, im Rahmen des gegenwärtigen Verfahrens nicht ausgetragen werden kann und soll. Der

4. c) Staatsgerichtshof und Verfassungskompromiß

in diesem Falle die Verfügung über den Streitgegenstand damit rechtfertigen, daß man sagt, es handele sich erstens um eine b u n d e s s t a a t l i c h e Beziehung zwischen dem Reich und einem Land, aus der man das föderalistische, d. h. vertragliche Element nicht ganz beseitigen kann und die außerdem noch im konkreten Fall durch zahlreiche, neben der Verfassung hergehende Vereinbarungen und Abmachungen geregelt ist; und zweitens betreffe die Streitigkeit G e l d a n s p r ü c h e , deren besonderer Charakter sich auch sonst in der Praxis der einstweiligen Verfügungen des Staatsgerichtshofs bereits geltend gemacht hat [1]. Ganz anders geartet aber ist der berühmte Vergleich zwischen dem preußischen Staatsrat und dem preußischen Staatsministerium vom 31. Oktober 1923, der eine Einigung dieser beiden Stellen über die Auslegung und Anwendung des Artikel 40 der Preuß. Verfassung enthält und auf Grund dieser Einigung das schwebende Verfahren als gegen-

---

Standpunkt, den jede Partei zu dieser Frage einnimmt, wird durch diesen Vergleich und die in ihm abgegebenen Erklärungen in keiner Weise berührt. Die Parteien gehen davon aus, daß die grundsätzliche Frage demnächst in einem anderen vor dem Reichsgericht schwebenden Verfahren einer Klärung zugeführt werden wird.

Das Reich hebt die Sperrung der Polizeizuschüsse auf; die bisher einbehaltenen Beträge werden nachgezahlt. Das Land Thüringen nimmt seinen Antrag vor dem Staatsgerichtshof zurück.

Das Land Thüringen erkennt wiederholt die Verpflichtung an, dafür Sorge zu tragen, daß der unpolitische Charakter der Schutzpolizei als Ganzes wie auch das unpolitische Verhalten des einzelnen Beamten im Dienst unbedingt gewährleistet wird. Demgemäß wird die thüringische Regierung bei der Anstellung, Beförderung und Versetzung von Polizeibeamten nicht nach parteipolitischen Gesichtspunkten, sondern nur nach den Gesichtspunkten der Eignung und des dienstlichen Interesses verfahren. Die Parteien sind einig, daß hiermit eine grundsätzliche Ablehnung der Einstellung von Sozialdemokraten ebenso unvereinbar ist wie eine Weitergabe von Bewerberlisten an eine Parteiorganisation zwecks Feststellung der Parteizugehörigkeit.

Die Gewähr für die Einhaltung dieser Verpflichtungen übernimmt das thüringische Staatsministerium in seiner Gesamtheit (!).

Der Frage, ob die Grundsätze und Vereinbarungen, auf Grund deren die Polizeikostenzuschüsse an die Länder gezahlt werden, eine rechtliche Zahlungspflicht o d e r n u r e i n e p o l i t i s c h e B i n d u n g d e s R e i c h e s begründen, wird durch diesen Vergleich nicht vorgegriffen.

[1] So in der Entscheidung vom 17. November 1928, RGZ. Bd. 122 S. 18 f.; *Lammers-Simons* I S. 175 (Weiterzahlung von Beträgen); d a g e g e n z. B. der Beschluß vom 13. Juli 1929, *Lammers-Simons* II S. 99: „Demnach kann der Staatsgerichtshof insbesondere auch nicht durch einstweilige Verfügung die Verkündung beschlossener Gesetze vereiteln"; vor allem: Beschluß vom 17./18. Juli 1930, (RGZ. 129 Anhang S. 28) der hier von besonderem Interesse ist, weil hier der Antrag auf Anordnung der vorläufigen Zahlung von Polizeikostenzuschüssen (also Geldbeträgen) des Reiches an Thüringen abgelehnt wird, mit der bereits oben (S. 32 Anm. 1) erwähnten, grundsätzlichen Bemerkung „daß der Staatsgerichtshof auch in Zukunft so wie schon bisher von dem Mittel einer vorläufigen Anordnung mit äußerster Vorsicht und Zurückhaltung Gebrauch macht."

standslos und erledigt bezeichnet [1]. Dieser Fall zeigt, wie sehr die Parteien eines Verfassungsstreites **innerhalb eines Landes** unter Mitwirkung des Staatsgerichtshofs den Gegenstand des Verfassungsstreites als etwas ihrer Verständigung und Vereinbarung Unterliegendes ansehen. Gegenstand des Streites ist hier aber nichts anderes als **die Ausübung verfassungsmäßiger Befugnisse und Zuständigkeiten.**

---

[1] Der Vergleich ist abgedruckt bei *Ludwig Waldecker*, Die Verfassung des Freistaates Preußen, 2. Aufl. 1928 (*Stilkes* Rechtsbibliothek Nr. 4 S. 110 ff.). Der Wortlaut ist so bezeichnend, daß er, unter Hervorhebung der für den hier interessierenden Zusammenhang wichtigen Formulierungen, ausführlich zitiert werden soll: I. Die Streitteile sind **einig in der Auffassung**, daß der Art. 40 Abs. 1 der Preuß. Verf. dem StR. ein **selbständiges**, von seinen Aufgaben aus Abs. 2 bis 4 des Artikels **unabhängiges Recht auf Information** durch das StM., nicht aber, wie bereits in der Klageschrift des StR.s vom 20. Oktober 1922 (LT.-Drucks. 4761) ausdrücklich betont worden ist, ein besonderes Begutachtungs-, Kontroll- oder Mitwirkungsrecht verleiht. Im übrigen wollen die Streitteile die **Durchführung** dieses Grundsatzes im einzelnen Falle der **jeweiligen Verständigung überlassen**, wobei sich jedoch das StM. schon jetzt ausdrücklich bereit erklärt, den StR. in allen bedeutsamen Fragen auch über allgemeine Richtlinien der Instruktionen an die Preußischen Vertreter im Reichsrat nach Möglichkeit auf dem Laufenden zu halten.
II. **Die Streitteile sind darüber einig**, daß die Frage, ob das StM. auch solche vom LT. verabschiedeten Gesetze zu veröffentlichen hat, bei deren Einbringung die gutachtliche Anhörung des StR. unterlassen worden ist, nicht ohne Zuziehung des LT. entschieden werden kann. Das StM. **erkennt aber dem StR. gegenüber vorbehaltlos an, daß** es durch die Bestimmung des Art. 40 Abs. 2 der Preuß. Verf. **unbedingt gebunden** ist, alle Gesetzesvorlagen, bevor sie beim LT. eingebracht werden, dem StR. zum Zweck der Begutachtung rechtzeitig zur Kenntnis zu bringen.
III. **Das StM. hält die Frage**, ob auch die Auslegung des Art. 40 Abs. 4 der Preuß. Verf. zwischen Verwaltungsverordnungen und Rechtsverordnungen im Sinne der bei Anwendung des Art. 51 festgehaltenen Übung zu unterscheiden und nur bei Verwaltungsverordnungen der StR. oder dessen zuständiger Ausschuß zu hören ist, **dem StR. gegenüber offen.** Es wird aber alle Fälle, wo es sich um gemischte Rechts- und Verwaltungsverordnungen handelt, oder wo nach dieser Richtung der Charakter der Verordnung zweifelhaft erscheint, zugunsten der Anhörung des StR. entscheiden.
Der **StR. hält seinerseits** die vorstehend formulierte **Frage** dem StM. gegenüber **offen**, er wird aber für dringliche oder wichtige Ausführungsverordnungen, mögen sie als Verwaltungs- oder als Rechtsverordnung aufzufassen sein, ein abgekürztes Verfahren der Anhörung einrichten, das den Staatsnotwendigkeiten Rechnung trägt.
IV. Vorstehende Vereinbarung wurde von den Vertretern bei der Vergleichsverhandlung, dem Geheimen Justizrat Professor D. Dr. *Kahl* für den StR., den Staatssekretären Dr. *Freund* und *Fritze* für das StM., den Streitteilen zur Genehmigung vorgelegt. Diese Genehmigung wurde seitens des StM. im Juli, seitens des StR. im Oktober 1923 erteilt. Der Vertreter des StR.s wird davon dem Präsidenten des Staatsgerichtshofes Kenntnis geben. **Das schwebende Verfahren soll damit als gegenstandslos und erledigt gelten.**

Die prozeßmäßige Erledigung von Streitigkeiten führt immer leicht zu einer Koordinierung der Parteien, besonders wenn die Vorstellung eines Z i v i l p r o z e s s e s überwiegt und dessen Analogien auf den Verfassungsprozeß übertragen werden. Dann trifft die Koordinierung zwischen den Parteien, die in der Prozeßsituation enthalten ist, mit der Koordinierung, welche durch die Vertragsvorstellung eintritt und in der auch hinsichtlich des Streitgegenstandes eintretenden Gleichordnung der Prozeß- und Vertrags-Parteien enthalten ist, zusammen, so daß beide sich gegenseitig stützen und verstärken. Nur bei der Ahndung offensichtlicher Verfassungsverletzungen ist die Analogie eines Strafprozesses wirksam. Sonst aber werden sich unversehens Gesichtspunkte und Argumente des Zivilprozesses einstellen. So heißt es in der Entscheidung des Staatsgerichtshofs vom 3. Dezember 1927: ,,Bei Prüfung der Frage, ob sich der einzelne Streitfall als eine Rechtsstreitigkeit darstellt, ist aber von dem Vorbringen des Antragstellers auszugehen, nicht anders als im Zivilprozeß bei Prüfung der Zulässigkeit des Rechtsweges die Behauptungen des Klägers zugrundegelegt werden"[1]. Das kann im einzelnen Fall durchaus zutreffend sein, nur bedarf es noch weiterer Differenzierungen; vor allem müßte die Besonderheit der Staats- und Verfassungsgerichtsbarkeit, die Parteifähigkeit und Aktivlegitimation nicht nach Art des Zivilprozesses trennen kann, wohl beachtet werden. Dagegen ist es unrichtig und irreführend, wenn der Zivilprozeß in einem einzigen Satz apodiktisch ohne weitere Argumentation oder Differenzierung als maßgebende Analogie hingestellt und für etwas in sich Evidentes und Selbstverständliches gehalten wird.

Im staatsrechtlichen Schrifttum sind ähnliche Tendenzen erkennbar. Während die bisherige staatsrechtliche Theorie, wie überhaupt die Theorie des öffentlichen Rechts, mit aller Bestimmtheit davon ausgeht, daß es k e i n R e c h t a n d e r S t a a t s g e w a l t , u n d f ü r i h r e A u s ü b u n g k e i n R e c h t a m A m t gibt, und daß der Inhaber einer öffentlich-rechtlichen Befugnis oder Zuständigkeit keineswegs darüber verfügen kann wie über ein ihm zustehendes subjektives Recht, wohingegen die Singularität, Abnormität, Unzeitgemäßheit einer Monarchie gerade darin erblickt wurde, daß der Monarch ein Recht am Amt und seiner staatlichen Befugnis hat, was sonst im modernen Staat angeblich ganz undenkbar ist — *Bernatzik* hat auf dieser Singularität der Stellung des Monarchen bekanntlich eine juristische Definition des Unterschiedes von Monarchie und Republik aufgebaut[2] —, machen jetzt die verschiedenen, an der staatlichen Willensbildung beteiligten Instanzen die Auslegung der Verfassung und die Ausübung ihrer Befugnisse zum Gegenstand von Abmachungen und von Prozessen, die nach Analogie von Zivilprozessen geführt werden, ohne daß die staatsrechtliche Literatur darin etwas Auffälliges

---

[1] Entscheidung vom 3. Dezember 1927, RGZ. 120, Anhang S. 1 f.; *Lammers-Simons* I S. 147.

[2] Republik und Monarchie, 2. Aufl. Tübingen 1919 (1. Aufl. 1892).

gefunden hat. Sie scheint sich vielmehr damit zu begnügen, hier wie auch sonst, Präzedenzfälle zu registrieren und die folgenreichen Auswirkungen eines zunächst unbewußt eingeführten, völlig neuen Staatsprinzips der Zukunft zu überlassen. Die bis heute bedeutendste Veröffentlichung zu diesem Thema, die bereits mehrfach zitierte Abhandlung von *H. Triepel* über „Streitigkeiten zwischen Reich und Ländern" (1923), behandelt allerdings, ihrem Titel entsprechend, nur bundesstaatsrechtliche Streitigkeiten, d. h. solche, bei denen sich die vertragsmäßige Koordination der Partei aus dem föderalistischen Element der Reichsverfassung rechtfertigen läßt, und wenn *Triepel* den Begriff der Streitigkeit sehr weit faßt, so hält er doch daran fest, daß kein Land ohne Rücksicht auf „ein besonderes Verhältnis zum Recht" eine Klage erheben könne. Insoweit ist der Zusammenhang von Klagebefugnis und subjektivem öffentlichen Recht hier besonders nachdrücklich betont. Auch der Staatsgerichtshof will keineswegs in jeder Verletzung einer geltenden Verfassungsbestimmung eine Verletzung eines subjektiven Rechtes und damit die Grundlage einer Klageberechtigung sehen [1]. Aber trotzdem läßt sich ein subjektives öffentliches Recht in den meisten Fällen einer Interessenverletzung leicht konstruieren und behaupten, wobei es ja nur auf die Klagebegründung ankommen soll [2]. Gerade die Fundierung des Begriffes der Rechtsstreitigkeit auf den Begriff des subjektiven Rechts macht dann den Begriff der Verfassungsstreitigkeiten innerhalb eines Landes (und ebenso innerhalb des Reiches) noch schwieriger und problematischer. Denn subjektive öffentliche Rechte würden hier nur die pluralistische Auflösung des Staates sanktionieren.

Leider wird das meistens verkannt. *F. W. Jerusalem* definiert in seinem Buch über die Staatsgerichtsbarkeit [3] den Umfang der Staatsgerichtsbarkeit in der Weise, daß er sagt, „alles was zum staatlichen Willensbildungsprozeß gehöre, dessen Träger die staatlichen Organe sind", gehöre auch zur Sphäre der Staatsgerichtsbarkeit. Er will „auch dem Träger einer Organstellung in dieser Eigenschaft subjektive Rechte zuerkennen", die „als solche, wie in der Zivilgerichtsbarkeit (!) zum Gegenstand einer Klage gemacht werden." Auch das staatliche Organ, sagt er, „kann Träger eines subjektiven Rechts sein, wenn ihm die Rechtsordnung eine Sphäre der Selbständigkeit in der Vollziehung seiner Organtätigkeit eingeräumt hat." Daran schließt er folgende, überaus kennzeichnende Einschränkung: „Natürlich wird das subjektive Recht des

---

[1] Entscheidung vom 17. November 1928, RGZ. Bd. 122, Anhang S. 18 f.; *Lammers-Simons* I S. 169: „Ebenso würde, wenn der Grundsatz der Gleichheit der Länder als ungeschriebener Inhalt der Reichsverfassung anerkannt werden müßte, Preußen d a r a u s   n o c h   k e i n   s u b j e k t i v e s   ö f f e n t l i c h e s   R e c h t   herleiten können, kraft dessen es gegen den Inhalt eines im übrigen (!) verfassungsmäßig zustandegekommenen Reichsgesetzes anzugehen befugt wäre."

[2] Entscheidung vom 3. Dezember 1927, RGZ. 120, Anhang S. 1 f.; *Lammers-Simons* I S. 147; (die Stelle ist oben S. 67 im Text zitiert).

[3] Die Staatsgerichtsbarkeit, Tübingen 1930, S. 51/53.

Organträgers auf der Grundlage des heutigen Staatsrechts niemals zum Beispiel auf die Befugnis zur Vererbung gehen." Wir wollen es hoffen — es fehlte noch, daß die Rechtswissenschaft die Verwandtschaft des heutigen Pluralismus mit dem mittelalterlichen Feudal- und Ständestaat und seinen wohlerworbenen Rechten soweit triebe, daß sie den Machtbesitz sogar noch als erbliches Recht zu garantieren versuchte. Aber für den Grad der Auflösung des Staatsbegriffes sind solche Sätze doch außerordentlich symptomatisch und verdienen die allergrößte Beachtung. *Jerusalem* schließt diesen Absatz mit folgender These: ,,Indem diese (nämlich die Staatsgerichtsbarkeit) verfassungsmäßig über Streitigkeiten zwischen Organen wegen ihrer Kompetenz entscheidet, hat die Reichsverfassung die Betätigung der staatlichen Organe insoweit als Gegenstand subjektiver Rechte anerkannt, als jene die Befugnis haben, ihre Kompetenzen gegenüber anderen Organen durch entsprechende Ansprüche bei der Staatsgerichtsbarkeit zu verteidigen." Die Ausdrucksweise von *Anschütz* (Kommentar S. 154), die staatsorganschaftliche Befugnis stehe dem subjektiven Recht gleich, findet *Jerusalem* ,,bedenklich", aber nur weil sie ihm nicht weit genug geht: vielmehr soll jene Befugnis mit einem subjektiven Recht identisch sein. Ebenfalls bezeichnend ist die Formulierung *M. Löwenthals*, der die Unterscheidung von Staatsgerichtsbarkeit und Verwaltungsgerichtsbarkeit darin findet, daß in der Staatsgerichtsbarkeit **Rechte an der Staatsgewalt**, in der Verwaltungsgerichtsbarkeit **Rechte gegen die Staatsgewalt** geltend gemacht werden [1]. Die Praxis des Staatsgerichtshofs für das Deutsche Reich ist im Vergleich zu solchen theoretischen Konstruktionen außerordentlich vorsichtig und vermeidet es, sich zum Instrument des staatlichen Pluralismus zu machen. Sie hat insbesondere die Sachbefugnis der politischen Parteien nur für Wahlrechtsstreitigkeiten [2], die Sachbefugnis der Fraktionen politischer Parteien keineswegs allgemein, sondern unter strenger Beschränkung zugelassen [3]. Da außerdem Verfassungs-

---

[1] Reichsverwaltungsblatt 1929, S. 526. Um so auffälliger ist es, daß *Löwenthal* in der Besprechung von *Jerusalems* Buch, Reichsverwaltungsblatt 1930, S. 748 sich sehr entschieden und treffend gegen die Konstruktion subjektiver Rechte des Staatsorgans ausspricht.

[2] Entscheidungen vom 17. Dezember 1927; *Lammers-Simons* I S. 334 und 345; vgl. aber unten S. 84/5.

[3] Fraktionen sind als Parteien zugelassen worden für folgende Streitgegenstände: Gültigkeit einer Landtagswahl; Wahldauer einer Landesversammlung; Einsetzung von Untersuchungsausschüssen; Gültigkeit von Gesetzen, bei denen sie mitwirkten oder mitzuwirken befugt waren; Verfassungsmäßigkeit einer Notverordnung; sonst ,,kann ihre Sachbefugnis nur durch besondere Umstände begründet werden", vgl. die Aufzählung der Präzedenzfälle und die grundsätzliche Darlegung in der Entscheidung vom 24. Juni 1930, RGZ. 129, Anhang S. 8. Im übrigen soll hier die Parteifähigkeit vor dem Staatsgerichtshof nicht weiter erörtert werden; eine Behandlung dieser Frage, für die es bisher an einer systematischen Darstellung fehlt, ist durch *E. Friesenhahn* (Bonn) zu erwarten.

streitigkeiten innerhalb des Reiches nicht zur Zuständigkeit des Staatsgerichtshofs gehören, so sind der in der Ausdehnung des Begriffes der Verfassungsstreitigkeit liegenden Tendenz zum Pluralismus ihre gefährlichsten Möglichkeiten genommen.

Die äußersten Konsequenzen jener Konstruktionen subjektiver Rechte bleiben trotzdem theoretisch beachtenswert: Die Verfassung würde aufhören, als politische Entscheidung des in sich einheitlichen, ganzen Volkes behandelt zu werden; die sogenannten Staatsorgane, d. h. die Inhaber der staatlichen Machtbefugnisse, könnten ihre Machtbefugnisse und Zuständigkeiten wie subjektive Rechte ansehen, die sie für die sozialen Organisationen, als deren Beauftragte sie zu „Staatsorganen" geworden sind, ausüben und gegen feindliche Organisationen nötigenfalls auch im Prozeßwege einklagen. Die staatliche Willensbildung würde im Ganzen und in allen wichtigen Einzelheiten ein Kompromiß, dessen Partner — die den pluralistischen Staat bildenden sozialen Machtträger — je nach Lage der Sache bald durch die von ihnen bestellten Staatsorgane subjektive Rechte am staatlichen Machtbesitz geltend machten, bald aber, wenn es sich darum handelt, dem politischen Risiko zu entgehen, sich darauf besännen, daß sie „formell" und „staatsrechtlich" eigentlich überhaupt nicht vorhanden sind.

Derartigen Tendenzen habe ich in meiner Verfassungslehre das System eines demokratischen Verfassungsstaates mit einem positiven Verfassungsbegriff entgegengestellt. Wenn daran festgehalten wird, daß die Weimarer Verfassung eine politische Entscheidung des einheitlichen deutschen Volkes als des Trägers der verfassunggebenden Gewalt bedeutet und kraft dieser Entscheidung das Deutsche Reich eine konstitutionelle Demokratie ist, so läßt sich die Frage nach dem Hüter der Verfassung anders beantworten als durch fiktive Justizförmigkeiten.

II. Die konkrete Verfassungslage der Gegenwart

1. Pluralismus, Polykratie und Föderalismus

Der konkrete Verfassungszustand des heutigen Deutschen Reiches soll hier durch drei Begriffe kurz charakterisiert werden: Pluralismus, Polykratie und Föderalismus. Dabei handelt es sich um drei voneinander unterscheidbare, auf verschiedenen Gebieten des staatlichen Lebens verschieden hervortretende Entwicklungserscheinungen unserer staatsrechtlichen Verhältnisse. Jene drei Phänomene sind auf den ersten Blick nur durch den gemeinsamen Gegensatz verbunden, den Gegensatz gegen eine geschlossene und durchgängige staatliche E i n h e i t , im übrigen aber unter sich verschiedener Natur. Das Wort F ö d e r a l i s m u s soll hier nur das Neben- und Miteinander einer Mehrheit von Staaten zum Ausdruck bringen, das innerhalb einer bundesstaatlichen Organisation besteht; hier steht eine Pluralität von s t a a t l i c h e n Gebilden auf s t a a t l i c h e m Boden. P l u r a l i s m u s dagegen bezeichnet eine Mehrheit festorganisierter, durch den Staat, d. h. sowohl durch verschiedene Gebiete des staatlichen Lebens, wie auch durch die territorialen Grenzen der Länder und die autonomen Gebietskörperschaften hindurchgehender, s o z i a l e r Machtkomplexe, die sich als solche der staatlichen Willensbildung bemächtigen, ohne aufzuhören, nur soziale (nicht-staatliche) Gebilde zu sein. Die P o l y k r a t i e endlich ist eine Mehrheit rechtlich autonomer Träger der öffentlichen W i r t s c h a f t , an deren Selbständigkeit der staatliche Wille eine Grenze findet. Zur ersten, vorläufigen Unterscheidung läßt sich folgende Gegenüberstellung machen: Der Pluralismus bezeichnet die M a c h t mehrerer sozialer Größen ü b e r die s t a a t l i c h e W i l l e n s b i l d u n g ; die Polykratie ist möglich auf dem Boden einer H e r a u s n a h m e aus dem Staat und einer Verselbständigung g e g e n ü b e r dem staatlichen Willen; im Föderalismus kommt b e i d e s in der von *Carl Bilfinger* formulierten Antithese zusammen: Einfluß auf die Willensbildung des Reiches, und Freiheit vom Reich in der Sphäre eigener Unabhängigkeit und Selbständigkeit. Diese kurzen Distinktionen sollen nicht etwa erschöpfende Definitionen sein, sondern nur als Ausgangspunkt für eine Übersicht über unsern heutigen Verfassungszustand dienen.

Jede einzelne der drei Erscheinungen kann selbständig betrachtet und untersucht werden. Doch wird sie in der Wirklichkeit des staatlichen Lebens meistens mit einer oder beiden der andern Erscheinungen zusammen auftreten, sei es mit ihnen verbündet, sei es um ihnen entgegenzutreten und entgegenzuwirken. Immer kann das eine hinter dem andern Deckung nehmen und trotzdem gleichzeitig in den Mißbräuchen des andern seine eigene Rechtfertigung finden. So können z. B. die über die Landesgrenzen hinausgehenden, festorganisierten, den Pluralismus tragenden sozialen Machtkomplexe mit ihren durch das ganze Reich durchgängigen, politischen Parteien als ein Schutz gegen die Gefahr einer föderalistisch-partikularistischen Aufsplitterung des Reiches hingestellt werden; umgekehrt können solche politischen Parteien aber auch, wenn sie in einem Land die staatliche Macht besetzt halten, sich gegenüber einer ihr feindlichen, im Reiche maßgebenden Partei auf die föderalistischen Elemente der Reichsverfassung berufen. Die Polykratie der öffentlichen Wirtschaft kann, soweit sie von autonomen Gebietskörperschaften, insbesondere von der kommunalen Selbstverwaltung getragen wird, ebenfalls einer politischen Partei und dem sozialen Machtkomplex, zu dem die Partei gehört, als Stütze und Hilfsstellung gegenüber einer anderen Partei dienen, wenn auch nicht in dem gleichen Maße wie die föderalistische Selbständigkeit; aber das ganze traditionelle Pathos der Selbstverwaltung dient dann in Wirklichkeit der Pluralisierung des deutschen Staatswesens. Der Föderalismus kann sich damit rechtfertigen, daß er eine Organisation von S t a a t e n ist und dadurch die bloß sozialen und deshalb ohne staatliches Verantwortungsgefühl handelnden Machtträger des Pluralismus neutralisiert und überwindet. So kann immer, je nach der taktischen Lage, eines das andere ausspielen und ausnutzen, stützen oder untergraben, bekämpfen oder begünstigen. Auf diesem verwickelten Durcheinander zentrifugaler Kräfte und einem System von zentripetalen Gegenbewegungen steht das heutige Deutsche Reich.

Die pluralistischen Tendenzen insbesondere, die sich bereits in einer bestimmten, oben erörterten Auffassung der Staatsgerichtsbarkeit andeuteten, sind keineswegs zufällige und vereinzelte Erscheinungen. Sie gehören vielmehr zu den Kräften, ohne deren Berücksichtigung die heutigen Verfassungsverhältnisse Deutschlands unerklärlich bleiben und die wenigstens mit einigen kurzen Darlegungen hier gekennzeichnet werden müssen, damit sowohl die konkrete Situation der geltenden Reichsverfassung wie auch das konkrete Problem des Verfassungshüters erkennbar wird. Jede Institution und sogar jede Norm hat, als immanente Voraussetzung ihres Daseins oder ihrer Geltung, diesen Zusammenhang mit einer Situation in sich, und der Zusammenhang wird in dem gleichen Maße intensiver und unmittelbarer, in welchem die Einrichtung sich dem politischen Zentrum der staatlichen Willensbildung nähert. Daß man in Deutschland eine Zeitlang einen Hüter der Verfassung ohne einen sachlichen

Begriff von Verfassung und Verfassungsstreitigkeit einzurichten suchte, ist merkwürdig genug. Noch erstaunlicher aber ist es, daß man eine solche, ohne Statik und ohne Permanenz unvorstellbare Einrichtung in eine Situation hineinsetzen wollte, deren nähere Betrachtung, ja deren bloßen Anblick man prinzipiell ablehnte.

*a) Entwicklung des Parlaments zum Schauplatz
eines pluralistischen Systems*

Die Verfassungssituation der Gegenwart ist zunächst dadurch gekennzeichnet, daß zahlreiche Einrichtungen und Normierungen des 19. Jahrhunderts unverändert beibehalten sind, die heutige Situation aber sich gegenüber der früheren völlig geändert hat. Die deutschen Verfassungen des 19. Jahrhunderts stehen in einer Epoche, deren Grundstruktur von der großen deutschen Staatslehre dieser Zeit auf eine klare und brauchbare Grundformel gebracht worden ist: die Unterscheidung von S t a a t und G e s e l l s c h a f t. Es ist dabei eine zweite, hier nicht interessierende Frage, wie man den Staat und wie die Gesellschaft bewertet, ob man das eine dem andern überordnet oder nicht, ob und wie das eine vom andern abhängig ist usw. Das alles hebt die Unterscheidung nicht auf. Ferner ist zu beachten, daß „Gesellschaft" wesentlich ein polemischer Begriff war, und als Gegenvorstellung den konkreten, damals bestehenden, monarchischen Militär- und Beamtenstaat im Auge hatte, demgegenüber das, was n i c h t zu diesem Staat gehörte, eben Gesellschaft hieß. Der Staat war damals unterscheidbar von der Gesellschaft. Er war stark genug, um sich den übrigen sozialen Kräften selbständig gegenüberzustellen und dadurch die Gruppierung von sich aus zu bestimmen, so daß alle die zahlreichen Verschiedenheiten innerhalb der „staatsfreien" Gesellschaft — konfessionelle, kulturelle, wirtschaftliche Gegensätze — von ihm aus, und nötigenfalls durch den gemeinsamen Gegensatz gegen ihn, relativiert wurden und die Zusammenfassung zur „Gesellschaft" nicht hinderten. Andrerseits aber hielt er sich in einer weitgehenden Neutralität und Nicht-Intervention gegenüber Religion und Wirtschaft und respektierte in weitem Maße die Autonomie dieser Lebens- und Sachgebiete; er war also nicht in dem Sinne absolut und nicht so stark, daß er alles Nicht-Staatliche bedeutungslos gemacht hätte. Auf diese Weise war ein Gleichgewicht und ein Dualismus möglich; insbesondere konnte man einen religions- und weltanschauungslosen, sogar völlig agnostischen Staat für möglich halten und eine staatsfreie Wirtschaft wie einen wirtschaftsfreien Staat konstruieren. Der bestimmende Beziehungspunkt blieb jedoch der Staat, weil dieser in konkreter Deutlichkeit und Unterscheidbarkeit vor Augen stand. Noch heute soll das vieldeutige Wort „Gesellschaft", soweit es hier interessiert, vor allem etwas bezeichnen, was n i c h t Staat, gelegentlich außerdem auch, was nicht Kirche ist [1]. Allen wich-

---

[1] Die einfachste und klarste Zusammenfassung der oft unfaßbar vieldeutigen Vor-

tigen Einrichtungen und Normierungen des öffentlichen Rechts, die sich im Laufe des 19. Jahrhunderts in Deutschland entwickelt haben und die einen großen Teil unseres öffentlichen Rechts ausmachen, liegt jene Unterscheidung als Voraussetzung zugrunde. Daß man allgemein den Staat der deutschen konstitutionellen Monarchie mit seinen Gegenüberstellungen von Fürst und Volk, Krone und Kammer, Regierung und Volksvertretung, als „dualistisch" konstruiert hat, ist nur ein Ausdruck des allgemeineren, fundamentalen Dualismus von Staat und Gesellschaft. Die Volksvertretung, das Parlament, die gesetzgebende Körperschaft, war als der Schauplatz gedacht, auf dem die Gesellschaft erschien und dem Staat gegenübertrat. Hier sollte sie sich in den Staat (oder der Staat sich in sie) hineinintegrieren [1].

In allen wichtigen Begriffsbildungen äußert sich die dualistische Grundstruktur. Die **Verfassung** gilt als Vertrag zwischen Fürst und Volk. Der wesentliche Inhalt eines staatlichen **Gesetzes** wird darin gefunden, daß es „in Freiheit und Eigentum der Bürger eingreift." Eine **Rechtsverord-**

---

stellungen von der „Gesellschaft" findet sich bei *Eduard Spranger*, Das Wesen der deutschen Universität (Akademisches Deutschland III, 1, S. 9): „Im deutschen soziologischen Sprachgebrauch ist es üblich, die unendliche Fülle von freien und organisierten, gewachsenen und geschaffenen, flüchtigen und dauernden Formen menschlichen Verbundenseins, **die nicht Staat und nicht Kirche sind**, kurzweg als die „Gesellschaft" zu bezeichnen. Das Gebilde ist so nebelhaft wie das ‚Milieu'." Diese Bemerkung *Sprangers* trifft den negativen Charakter der Vorstellung „Gesellschaft"; sie wird aber, wie mir scheint, der weiteren geschichtlichen Tatsache nicht gerecht, daß „Gesellschaft" in der konkreten Situation des 19. Jahrhunderts nicht nur einen negativen, sondern darüber hinaus auch noch einen spezifisch **politischen**, also **polemischen** Sinn hatte, wodurch das Wort aufhört, „nebelhaft" zu sein und die konkrete Präzision gewinnt, die ein politischer Begriff durch seinen konkreten Gegenbegriff erhält. Infolgedessen haben auch die mit Hilfe des Wortes *societas* gebildeten Begriffe dieser Situation, sobald sie zu geschichtlicher Bedeutung kommen, meistens einen oppositionellen Sinn, nicht nur „Sozialismus", sondern auch die „Soziologie", die, wie *Carl Brinkmann* sagt, als eine „Oppositionswissenschaft" entstanden ist (Versuch einer Gesellschaftswissenschaft, München und Leipzig 1919). Herr stud. jur. *G. Wiebeck* (Berlin) macht mich auf eine Stelle des Buches von *L. v. Hasner*, Filosofie des Rechts und seiner Geschichte in Grundlinien, Prag 1851, S. 82 aufmerksam, die folgenden, auch für die weiteren Ausführungen des obenstehenden Textes, namentlich für die Lage einer in „Selbstorganisation" befindlichen Gesellschaft interessanten Wortlaut hat: „Die Gesellschaft aber als schwirrende, unorganisierte Masse ist keine ethische, sondern nur eine transitorische, historische Gestalt. Organisiert ist sie eine ethische, aber eben der Staat selbst, wenn dieser sonst etwas mehr sein soll, als ein *abstractum*."

[1] Z. B. statt Vieler *Lorenz von Stein*, Geschichte der sozialen Bewegung in Frankreich, Bd. 2 (Ausgabe von *Gottfried Salomon*, München 1921, II, S. 41): Die Kammer ist das Organ, „durch welches die Gesellschaft den Staat beherrscht", oder die inhaltreiche Bemerkung von *Rudolf Gneist*, Die nationale Rechtsidee von den Ständen, Berlin 1894, S. 269: das allgemeine Verlangen nach geheimer Abstimmung ist „das untrügliche Zeichen der Überflutung des Staates durch die Gesellschaft".

n u n g wendet sich, zum Unterschiede von einer Verwaltungsverordnung, die nur an die Behörden und Beamten ergeht, an alle Staatsbürger. Das **B u d g e t r e c h t** beruht auf der Vorstellung, daß zwischen den beiden Partnern regelmäßig eine **B u d g e t v e r e i n b a r u n g** zustandekommt, und noch in der letzten Auflage des Lehrbuches *Meyer-Anschütz* (1919, S. 890, 897) heißt das Budgetgesetz „Budgetvereinbarung." Wenn man für einen Verwaltungsakt wie die Veranschlagung des Staatshaushalts ein sogenanntes **f o r m e l l e s G e s e t z** verlangt, so zeigt sich in dieser **F o r m a l i s i e r u n g** nichts anderes als die **P o l i t i s i e r u n g** des Begriffs: die politische Macht des Parlaments ist groß genug, um es einerseits durchzusetzen, daß eine Normierung nur dann als Gesetz gilt, wenn das Parlament mitgewirkt hat, und gleichzeitig auf der andern Seite einen formellen, d. h. von dem sachlichen Inhalt des Vorganges absehenden Gesetzesbegriff zu erobern; diese Formalisierung bringt also nur den politischen Erfolg der Volksvertretung gegenüber der Regierung, der Gesellschaft gegenüber dem monarchischen Beamtenstaat, zum Ausdruck. Auch die **S e l b s t v e r w a l t u n g** setzt in allen ihren Einrichtungen die Unterscheidung von Staat und Gesellschaft voraus; Selbstverwaltung ist ein Teil der dem Staat und seinem Beamtentum gegenüberstehenden Gesellschaft; auf dieser Grundvoraussetzung haben sich ihre Begriffe und Einrichtungen im 19. Jahrhundert entwickelt und formuliert.

Ein solcher „dualistischer" Staat ist eine Balancierung von zwei verschiedenen Staatsarten: er ist ein Regierungsstaat und ein Gesetzgebungsstaat zu gleicher Zeit. Er entwickelt sich um so mehr zum **G e s e t z g e b u n g s s t a a t**, je mehr das Parlament, als die gesetzgebende Körperschaft, der Regierung, d. h. je mehr die damalige Gesellschaft dem damals bestehenden Staat sich überlegen zeigt. Man kann alle Staaten nach dem Gebiet staatlicher Tätigkeit einteilen, auf dem sie das Zentrum ihrer Tätigkeit finden. Danach gibt es Justiz- oder besser: Jurisdiktionsstaaten, daneben Staaten, die wesentlich Regierung und Exekutive sind, und endlich Gesetzgebungsstaaten. Der mittelalterliche Staat, wie auch in weitem Maße bis in die Gegenwart hinein das angelsächsische Staatsdenken, geht davon aus, daß der Kern der Staatsgewalt in der **G e r i c h t s b a r k e i t** liegt. Staatsgewalt und Jurisdiktion werden hier gleichgesetzt, wie das heute noch der Ausdrucksweise des *Codex Juris Canonici* (z. B. can. 196, 218) entspricht, wobei allerdings zu beachten ist, daß die maßgebende Umschreibung der Autorität der römisch-katholischen Kirche und ihrer höchsten Ämter sich nicht in dem Bild eines Richters, sondern dem eines Hirten über seiner Herde äußert. Der seit dem 16. Jahrhundert seine Form gewinnende absolute Staat ist gerade aus dem Zusammenbruch und der Auflösung des mittelalterlichen, pluralistischen, feudal-ständischen Rechtsstaats und seiner Jurisdiktion entstanden und stützt sich auf Militär und Beamtentum. Er ist daher wesentlich ein Staat der **E x e k u t i v e** und der **R e g i e r u n g**. Seine *ratio*, die *ratio status*, die oft mißdeutete Staatsräson, liegt nicht in inhaltsvollen Normen, sondern in der Effektivität, mit der er eine Situation schafft, in welcher überhaupt erst Normen gelten können, weil der Staat der Ursache aller Unordnung und Bürgerkriege, dem Kampf um das normativ Richtige, ein Ende macht. Dieser Staat „stellt die öffentliche Ordnung und Sicherheit her". Erst als das eingetreten war, konnte der Gesetzgebungsstaat der bürgerlich-rechtsstaatlichen Verfassung in ihn eindringen. Im sog. A u s n a h m e z u s t a n d tritt dann das jeweilige Zentrum des Staates offen zutage. Der Justizstaat bedient sich hierfür des S t a n d r e c h t s (genauer: der Standgerichtsbarkeit), d. h. einer summarischen Justiz; der Staat als Exekutive vor allem des, nötigenfalls mit der Suspension von Grundrechten verbundenen, Ü b e r g a n g s d e r v o l l z i e h e n d e n G e w a l t; der Gesetzgebungsstaat der Not- und Ausnahmezustandsverordnungen, d. h. eines summarischen Gesetzgebungsverfahrens [1].

Bei solchen Einteilungen und Typisierungen der Staatsarten ist immer zu beachten, daß es einen reinen Gesetzgebungsstaat ebensowenig geben kann, wie einen reinen Jurisdiktionsstaat oder einen Staat, der restlos nichts anderes wäre, als Regierung und Verwaltung. Insofern ist jeder Staat eine Verbindung und Mischung dieser Arten, ein *status mixtus*. Aber mit diesem Vorbehalt läßt sich eine brauchbare Charakterisierung der Staaten nach dem Zentralgebiet der staatlichen Tätigkeit gewinnen. Daher ist es berechtigt und für das Problem des Hüters der Verfassung besonders aufschlußreich, den bürgerlichen Rechts- und Verfassungsstaat, wie er sich im 19. Jahrhundert entwickelt hat, als einen G e s e t z g e b u n g s s t a a t zu kennzeichnen. Es gehört, wie *Richard Thoma* treffend gesagt hat, zu den „artbestimmenden Tendenzen des modernen Staates", die Dezision, „über deren Vernünftigkeit und Gerechtigkeit man immer streiten kann, dem Gesetzgeber zu überlassen, dem Richter zu nehmen" [2]. Ein Jurisdiktionsstaat ist möglich, solange inhaltlich bestimmte Normen auch ohne die bewußte und geschriebene Normsetzung einer organisierten Zentralgewalt vorausgesetzt werden können und unbestritten anerkannt sind. In einem Gesetzgebungsstaat dagegen kann es keine Verfassungsjustiz oder Staatsgerichtsbarkeit als eigentlichen Hüter der Verfassung geben. Das ist der letzte Grund dafür, daß in einem solchen Staat die Justiz nicht von sich aus umstrittene Verfassungs- und Gesetzgebungsfragen entscheidet. In diesem Zusammenhang verdient eine Äußerung *Bluntschlis* ausführlich

---

[1] Weiteres zum Ausnahmezustand unten S. 115 f. In der Abhandlung von *Ludwig Waldecker*, Die Grundlagen des militärischen Verordnungsrechts in Zivilsachen während des Kriegszustandes, AöR. XXXVI (1917) S. 389 f. ist der Zusammenhang von Justizstaat und Standrecht wohl bemerkt, die Folgerichtigkeit der weiteren Entwicklung aber verkannt.

[2] Grundrechte und Polizeigewalt (Festgabe für das Preußische Oberverwaltungsgericht) Berlin 1925, S. 223; nicht ganz ebenso in der Aussprache auf dem deutschen Staatsrechtslehrertag in Wien, 1928, Veröffentlichungen der Vereinigung der deutschen Staatsrechtslehrer, Heft 5 S. 109; ferner in der Reichsgerichtsfestschrift 1929, S. 200 und Handbuch des Staatsrechts, Bd. II S. 109, 136/37.

zitiert zu werden, weil sie wegen ihrer sachlichen Klarheit und in der Weisheit ihres konkreten Wissens als eine klassische Stelle der Staatslehre des 19. Jahrhunderts gelten kann. *Bluntschli* gibt zu, daß die Verfassung selbstverständlich auch für die Gesetzgebung gilt und diese keineswegs das Recht hat, zu tun, was ihr ausdrücklich verboten ist. Er weiß die Gründe und Vorteile der amerikanischen Praxis richterlicher Gesetzesprüfung gut zu würdigen. Dann fährt er fort: „Wenn man aber in Erwägung zieht, daß der Gesetzgeber in der Regel von der Verfassungsmäßigkeit des Gesetzes überzeugt ist und dieselbe will, und daß dennoch sehr leicht sich verschiedene Meinungen darüber bilden, so daß, wenn sein Ausspruch Gegenstand des Streites werden kann, das Gericht vielleicht eine andere Ansicht darüber hat, als der Gesetzgeber; wenn man bedenkt, daß in diesem Falle doch die höhere Autorität des Gesetzgebers zwar nicht im Prinzip, aber im Erfolg der niedriger gestellten der Gerichte weichen und der Repräsentant der gesamten Nation im Konflikte mit einem einzelnen Organe des Staatskörpers hinter dasselbe zurückstehen müßte; wenn man die Störung und den Zwiespalt, welche auf solche Weise in den einheitlichen Gang des Staatslebens gebracht wird, überlegt und sich erinnert, daß die Gerichte ihrer jetzigen Beschaffenheit nach vorzugsweise zur Erkenntnis privatrechtlicher Normen und Rechtsverhältnisse berufen und vorzugsweise geneigt sind, auf formell-logische Momente den Nachdruck zu legen, während es sich hier gerade häufig um die wichtigen staatsrechtlichen Interessen und die allgemeine Wohlfahrt handelt, die zu erkennen und zu fördern Aufgabe des Gesetzgebers ist: so wird man dennoch dem europäischen System den Vorzug geben, obwohl dasselbe nicht vor allen Übeln schützt und an der Unvollkommenheit der menschlichen Zustände auch seinen Anteil hat. Auch gegen ungerechte Urteile der obersten Gerichte gibt es in der Regel keine äußeren Hilfsmittel. **Der gesetzgebende Körper aber trägt in seiner Bildung die wichtigsten Garantien, daß er nicht seine Befugnisse in verfassungswidrigem Geiste ausübe**"[1]. — Der letzte Satz ist entscheidend. Er zeigt, daß für die Vorstellung des 19. Jahrhunderts das **Parlament** seiner Natur und seinem Wesen nach **in sich selbst** die eigentliche **Garantie der Verfassung** trug. Das gehört zu dem Glauben an das Parlament und ist die Voraussetzung dafür, daß die gesetzgebende Körperschaft der Träger des Staates, und der Staat selbst ein Gesetzgebungsstaat ist.

Aber diese Stellung der gesetzgebenden Körperschaft war nur in einer bestimmten Situation möglich. Es ist dabei nämlich immer vorausgesetzt, daß das Parlament, die gesetzgebende Versammlung, als Vertreter des Volks oder

---

[1] Allgemeines Staatsrecht, 4. Aufl. 1868, Bd. I S. 561/62. Es ist besonders lehrreich, mit diesen Sätzen *Bluntschlis* die Argumentation von *R. Gneist* zu vergleichen: dieser sieht die Garantie in dem **Zusammenwirken** bei der Gesetzgebung, an der Erbmonarchie, permanente erste und gewählte zweite Kammer beteiligt sind; Gutachten a. a. O. S. 23.

der Gesellschaft — beides, Volk und Gesellschaft, kann solange identifiziert werden, als beides noch der Regierung und dem Staat entgegengestellt wird — einen von ihm unabhängigen, starken monarchischen Beamtenstaat als Partner des Verfassungspakts vor sich sieht. Das Parlament soweit es Volksvertretung ist, wird hier zum wahren Hüter und Garanten der Verfassung, weil der Vertragsgegner, die Regierung, nur widerwillig den Vertrag geschlossen hat. Die Regierung verdient daher Mißtrauen; sie verlangt Ausgaben und Abgaben; sie wird als ausgabenfreudig, die Volksvertretung als sparsam und ausgabenunwillig gedacht, was im Ganzen auch wirklich der Fall war und sein konnte. Denn die Tendenz des liberalen 19. Jahrhunderts geht dahin, den Staat womöglich auf ein M i n i m u m zu beschränken, ihn vor allem an Interventionen und Eingriffen in die Wirtschaft nach Möglichkeit zu hindern, ihn überhaupt gegenüber der Gesellschaft und ihren Interessengegensätzen möglichst zu n e u t r a l i s i e r e n , damit Gesellschaft und Wirtschaft nach ihren immanenten Prinzipien für ihr Gebiet die notwendigen Entscheidungen gewinnen: im freien Spiel der Meinungen auf Grund freier Werbung entstehen Parteien, deren Diskussion und Meinungskampf die öffentliche Meinung ergibt und dadurch den Inhalt des staatlichen Willens bestimmt; im freien Spiel der sozialen und wirtschaftlichen Kräfte herrscht Vertrags- und Wirtschaftsfreiheit, wodurch die höchste wirtschaftliche Prosperität gesichert scheint, weil der automatische Mechanismus der freien Wirtschaft und des freien Marktes sich nach wirtschaftlichen Gesetzen (durch Angebot und Nachfrage, Leistungsaustausch, Preisgestaltung, Einkommensbildung in der Volkswirtschaft) selbst steuert und reguliert. Die bürgerlichen Grund- und Freiheitsrechte, insbesondere persönliche Freiheit, Freiheit der Meinungsäußerung, Vertrags-, Wirtschafts- und Gewerbefreiheit, Privateigentum, also die eigentlichen Richtpunkte jener oben behandelten Praxis des Höchsten Gerichtshofs der Vereinigten Staaten, setzen einen solchen grundsätzlich nicht intervenierenden, höchstens zum Zweck der Wiederherstellung der gestörten Bedingungen der freien Konkurrenz eingreifenden, neutralen Staat voraus.

Dieser im liberalen, nichtinterventionistischen Sinne gegenüber der Gesellschaft und der Wirtschaft grundsätzlich neutrale Staat bleibt auch dann die Voraussetzung der Verfassungen, wenn für Sozial- und Kulturpolitik Ausnahmen zugelassen werden. Er änderte sich aber von Grund auf, und zwar in dem gleichen Maße, wie jene dualistische Konstruktion von Staat und Gesellschaft, Regierung und Volk, ihre Spannung verlor und der Gesetzgebungsstaat sich vollendete. Denn jetzt wird der Staat zur „Selbstorganisation der Gesellschaft". Damit entfällt, wie erwähnt, die bisher stets vorausgesetzte Unterscheidung von Staat und Gesellschaft, Regierung und Volk, wodurch alle auf dieser Voraussetzung aufgebauten Begriffe und Einrichtungen (Gesetz, Budget, Selbstverwaltung) zu neuen Problemen werden. Es tritt aber gleichzeitig etwas noch Weiteres und Tieferes ein. Organisiert sich die Gesellschaft selbst zum Staat, sollen Staat und Gesellschaft grundsätzlich identisch sein, so werden

alle sozialen und wirtschaftlichen Probleme unmittelbar s t a a t l i c h e
Probleme und man kann nicht mehr zwischen staatlich-politischen und gesellschaftlich-unpolitischen Sachgebieten unterscheiden. Alle bisher üblichen,
unter der Voraussetzung des neutralen Staates stehenden Gegenüberstellungen, die im Gefolge der Unterscheidung von Staat und Gesellschaft auftreten und nur Anwendungsfälle und Umschreibungen dieser Unterscheidung
sind, hören auf. Antithetische Trennungen wie: Staat und Wirtschaft, Staat
und Kultur, Staat und Bildung, ferner: Politik und Wirtschaft, Politik und
Schule, Politik und Religion, Staat und Recht, Politik und Recht, die einen
Sinn haben, wenn ihnen gegenständlich getrennte, konkrete Größen oder
Sachgebiete entsprechen, verlieren ihren Sinn und werden gegenstandslos. Die
zum Staat gewordene Gesellschaft wird ein Wirtschaftsstaat, Kulturstaat,
Fürsorgestaat, Wohlfahrtsstaat, Versorgungsstaat; der zur Selbstorganisation
der Gesellschaft gewordene, demnach von ihr in der Sache nicht mehr zu trennende Staat ergreift alles Gesellschaftliche, d. h. alles, was das Zusammenleben der Menschen angeht. In ihm gibt es kein Gebiet mehr, demgegenüber
der Staat unbedingte Neutralität im Sinne der Nichtintervention beobachten
könnte. Die Parteien, in denen die verschiedenen gesellschaftlichen Interessen
und Tendenzen sich organisieren, sind die zum Parteienstaat gewordene Gesellschaft selbst, und weil es wirtschaftlich, konfessionell, kulturell determinierte
Parteien gibt, ist es auch dem Staate nicht mehr möglich, gegenüber dem Wirtschaftlichen, Konfessionellen, Kulturellen neutral zu bleiben. In dem zur Selbstorganisation der Gesellschaft gewordenen Staat gibt es eben nichts, was nicht
wenigstens potenziell staatlich und politisch wäre. Wie der von französischen
Juristen und Soldaten erfundene Begriff der p o t e n z i e l l e n R ü s t u n g
eines Staates A l l e s erfaßt, nicht nur das Militärische im engern technischen
Sinne, sondern auch die industrielle und wirtschaftliche Vorbereitung des
Krieges, sogar die intellektuelle und moralische Ausbildung und Vorbereitung
der Staatsbürger, so erfaßt dieser neue Staat alle Gebiete. Ein hervorragender
Vertreter der deutschen Frontsoldaten, *Ernst Jünger*, hat für diesen erstaunlichen Vorgang eine sehr prägnante Formel eingeführt: die t o t a l e M o b i l m a c h u n g. Ohne Rücksicht auf den Inhalt und die Richtigkeit, die
jenen Formeln von potenzieller Rüstung oder totaler Mobilmachung im Einzelnen zukommt, wird man die in ihnen enthaltene, sehr bedeutende Erkenntnis beachten und verwerten müssen. Denn sie bringen etwas Umfassendes zum Ausdruck und zeigen eine große und tiefe Wandlung an: die im
Staat sich selbst organisierende Gesellschaft ist auf dem Wege, aus dem neutralen Staat des liberalen 19. Jahrhunderts in einen potenziell t o t a l e n
S t a a t überzugehen. Die gewaltige Wendung läßt sich als Teil einer dialektischen Entwicklung konstruieren, die in drei Stadien verläuft: vom a b s o l u t e n Staat des 17. und 18. Jahrhunderts über den n e u t r a l e n
Staat des liberalen 19. Jahrhunderts zum t o t a l e n Staat der Identität
von Staat und Gesellschaft.

Am auffälligsten tritt die Wendung auf wirtschaftlichem Gebiete hervor. Hier kann, als von einer anerkannten und unbestrittenen Tatsache, davon ausgegangen werden, daß die öffentliche Finanzwirtschaft sowohl im Verhältnis zu den früheren, Vorkriegsdimensionen wie auch im heutigen Verhältnis zur freien und privaten, d. h. nichtöffentlichen Wirtschaft einen solchen Umfang angenommen hat, daß nicht bloß eine quantitative Vermehrung, sondern auch eine qualitative Veränderung, ein „Strukturwandel", vorliegt und alle Gebiete des öffentlichen Lebens, nicht etwa nur die unmittelbar finanziellen und ökonomischen Angelegenheiten, davon ergriffen werden. Mit welchen Ziffern die Veränderung angegeben wird, ob z. B. die mehrfach zitierte, für das Jahr 1928 errechnete Angabe, daß 53 v. H. des deutschen Volkseinkommens von der öffentlichen Hand kontrolliert werden [1], statistisch richtig ist, braucht hier nicht beantwortet zu werden, weil das Gesamtphänomen unbestreitbar und unbestritten ist. Ein Sachkenner von größter Autorität, Staatssekretär Prof. *J. Popitz*, geht in einer zusammenfassenden Rede über den Finanzausgleich [2] davon aus, daß in der Tat für die Verteilung des größeren Teils des deutschen Volkseinkommens der sich selbst regulierende Mechanismus der freien Wirtschaft und des freien Marktes ausgeschaltet ist und an seine Stelle „der bestimmende Einfluß eines an sich grundsätzlich außerwirtschaftlichen Willens, nämlich des Willens des Staates" getreten ist. Ein anderer Sachkenner von höchstem Rang, der Reichssparkommissar Staatsminister *Saemisch*, sagt, daß es die öffentliche Finanzwirtschaft ist, welche die politische Lage Deutschlands entscheidend beeinflußt [3]. Von wirtschaftswissenschaftlicher Seite ist eine, wie mir scheint, überaus treffende Formulierung für den Gegensatz des bisherigen Systems gegenüber dem heutigen aufgestellt worden: **vom Anteilsystem** (bei welchem dem Staat nur ein Anteil des Volkseinkommens, eine Art Dividende vom Reingewinn zusteht) **zum Kontrollsystem**, bei welchem der Staat, infolge der intensiven Beziehungen von Finanzwirtschaft und Volkswirtschaft, infolge der starken Vergrößerung sowohl des Staatsbedarfs wie des staatlichen Einkommens, als Teilhaber und

---

[1] Diese Ziffer ist in den Vierteljahrsheften für Konjunkturforschung, Bd. 5 (1930), Heft 2 S. 72 berechnet; sie ist verwertet und geltend gemacht z. B. von *J.* Popitz (vgl. folgende Anmerkung), *G. Müller-Oerlinghausen*, in seinem Vortrag über die Wirtschaftskrise vom 4. November 1930, Mitteilungen des Langnamvereins, Jahrg. 1930, Neue Folge 19. Heft, S. 409; vgl. *Otto Pfleiderer*, Die Staatswirtschaft und das Sozialprodukt, Jena 1930 und *Manuel Sa.tzew*, Die öffentliche Unternehmung der Gegenwart, Tübingen 1930, S. 6 f.

[2] Der Finanzausgleich und seine Bedeutung für die Finanzlage des Reichs, der Länder und Gemeinden; Veröffentlichungen des Reichsverbandes der deutschen Industrie, Berlin 1930, S. 6; ferner: der öffentliche Finanzbedarf und der Reichssparkommissar, Bankarchiv, XXX, Heft 2 (15. Oktober 1930) S. 21.

[3] Deutsche Juristenzeitung, 1. Januar 1931, Sp. 17; ferner in Der Reichssparkommissar und seine Aufgabe; Finanzrechtliche Zeitfragen Bd. 2, Berlin 1930, S. 12.

Neuverteiler des Volkseinkommens, als Erzeuger, Verbraucher und Arbeitgeber, die Volkswirtschaft maßgebend mitbestimmt. Diese, von *Fritz Karl Mann* in einer interessanten und bedeutungsvollen Abhandlung „Die Staatswirtschaft unserer Zeit" (Jena 1930) aufgestellte Formel soll hier ebenfalls nur als Formel verwendet werden, ohne daß es im übrigen auf eine nationalökonomische Kritik ankäme. Entscheidend ist hier für die staats- und verfassungstheoretische Betrachtung, daß das Verhältnis des Staates zur Wirtschaft heute der eigentliche Gegenstand der innerpolitischen Probleme ist und die überlieferten Formeln des früheren, auf der Trennung von Staat und Gesellschaft aufgebauten Staates nur geeignet sind, über diesen Sachverhalt hinwegzutäuschen.

In jedem modernen Staat bildet das Verhältnis des Staates zur Wirtschaft den eigentlichen Gegenstand der unmittelbar aktuellen innerpolitischen Fragen. Sie können nicht mehr mit dem alten liberalen Prinzip unbedingter Nicht-Einmischung, absoluter Nicht-Intervention, beantwortet werden. Von wenigen Ausnahmen abgesehen, wird das wohl auch allgemein anerkannt. Im heutigen Staat, und zwar um so mehr, je mehr er moderner Industriestaat ist, machen die wirtschaftlichen Fragen den Hauptinhalt der innerpolitischen Schwierigkeiten aus und ist die Innen- und Außenpolitik zum großen Teil Wirtschaftspolitik, und zwar nicht nur als Zoll- und Handelspolitik oder als Sozialpolitik. Wenn ein staatliches Gesetz „gegen den Mißbrauch wirtschaftlicher Machtstellungen" ergeht (wie die deutsche Kartellverordnung vom 2. November 1923), so sind eben mit dieser Formulierung Begriff und Dasein einer „wirtschaftlichen Macht" von Staats- und Gesetzes wegen anerkannt. Der heutige Staat hat ein ausgedehntes Arbeitsrecht, Tarifwesen und staatliche Schlichtung von Lohnstreitigkeiten, durch welche er die Löhne maßgebend beeinflußt; er gewährt riesige Subventionen an die verschiedenen Wirtschaftszweige; er ist ein Wohlfahrts- und ein Fürsorgestaat und infolgedessen gleichzeitig in ungeheurem Maße ein Steuer- und Abgabenstaat. In Deutschland kommt hinzu, daß er auch noch ein Reparationsstaat ist, der Milliardentribute für fremde Staaten aufbringen muß. In einer solchen Lage wird die Forderung der Nicht-Intervention zu einer Utopie, ja, zu einem Selbstwiderspruch. Denn Nicht-Intervention würde bedeuten, daß man in den sozialen und wirtschaftlichen Gegensätzen und Konflikten, die heute keineswegs mit rein wirtschaftlichen Mitteln ausgekämpft werden, den verschiedenen Machtgruppen freie Bahn läßt. Nicht-Intervention ist in einer solchen Lage nichts anderes als Intervention zugunsten des jeweils Überlegenen und Rücksichtslosen, und es zeigt sich wieder einmal die einfache Wahrheit des scheinbar so paradoxen Satzes, den Talleyrand für die Außenpolitik ausgesprochen hat: Nicht-Intervention ist ein schwieriger Begriff, er bedeutet ungefähr dasselbe wie Intervention.

In der Wendung zum Wirtschaftsstaat liegt die auffälligste Veränderung gegenüber den Staatsvorstellungen des 19. Jahrhunderts. Auf andern Gebieten ist die Wendung ebenfalls zu beobachten, wenn sie auch infolge des erdrückenden Übergewichts der wirtschaftlichen Schwierigkeiten und Probleme dort heute meistens als weniger aktuell empfunden wird. Es ist nicht verwunderlich, daß die Abwehr gegen eine solche Expansion des Staates zunächst als Abwehr gegen diejenige staatliche Betätigung erscheint, die in einem solchen Augenblick gerade die Art des Staates bestimmt, demnach als Abwehr gegen den Gesetzesstaat. Deshalb wird zunächst nach Sicherungen gegen den Gesetzgeber gerufen. So sind wohl auch die ersten unklaren Abhilfeversuche zu erklären, die im 1. Teil dieser Abhandlung erörtert wurden und die sich an die Justiz klammerten, um ein Gegengewicht gegen den immer mächtiger und immer umfassender werdenden Gesetzgeber zu gewinnen. Sie mußten in leeren Äußerlichkeiten enden, weil sie nicht aus einer konkreten Erkenntnis der verfassungsrechtlichen Gesamtsituation, sondern nur aus einer reflexartigen Reaktion entstanden waren. Ihr eigentlicher Irrtum lag darin, daß sie der Macht des modernen Gesetzgebers nur eine Justiz entgegensetzen konnten, die entweder durch bestimmte Normen eben dieses Gesetzgebers inhaltlich gebunden war, oder aber ihm nur unbestimmte und umstrittene Prinzipien entgegenhalten konnte, mit deren Hilfe sich keine dem Gesetzgeber überlegene Autorität begründen ließ. Die Wendung zum Wirtschafts- und Wohlfahrtsstaat bedeutete zwar einen kritischen Augenblick für den überlieferten Gesetzgebungsstaat, brauchte und konnte deshalb aber doch noch nicht den Gerichten ohne weiteres neue Kraft und politische Energien zuführen. In einer derartig veränderten Situation und angesichts einer solchen Ausdehnung der staatlichen Aufgaben und Probleme kann vielleicht die Regierung, sicher aber nicht eine Justiz Abhilfe schaffen. Heute dürften wohl in den meisten Staaten des europäischen Kontinents der Justiz alle inhaltlichen Normen fehlen, auf Grund deren sie die völlig neue Situation von sich aus zu meistern imstande wäre.

Das Parlament, die gesetzgebende Körperschaft, der Träger und Mittelpunkt des Gesetzgebungsstaates, wurde in dem gleichen Augenblick, in dem sein Sieg vollständig zu sein schien, ein in sich selbst widerspruchsvolles, die eigenen Voraussetzungen und die Voraussetzungen seines Sieges verleugnendes Gebilde. Seine bisherige Stellung und Überlegenheit, sein Expansionsdrang gegenüber der Regierung, sein Auftreten im Namen des Volkes, alles das setzte eine Unterscheidung von Staat und Gesellschaft voraus, die nach dem Sieg des Parlaments jedenfalls in dieser Form nicht mehr weiterbestand. Seine Einheit, sogar seine Identität mit sich selbst, war bisher durch den innenpolitischen Gegenspieler, den früheren monarchischen Militär- und Beamtenstaat, bestimmt. Als dieser entfiel, brach das Parlament sozusagen in sich auseinander. Der Staat ist jetzt, wie man sagt, Selbstorganisation der Gesellschaft, aber es fragt sich, wie die sich selbst organisierende Gesellschaft zur E i n h e i t gelangt und ob die Einheit wirklich als Resultat der „Selbstorganisation" eintritt. Denn „Selbstorganisation" bedeutet zunächst nur ein Postulat und ein, durch den Gegensatz gegen frühere, heute nicht mehr vorhandene Methoden der staatlichen Willens- und Einheitsbildung, also nur negativ und polemisch gekennzeichnetes Verfahren. Die Identität, die in dem Worte „selbst" liegt und der „Organisation" sprachlich angeheftet wird, braucht weder als Einheit der Gesellschaft in sich, noch als Einheit des Staates auf jeden Fall und unbedingt sicher einzutreten. Es gibt, wie wir oft genug erfahren haben, auch erfolg- und ergebnislose Organisationen.

Als Träger der Selbstorganisation waren zunächst die politischen Parteien gedacht. Doch stellte sich heraus, daß sie sich zum großen Teil sehr gewandelt hatten. Zur Partei im Sinne des liberalen Verfassungsstaates gehört es, daß sie ein auf freier Werbung beruhendes, also n i c h t festes, n i c h t zu einem ständigen, permanenten und durchorganisierten sozialen Komplex gewordenes Gebilde ist. Sowohl die „Freiheit" wie die „Werbung" verbieten, der Idee nach, jeden sozialen oder ökonomischen Druck und lassen nur die freie Überredung sozial und wirtschaftlich freier, geistig und intellektuell selbständiger, eines eigenen Urteils fähiger Menschen als Motivation zu. Diese in den bürgerlich-rechtsstaatlichen Verfassungen bis auf den heutigen Staat vorausgesetzte Vorstellung von einer Partei liegt auch den Normierungen der geltenden Reichsverfassung zugrunde. Man hat öfters hervorgehoben, daß die Reichsverfassung die „Partei" nicht kennt und das Wort nur an einer einzigen Stelle, in Artikel 130 Abs. 2, und nur negativ und ablehnend ausspricht. Man hat auch den großen Abstand dieser Regelung von der Wirklichkeit unserer heutigen innerpolitischen Zustände oft geschildert. Dem wäre noch hinzuzufügen, daß die Reichsverfassung, wenn sie die politische Partei ignoriert, das nur deshalb tut und tun kann, weil sie immer noch davon ausgehen will, daß die politische Partei ein soziologisch so wenig festes, so wenig formiertes, so flüssiges oder sogar luftiges Gebilde ist, daß es eben als nichtexistent behandelt werden darf. Denn die Region, in der die Parteien überhaupt nur existieren sollen, ist, wie *Hugo Preuß* konsequent und nachdrücklich gesagt hat, nur die Sphäre der ö f f e n t l i c h e n M e i n u n g , die er — in Übereinstimmung mit der ganzen Tradition dieses Begriffes — als ein unorganisierbares, „undefinierbares Fluidum" ansieht. Statt dessen sind heute die meisten größeren Parteien teils selbst feste, durchorganisierte Gebilde, teils stehen sie in einem durchorganisierten sozialen Komplex, mit einflußreichen Bürokratien, einem stehenden Heer bezahlter Funktionäre und einem ganzen System von Hilfs- und Stützorganisationen, in welchen eine geistig, sozial und wirtschaftlich zusammengehaltene Klientel gebunden ist. Die Ausdehnung auf alle Gebiete des menschlichen Daseins, die Aufhebung der liberalen Trennungen und Neutralisierungen verschiedener Gebiete wie Religion, Wirtschaft und Bildung, mit einem Wort: das, was vorhin als die Wendung zum „Totalen" bezeichnet wurde, ist für einen Teil der Staatsbürger in gewissem Maße schon von einigen sozialen Organisationskomplexen verwirklicht, so daß wir zwar keinen totalen Staat, wohl aber schon einige zur Totalität strebende, ihre Mannschaft von Jugend auf ganz erfassende, soziale Parteigebilde haben, deren jede, wie *Eduard Spranger* sagt, „ein ganzes Kulturprogramm" hat, und deren Nebeneinander den pluralistischen Staat bildet und trägt. Dadurch daß eine miteinander konkurrierende, sich gegenseitig in gewissen Grenzen haltende M e h r h e i t derartiger Komplexe, also ein p l u r a l i s t i s c h e r   P a r t e i e n s t a a t, vorhanden ist, wird es verhindert, daß der totale Staat sich als solcher mit derselben Wucht zur Geltung bringt, wie er es in den sogenannten E i n - P a r t e i e n s t a a t e n, Sowjetrußland und Italien, bereits getan hat. Durch die Pluralisierung ist aber die Wendung zum Totalen nicht aufgehoben, sondern nur sozusagen parzelliert, indem jeder organisierte soziale Machtkomplex soviel wie möglich — vom Gesangverein und Sportklub bis zum bewaffneten Selbstschutz — die Totalität in sich selbst und für sich selbst zu verwirklichen sucht. Daß ein Wort wie „Ein-Parteienstaat" als Bezeichnung jener andern Staatsgebilde überhaupt möglich war und ohne weiteres vom allgemeinen Sprachgebrauch aufgenommen wurde, beweist wohl am deutlichsten, wie sehr das Wort „Partei" aufgehört hat, ein unorganisiertes, auf freier Werbung beruhendes Gebilde zu bezeichnen. Der klare und unbeirrt liberale Kritiker dieser Entwicklung, *M. J. Bonn*, hat die Wandlung als den Übergang zu einem neuen Feudal- und Ständestaat charakterisiert; ein Staatsrechtslehrer von der Autorität *Triepels* hat den Widerspruch des festorganisierten Parteiensystems mit den Normierungen und Voraussetzungen der Verfassung aufgewiesen; eine umfangreiche Literatur über den Gestalt- und Strukturwandel des deutschen Parteiwesens zeigt, daß die Wendung, die sich hinter jener Formel von der „Selbstorganisation der Gesellschaft durch die Partei" verbirgt, als neues Problem längst zum wissenschaftlichen Bewußtsein gekommen ist.

Der in der Verfassung vorausgesetzte Begriff der Partei scheint trotzdem mit unbewußter Selbstverständlichkeit zu entschwinden. Ich sehe nicht, daß es über die Grenzen jener wissenschaftlichen Speziallliteratur und über einzelne wehmütige Klagen hinaus, etwa einen nachhaltigen Eindruck macht, wenn ein Gelehrter wie *Max Weber* an der Definition der Partei als eines wesentlich „auf freier Werbung beruhenden Gebildes" festhält. Der Staatsgerichtshof für das Deutsche Reich z. B. hat im Gegenteil eine Definition der politischen Partei aufgestellt, die gerade wegen ihrer unproblematischen Selbstverständlichkeit die tiefe Wandlung des Parteibegriffes und damit unseres ganzen Staatswesens eindrucksvoll erkennen läßt. Der Staatsgerichtshof sagt in seinem Urteil vom 7. Juli 1928: „Für das Verfahren vor dem Staatsgerichtshof können als politische Parteien nur solche Personenvereinigungen gelten, bei denen die Möglichkeit besteht, daß ihre Betätigung für das Wahlergebnis von Belang ist. Gruppen, die unzweifelhaft nicht in der Lage sind, sich Zutritt zu der Volksvertretung zu verschaffen, deren politische Betätigungsmöglichkeit also durch die Gestaltung des Wahlrechts gar nicht berührt wird, sind keine Parteien im parlamentarischen Sinne." Wenn nur die aussichtsvolle (und zwar nur die durch frühere Wahlerfolge als aussichtsvoll nachgewiesene) Werbung als gleichberechtigt zugelassen wird, so ist das früher maßgebende Prinzip der unbedingt freien Werbung und der für jede politische Meinung und jede Partei unbedingt gleichen Werbungschance aufgegeben [1]. Als Kriterium der Parteien im parlamentarischen Sinne stellt der Staatsgerichtshof eine Reihe von Erfordernissen auf. An erste Stelle eine nicht zu geringe Mitgliederzahl; die Unabhängige Sozialdemokratische Partei Sachsens wird nicht als Partei angesehen, mit der Begründung, daß sie bei den Reichstagswahlen vom 20. Mai 1928 in den drei sächsischen Wahlkreisen nur 2953 Stimmen auf sich vereinigt habe und danach nicht die geringste Aussicht besitze, bei den Wahlen zum sächsischen Landtag ein Mandat zu erringen. Sodann werden mit der Begründung, daß eine Verhältniswahl sonst unmöglich wäre, nur fest organisierte Parteien, nicht aber „lose Gruppen" zugelassen. Jene sind an folgenden Merkmalen kenntlich: ein P r o g r a m m ; eine verhältnismäßig umfassende o r g a n i s a t o r i s c h e G r u n d l a g e ; Z e i t u n g e n , über welche die Partei verfügt. Kurz, es muß sich um Gebilde handeln, denen „eine gewisse F e s t i g k e i t nicht abzusprechen" und „bei denen mit einer ausreichenden D a u e r zu rechnen ist". „Eine Partei setzt den f e s t e n Zusammenschluß einer größeren Zahl von Staatsbürgern zur Erreichung politischer Ziele voraus" [2]. Partei, Verbindung, Orden werden gleich.

Näher betrachtet ist jene Parteidefinition des Staatsgerichtshofs ein Anzeichen dafür, daß nicht nur der Parteibegriff, sondern auch der Begriff der W a h l sich von Grund auf geändert hat. Die Rücksicht auf eine Durchführung des Verhältniswahlsystems spielt in den Entscheidungsgründen des Staatsgerichtshofs eine ausschlaggebende, aber einer näheren Erörterung noch bedürftige Rolle. Denn nicht nur jener neue Parteibegriff wird mit den Notwendigkeiten des Verhältniswahlsystems begründet. Sogar Abweichungen von dem Grundsatz der Wahlgleichheit werden damit gerechtfertigt, daß das Verhältniswahlsystem solche Einschränkungen der Wahlgleichheit erforderlich mache, weil Wahlgleichheit kein logisch-mathematischer, sondern ein Rechtsbegriff, und weil es außerdem ein anzuerkennendes politisches Ziel sei, die Parteizersplitterung zu bekämpfen. Der Staatsgerichtshof geht schweigend darüber hinweg, daß die beiden von ihm negierten Dinge — das „Mathematische" und die Parteizersplitterung — doch in dieser Intensität überhaupt

---

[1] Der im Text zitierte Satz findet sich in den Gründen der Entscheidung des Staatsgerichtshofes vom 7. Juli 1928 und betrifft die Unabhängige Sozialdemokratische Partei Sachsens (RGZ. 121, Anhang S. 8; *Lammers-Simons* I S. 309 f.). Nicht ganz in Einklang mit dieser Behandlung der „Aussichtslosigkeit" steht der Satz in der Entscheidung vom 17. Dezember 1927, betr. die Volksrechtspartei Landesverband Hamburg (*Lammers-Simons* I S. 348): „Es ist deshalb nicht angängig, aussichtslose Wahlvorschläge ... anderen Bedingungen zu unterwerfen als die aussichtsreicheren."

[2] Entscheidungen vom 17. Dezember 1927, *Lammers-Simons* I S. 346; vom 12. Mai 1928, *Lammers-Simons* I S. 414, und vom 7. Juli 1928 (Unabhängige Sozialdemokratische Partei Sachsens), RGZ. 121, Anhang S. 8 und *Lammers-Simons* I S. 311.

erst durch das Verhältniswahlsystem in unsere Parteizustände hineingekommen sind und daß seine beiden Gesichtspunkte deshalb eher eine Einschränkung des Verhältniswahlsystems als eine Einschränkung der Wahlgleichheit oder der Unmittelbarkeit der Wahl rechtfertigen. Aber Verhältniswahlrecht und festorganisierte Partei sind eben in Wirklichkeit auf das engste miteinander verbunden. Doch sind auch unabhängig vom Verhältniswahlrecht die heutigen Verfassungszustände durch f e s t e Parteiorganisationen gekennzeichnet. Die verbreitete, oft sehr scharfe Kritik des Verhältniswahlrechts sollte das nicht übersehen, namentlich wenn sie die Frage stellt, wieweit Reformen möglich sind und was mit einer ,,Abschaffung" des Verhältniswahlsystems erreicht wäre. Das Wichtigste aber, was in diesem Zusammenhang festgestellt werden kann, und die gänzliche Veränderung der überlieferten Begriffe am auffälligsten zeigt, ist folgendes: In der Wirklichkeit der heutigen Wahlpraxis ist nicht nur die Gleichheit der Wahl und nicht nur die Unmittelbarkeit der Wahl durch das Übergewicht des Verhältniswahlsystems eingeschränkt und zum Teil aufgehoben, sondern der als ,,Wahl" bezeichnete Vorgang selbst hat einen völlig neuen Inhalt bekommen. Darauf, daß seine Mitglieder g e - w ä h l t waren, beruhte die Überlegenheit des früheren Parlaments der konstitutionellen Monarchie. Als eine vom ganzen Volk gewählte Körperschaft trat es dem König und seiner Regierung im Namen des Volkes entgegen. Die Wahl brachte einen unmittelbaren Zusammenhang zwischen dem Wähler und dem Abgeordneten zum Ausdruck. Daß die überstimmte Minderheit keine eigens organisierte Vertretung erhielt, war konsequent demokratisch; denn man zerstört die Grundvoraussetzung jeder Demokratie, wenn man das Axiom preisgibt, daß die überstimmte Minderheit nur das Wahlergebnis (nicht ihren Sonderwillen) wollte und daher dem Mehrheitswillen als ihrem eigenen Willen zugestimmt hat. Organisiert man nun, um Überstimmungen unmöglich zu machen, durch das Verhältniswahlsystem die Vertretung von Minderheiten, so muß man konsequenterweise eine große Zahl auch kleinerer Parteien gelten lassen. Bekämpft man die Parteizersplitterung, so bekämpft man eine Wirkung des Systems, das jenes demokratische Grundaxiom von der Identität des Willens a l l e r Staatsbürger nicht mehr begreift. Schränkt man dann, um das Verhältniswahlsystem, die Gleichheit und Unmittelbarkeit der Wahl ein, so bringt man dadurch zum Ausdruck, daß ein vom Verhältniswahlsystem beherrschtes Wahlverfahren, das mit den beiden Grundeigenschaften des gleichen und unmittelbaren demokratischen Wahlrechts kollidiert, diesen Grundeigenschaften vorgeht und für wichtiger gehalten wird, als die demokratische Wahl selbst. Denn in letzter Konsequenz führt das Verhältniswahlrecht mit seinem Listensystem dazu, daß die Masse der Wahlberechtigten überhaupt nicht mehr einen Abgeordneten wählt. Vielmehr geht folgendes vor sich: Aus dem Dunkel geheimer Beratungen unkontrollierbarer Komitees wird eine Pluralität von Parteilisten mit einer langen Reihe von Namen den Wählermassen vorgelegt; diese teilen sich dann bei der Wahl nach den Parteilisten auf. Es ist nicht mehr davon die Rede, daß der einzelne Wähler unmittelbar den einzelnen Abgeordneten bestimmt; es liegt nur noch eine statistische Gruppierung und Aufteilung der Wählermassen nach einer Mehrzahl von Parteilisten vor. Insoweit es sich dabei um die sozial gebundenen Mitglieder fester Parteiorganisationen und der ihnen verbündeten sozialen Machtgruppen handelt, bedeutet dieser Vorgang nichts als einen Appell der stehenden Parteiheere; soweit aber die von solchen Organisationen noch nicht erfaßte Masse der übrigen Staatsbürger sich an dem Vorgang beteiligt, fluktuiert sie, als verächtlich sogenanntes „Treibholz" oder als „Flugsand", zwischen diesen festen Organisationen umher und gibt dadurch meistens den Ausschlag. Auch das kann man nicht Wahl nennen, obwohl es der Idee der Demokratie nicht in dem gleichen Maße widerspricht, wie der Pluralismus der festorganisierten Komplexe. Es ist aber auch nicht mehr Wahl im Sinne der überlieferten Vorstellung einer Wahl von Abgeordneten und Repräsentanten, sondern in Wirklichkeit ein plebiszit ähnlicher Vorgang. Der immer noch als „Wahl" bezeichnete Vorgang einer heutigen Reichstags- oder Landtagswahl spaltet sich also nach zwei Seiten auf: einerseits die bloß statistische Feststellung der pluralistischen Aufteilung des Staates in mehrere festorganisierte soziale Komplexe, und auf der andern Seite ein Stück Plebiszit.

Der demokratische Staat ist oft als Parteienstaat bezeichnet, sogar definiert worden. Der parlamentarisch-demokratische Staat ist in einem besonderen Sinn noch mehr ein Parteienstaat. Irgendwie kann man vielleicht jeden Staat als Parteienstaat bezeichnen, aber damit ist nur bewiesen, daß eine solche Kennzeichnung leer und nichtssagend ist, solange man keine näheren Angaben über Art, Organisation, Struktur und Zahl der Parteien hinzufügt. Damit ein parlamentarisch-demokratischer Gesetzgebungsstaat und ein Staat, der in diesem besonderen Sinne Parteienstaat ist, die verfassungsmäßig geregelten Funktionen den Voraussetzungen der Verfassung gemäß wahrnehmen kann, müssen die Parteien dem in der Verfassung vorausgesetzten Parteibegriff, das ist, wie gesagt, dem liberalen Parteibegriff, entsprechen, der die Partei nur als ein freies Gebilde versteht. Denn es ist der Sinn aller verfassungsmäßigen Institutionen und Methoden einer parlamentarischen Demokratie und gehört insbesondere auch zu dem parlamentarischen System der Weimarer Verfassung, daß ein fortwährender Prozeß des Übergangs und Aufstiegs von egoistischen Interessen und Meinungen auf dem Weg über den Parteiwillen zu einem einheitlichen Staatswillen führt. Die Verfestigung der Partei darf also nicht zu stark sein, weil sie sonst der Transformation und Umschmelzung zu viel Widerstand entgegensetzt. Die Parteien sind als Mittel der staatlichen Willensbildung gedacht, und ihre Zulassung und Anerkennung hat natürlich nicht den Sinn, daß sie ihre Beteiligung an der staatlichen Willensbildung als Objekt von Kompromißgeschäften mit andern Parteien oder gar als Erpressungsmittel benutzen sollen. Das Parlament soll vielmehr der Schauplatz eines

Umschaltungsprozesses sein, durch den die Vielheit der sozialen, wirtschaftlichen, kulturellen und konfessionellen Gegensätze, Interessen und Meinungen sich in die Einheit des politischen Willens verwandelt. Es ist ein alter, allerdings mehr liberaler als demokratischer Glaube, daß gerade die parlamentarischen Methoden am besten geeignet sind, in solcher Weise die Parteien als Transformatoren zu benutzen, und daß gerade das Parlament der Platz ist, auf welchem der Parteiegoismus, kraft einer List der Idee oder List der Institution, in ein Mittel zur Bildung eines überegoistischen, überparteilichen, staatspolitischen Willens überführt wird. Insbesondere soll eine Partei, wenn sie zur Regierung gelangt, eben dadurch gezwungen werden, weitere und höhere Gesichtspunkte gelten zu lassen als die Motive ihrer engen Parteihaftigkeit. Infolge der Art, Zusammensetzung und Zahl der Parteien, infolge der eben erwähnten Umwandlung der Parteien in festorganisierte Größen mit festem Verwaltungsapparat und festgebundener Klientel, und außerdem noch durch die große Zahl der für eine Mehrheit notwendigen Parteien und Fraktionen wird aber der Aufstieg vom egoistischen Partei- zum verantwortlichen Staatswillen immer wieder verhindert. Den Voraussetzungen der verfassungsmäßigen Regelung zuwider, kommen dann nur solche Regierungen zustande, die infolge ihrer fraktionellen Kompromißbindungen zu schwach und gehemmt sind, um selbst zu regieren, andererseits aber immer noch so viel Macht- und Besitztrieb haben, um zu verhindern, daß andere regieren. Jene „List" der Idee oder der Institution funktioniert also einfach nicht mehr, und statt eines staatlichen Willens kommt nur eine nach allen Seiten schielende Addierung von Augenblicks- und Sonderinteressen zustande. Die gegenwärtige Lage des deutschen Parlamentarismus ist dadurch gekennzeichnet, daß die staatliche Willensbildung auf labile, von Fall zu Fall wechselnde Parlamentsmehrheiten zahlreicher, in jeder Hinsicht heterogener Parteien angewiesen ist. Die Mehrheit ist immer nur eine Koalitionsmehrheit, und nach den verschiedenen Gebieten des politischen Kampfes — Außenpolitik, Wirtschaftspolitik, Sozialpolitik, Kulturpolitik — ganz verschieden. Dieser parlamentarisch-demokratische Parteienstaat ist, mit einem Wort, ein labiler Koalitions-Parteien-Staat. Die Mängel und Mißstände eines solchen Zustandes sind oft genug dargestellt und kritisiert worden: unberechenbare Mehrheiten; regierungsunfähige und infolge ihrer Kompromißbindungen unverantwortliche Regierungen; ununterbrochene, auf Kosten eines Dritten oder des staatlichen Ganzen zustandekommende Partei- und Fraktionskompromisse, bei denen jede beteiligte Partei sich für ihre Mitwirkung bezahlen läßt; Verteilung der staatlichen, der kommunalen und anderer öffentlicher Stellen und Pfründen unter die Parteigänger nach irgendeinem Schlüssel der Fraktionsstärke oder der taktischen Situation. Auch die Parteien, die mit aufrichtiger Staatsgesinnung das Interesse des Ganzen über die Parteiziele stellen wollen, werden teils durch die Rücksicht auf ihre Klientel und ihre Wähler, aber noch mehr durch den immanenten Pluralismus eines solchen Systems gezwungen, entweder den fortwährenden Kompromißhandel mitzutreiben oder aber bedeutungslos beiseite zu stehen, und finden sich am Ende in der Lage jenes aus der Lafontaineschen Fabel bekannten Hundes, der mit den besten Vorsätzen den Braten seines Herrn bewacht, aber dann, als er andere Hunde darüber herfallen sieht, sich schließlich auch an dem Mahl beteiligt.

Der Unterschied zwischen einem parlamentarischen Parteienstaat mit freien, d. h. nicht festorganisierten Parteien und einem pluralistischen Parteienstaat mit festorganisierten Gebilden als den Trägern der staatlichen Willensbildung kann größer sein als der von Monarchie und Republik oder irgendeiner andern Staatsform. Die festen sozialen Verbindungen, die heute Träger des pluralistischen Staates sind, machen aus dem Parlament, wo ihre Exponenten in Gestalt von Fraktionen erscheinen, ein bloßes Abbild der pluralistischen Aufteilung des Staates selbst. Woher soll bei dieser Sachlage die Einheit entstehen, in der die harten Partei- und Interessentenbindungen aufgehoben und verschmolzen sind? Eine Diskussion findet nicht mehr statt; ja, mein bloßer Hinweis auf dieses ideelle Prinzip des Parlamentarismus hat *Richard Thoma* veranlaßt, von einer „gänzlich verschimmelten" Grundlage zu sprechen. Einige durch die politischen Parteien hindurchgehende sogenannte „Querverbindungen" (landwirtschaftliche Interessen, Arbeiterinteressen, Beamte, in einzelnen Fällen auch Frauen) können auf bestimmten Sachgebieten eine Mehrheit bewirken; da es sich aber bei dem Pluralismus nicht nur um die parlamentarischen Parteien und Fraktionen handelt, und außerdem derartige Querverbindungen selbst Faktoren der pluralistischen Gruppierung sein können, so bedeuten sie zwar eine Komplizierung, aber keine Aufhebung und Beseitigung, eher sogar eine Bestätigung und Verstärkung dieses Zustandes. Die berühmte „solidarité parlementaire", die über die Parteigrenzen hinweggehenden, gemeinsamen egoistischen Privatinteressen der parlamentarischen Abgeordneten, namentlich der eigentlichen Berufspolitiker, können ein wirksames Motiv und ein nützlicher Einheitsfaktor sein, reichen aber begreiflicherweise in einer so schwierigen Lage, wie der des heutigen Deutschland, und bei der starken Verfestigung der Organisationen nicht mehr aus. So wird das Parlament aus dem Schauplatz einer einheitsbildenden, freien Verhandlung freier Volksvertreter, aus dem Transformator parteiischer Interessen in einen überparteiischen Willen, zu einem Schauplatz pluralistischer Aufteilung der organisierten gesellschaftlichen Mächte. Die Folge ist, daß es entweder durch seinen immanenten Pluralismus mehrheits- und handlungsunfähig wird, oder aber, daß die jeweilige Mehrheit alle legalen Möglichkeiten als Werkzeuge und Sicherungsmittel ihres Machtbesitzes gebraucht, die Zeit ihrer staatlichen Macht nach allen Richtungen ausnützt und vor allem dem stärksten und gefährlichsten Gegner nach Möglichkeit die Chance zu beschränken sucht, das gleiche zu tun. Es wäre vielleicht naiv, das nur aus der menschlichen Bosheit oder gar aus einer speziellen, nur heutzutage möglichen Niedertracht zu erklären. Die deutsche

Staats- und Verfassungsgeschichte kennt in früheren Jahrhunderten analoge Vorgänge in beunruhigender Zahl und Regelmäßigkeit, und was bei der Auflösung des alten Römischen Reiches Deutscher Nation Kaiser und Fürsten zur Sicherung ihrer Hausmacht getan haben, wiederholt sich heute in zahlreichen Parallelen.

Auch in dieser Hinsicht ist die Veränderung gegenüber dem 19. Jahrhundert fundamental. Auch hier wird sie durch den Schleier unverändert beibehaltener Worte und Formeln, durch alte Denk- und Redeweisen und durch einen im Dienste dieser Residuen stehenden Formalismus verhüllt. Aber man darf sich nicht darüber täuschen, daß die Wirkung sowohl auf die Staats- und Verfassungsgesinnung, wie unmittelbar auf den Staat und die Verfassung selbst außerordentlich groß ist. Sie besteht hauptsächlich darin, daß in demselben Maße, in welchem der Staat sich in ein pluralistisches Gebilde verwandelt, an die Stelle der Treue gegen den Staat und seine Verfassung die Treue gegen die soziale Organisation, gegen das den staatlichen Pluralismus tragende Gebilde tritt, zumal, wie vorhin erwähnt, der soziale Komplex oft die Tendenz hat, total zu werden, d. h. die von ihm erfaßten Staatsbürger wirtschaftlich wie weltanschauungsmäßig ganz an sich zu binden. So entsteht ein P l u r a l i s m u s schließlich auch moralischer Bindungen und T r e u e v e r p f l i c h t u n g e n , eine „plurality of loyalties", durch welche die pluralistische Aufteilung immer stärker stabilisiert und die Bildung einer staatlichen Einheit immer mehr gefährdet wird. In seinem folgerichtigen Ergebnis wird dadurch ein dem Staate verpflichtetes Beamtentum unmöglich, denn auch diese Art Beamtentum setzt einen von den organisierten Sozialkomplexen unterscheidbaren Staat voraus. Außerdem aber entsteht ein P l u r a l i s m u s   d e r   L e g a l i t ä t s b e g r i f f e , der den Respekt vor der Verfassung zerstört und den Boden der Verfassung in ein unsicheres, von mehreren Seiten umkämpftes Terrain verwandelt, während es im Sinne jeder Verfassung liegt, eine politische Entscheidung zu treffen, die außer Zweifel stellt, was die gemeinsame, mit der Verfassung gegebene Basis der staatlichen Einheit ist. Die jeweils herrschende Gruppe oder Koalition nennt die Ausnützung aller legalen Möglichkeiten und die Sicherung ihrer jeweiligen Machtpositionen, die Verwertung aller staatlichen und verfassungsmäßigen Befugnisse in Gesetzgebung, Verwaltung, Personalpolitik, Disziplinarrecht und Selbstverwaltung, mit allerbestem Gewissen Legalität, woraus sich dann von selbst ergibt, daß jede ernste Kritik oder gar eine Gefährdung ihrer Situation ihr als Illegalität erscheint, als Umsturz und als ein Verstoß gegen den Geist der Verfassung; während jede von solchen Regierungsmethoden betroffene Gegenorganisation sich darauf beruft, daß die Verletzung der verfassungsmäßig gleichen Chance den schlimmsten Verstoß gegen den Geist und die Grundlagen einer demokratischen Verfassung bedeutet, womit sie den Vorwurf der Illegalität und der Verfassungswidrigkeit ebenfalls mit allerbestem Gewissen zurückgeben kann. Zwischen diesen beiden, in der Situation eines staatlichen Pluralismus fast automatisch funktionierenden, gegenseitigen Negationen wird die Verfassung selbst zerrieben.

Diese Betrachtung der konkreten Verfassungszustände soll eine Wirklichkeit zum Bewußtsein bringen, deren Anblick sich viele aus verschiedenartigen Motiven und unter mancherlei Vorwänden lieber entziehen, deren deutliche Erkenntnis aber trotzdem für eine verfassungsrechtliche Untersuchung, die sich mit dem Problem der Wahrung und Sicherung der geltenden Reichsverfassung beschäftigt, ganz unumgänglich ist. Es genügt keineswegs, allgemein von einer „Krise" zu sprechen, oder die vorige Betrachtung damit abzutun, daß man sie in die „Krisenliteratur" verweist. Wenn der heutige Staat ein Gesetzgebungsstaat sein soll, wenn außerdem eine solche Ausdehnung der Gebiete staatlichen Lebens und staatlicher Betätigung eintritt, daß man schon von einer Wendung zum totalen Staat sprechen kann, wenn dann gleichzeitig aber die gesetzgebende Körperschaft zum Schauplatz und Mittelpunkt der pluralistischen Aufteilung der staatlichen Einheit in eine Mehrheit festorganisierter Sozialkomplexe wird, so hilft es nicht viel, mit Formeln und Gegenformeln, die für die Situation der konstitutionellen Monarchie des 19. Jahrhunderts geprägt sind, von der „Souveränität des Parlaments" zu sprechen, um die schwierigste Frage des heutigen Verfassungsrechts zu beantworten.

b) Die Polykratie in der öffentlichen Wirtschaft

Die Entwicklung der pluralistischen Tendenzen, die sich in der gesetzgebenden Körperschaft sammeln und äußern, trifft mit der Wendung zum Wirtschaftsstaat zusammen. Auf dem Gebiet der öffentlichen Wirtschaft müßten eigentlich, in folgerichtigem Zusammenhang mit ihrer großen Ausdehnung, stärkere Einheitlichkeit der Gesamtleitung, einheitliche Richtlinien und damit die Möglichkeit eines einheitlichen Finanz- und Wirtschaftsprogramms hervortreten. Wie jede, selbst die kleinste Wirtschaftseinheit, bedürfte ein Wirtschaftskomplex von solchem Umfang, wie ihn die heutige öffentliche Wirtschaft in Deutschland darstellt, wenigstens eines gewissen Planes, auch wenn man von einer sozialistischen Planwirtschaft noch weit entfernt bleiben will. Ein Parlament aber, das nur der Schauplatz und Reflex eines pluralistischen und labilen Koalitionsparteienstaates ist, wird eines derartigen Planes kaum fähig sein, weil dazu eine über längere Zeiträume und wechselnde Situationen sich erstreckende Konsequenz und Permanenz gehört, mit der man bei den gegenwärtigen Partei- und Mehrheitsverhältnissen nicht rechnen kann. Mangels einer solchen Einheitlichkeit und Kohärenz entwickelt sich dann in der öffentlichen Wirtschaft ein Nebeneinander und Durcheinander zahlreicher, weitgehend selbständiger und voneinander unabhängiger, autonomer Träger der öffentlichen Wirtschaft. Dieser Zustand ist von *Popitz* als P o l y - k r a t i e bezeichnet worden, womit überaus treffend ein besonders geartetes, zwar mit dem Pluralismus unseres Staatswesens wohl eng zusammenhängendes, aber durchaus nicht mit ihm identisches Phänomen bezeichnet ist. In der öffentlichen Wirtschaft Deutschlands herrscht heute eine „fast unübersehbare Vielheit untereinander nicht hinreichend verbundener Willensträger mannigfachster Art und Qualifikation". *Popitz* zählt auf: das Reich, die 17 Länder, 65 000 Gemeinden und Gemeindeverbände, die Sozialversicherungsträger (7427 Krankenkassen, 106 Berufsgenossenschaften, 35 Invalidenversicherungsanstalten, die Reichsversicherungsanstalt für Angestellte, die Knappschaftliche Pensionsversicherung, die Anstalt für Arbeitsvermittlung und Arbeitslosenversicherung); außerdem rechnet er hierhin: die mit eigener Hausmacht ausgestatteten großen Anstalten der öffentlichen Wirtschaft, vor allen Dingen Reichsbank, Reichspost und Reichsbahn; daneben noch andere mehr oder weniger selbständige öffentliche Anstalten und Unternehmungen [1]. Es mag sein, daß diese Übersicht und Aufzählung einer näheren Differenzierung bedarf und manche Ergänzungen und neue Gesichtspunkte denkbar sind. Das wissenschaftliche Verdienst, auf diese wichtige Erscheinung unserer heutigen staatlichen Zustände hingewiesen zu haben, ist deshalb nicht geringer, und der Erkenntniswert der Feststellung sowie ihre große Bedeutung für das konkrete Bild unserer Verfassungszustände sind dadurch nicht gemindert.

Als Folge einer solchen Polykratie zeigt sich ein Mangel einheitlicher Richtlinien, eine Desorganisation und Planlosigkeit, ja sogar Planwidrigkeit, deren Tragweite deshalb besonders groß ist, weil der Staat längst die Wendung zum Wirtschaftsstaat genommen hat. Sein wirtschaftlicher Einfluß ist so außerordentlich gesteigert, daß die Ausdehnung der Staatstätigkeit, wie *Popitz* sagt, „längst auf dem Wege zum Verwaltungsstaat mit seinem Gegenstück, dem Steuerstaat, schon die Stufe des Wohlfahrtsstaates überwunden hat und die Entwicklung zum Versorgungsstaat schlechthin anzunehmen droht". Die Polykratie der öffentlichen Wirtschaftsträger baut sich rechtlich in der Hauptsache auf Autonomie und Selbstverwaltung, vor allem auf der Selbstverwaltung der Gemeinden auf. Der anerkannte Grundsatz der „Universalität des Wirkungskreises" ermöglicht eine fast grenzenlose Ausdehnung der Gemeindewirtschaft; die privatrechtliche Form der kommunalen Gesellschaftsbetriebe ermöglicht es, der staatlichen Kontrolle (Staatsaufsicht, kommunale Beratungsstelle beim Reichsfinanzministerium) weithin zu entgehen und sich eine Art von privatrechtlichem Allod zu schaffen, das ähnliche politische Bedeutung haben kann, wie das mittelalterliche Allod für den Vasallen, der sich dadurch dem auf die Lehnsverfassung gegründeten staatlichen Verband entziehen konnte. In all dem ist der Funktionswandel, den das Institut der Selbstverwaltung erfahren hat, leicht zu erkennen und zu erklären. Es wurde oben erwähnt, daß die Einrichtung der Selbstverwaltung, so wie sie in Deutschland überliefert und in zahlreichen, mit unverändertem Text weiter geltenden Gesetzen des 19. Jahrhunderts normiert ist, die konkrete Situation dieses

---

[1] Vgl. oben den Literaturhinweis S. 80 Anm. 1.

Jahrhunderts mit ihrer Unterscheidung von Staat und Gesellschaft voraussetzt und daß die Selbstverwaltung dabei wesentlich als ein Teil der vom Staat unterschiedenen Gesellschaft erscheint. Wird der Staat nun Selbstorganisation der Gesellschaft und werden die Positionen der Selbstverwaltung von den gleichen Trägern des staatlichen Pluralismus besetzt, die auch die staatlichen Machtpositionen innehaben, so ist die Struktur des Rechtsinstituts der Selbstverwaltung, im Besondern das Verhältnis von Staatsaufsicht und Selbstverwaltung, problematisch geworden. Jeder Versuch, ein umfassendes Finanz- und Wirtschaftsprogramm mit einheitlichen Richtlinien der öffentlichen Wirtschaftsführung aufzustellen und durchzusetzen, stößt auf die Hemmungen und Hindernisse dieser vielgestaltigen Polykratie, die hinter einem starken Wall gesetzlichen und auch verfassungsgesetzlichen Schutzes rechtstaatlich gesichert ist. Doch ist ihr Widerstand nicht wegen ihrer eigenen Kraft unüberwindlich, sondern nur deshalb, weil Polykratie und Pluralismus (daneben auch noch Polykratie und der gleich. zu erörternde Föderalismus) sich miteinander verbünden.

Es wird notwendig sein, das Problem dieser Polykratie noch näher zu erforschen und zu erörtern. Vor allem scheint es mir für die Interessen der vorliegenden verfassungsrechtlichen Untersuchung notwendig, folgende Unterscheidung innerhalb des so bezeichneten Gesamtkomplexes vorzunehmen. Ein Teil jener Kräfte der Polykratie zieht seine politische Bedeutung und Widerstandsfähigkeit aus einem Bündnis mit den Trägern des staatlichen Pluralismus, die ein Interesse an der Polykratie haben, soweit sie ihnen gleichzeitig Machtpositionen für ihre Organisationen bietet. Ein anderer Teil dagegen verdankt seine Rechtfertigung und zum großen Teil wohl auch seine Entstehung einer im gewissen Sinne entgegengesetzten Tendenz: gegenüber der pluralistischen Aufteilung des Staates sollen bestimmte, für die Gesamtwirtschaft besonders schutzbedürftige Komplexe und Einrichtungen der parteipolitischen Beeinflussung entzogen und parteipolitisch neutralisiert werden. Dahin gehören vor allem Reichsbank und Reichsbahn. Der Prozeß solcher Neutralisierungen ist unten (S. 100) näher zu erörtern. Er muß hier erwähnt werden, weil es notwendig sein dürfte, innerhalb des Gesamtphänomens der Polykratie unter dem Gesichtspunkt zu differenzieren, daß es Träger der Polykratie gibt, die nur Hilfsstellungen und Verbündete des Pluralismus sind, und andere, die einer Gegenbewegung gegen diesen Pluralismus ihr Dasein verdanken.

Damit ist die Tatsache selbst und das Gesamtphänomen, das mit dem Worte Polykratie bezeichnet werden soll, keineswegs geleugnet oder gar widerlegt. Es zeigt sich nur um so deutlicher, daß verschiedene auseinanderstrebende Richtungen beachtet werden müssen, damit eine exakte Beschreibung des heutigen konkreten Verfassungszustandes möglich ist und damit die zahlreichen Negationen und Gefährdungen der in einer Demokratie vorausgesetzten politischen Einheit des Volkes ins Auge gefaßt werden können. Ihre eigentliche Bedeutung erhält die Polykratie der öffentlichen Wirtschaft dadurch, daß sie mit dem pluralistischen Auseinanderbrechen eines parlamentarischen Gesetzgebungsstaates bei gleichzeitiger intensivster Entwicklung des Staates zum Wirtschaftsstaat zusammentrifft. Im Mittelpunkt dieses hier nur mit wenigen Worten skizzierten Gesamtproblems steht eine Frage, die man zunächst so gestellt hat: wie weit sind Parlamentarismus und planwirtschaftlich handelnder Staat überhaupt miteinander vereinbar? Die Frage ist in einer auch heute noch sehr aktuellen Schrift von *H. Göppert*, „Staat und Wirtschaft" (Tübingen 1924) entschieden verneint worden. Sie kann aber im Hinblick auf die konkrete Art des Parlamentarismus näher differenziert werden. Denn für den Staat, dessen Parlament nur das Spiegelbild des Pluralismus sozialer Machtkomplexe geworden ist, dürfte sie dringlicher und gefährlicher sein, als für einen Staat, der mit einem normal funktionierenden Zweiparteiensystem seinen staatlichen Willen bildet. Einen noch höheren Grad der Intensität erreicht die Frage dann, wenn gleichzeitig mit der Entwicklung zum Pluralismus der Staat nicht nur einzelne wirtschaftliche Unternehmungen betreibt, sondern selbst schon ein Wirtschaftsstaat geworden ist, der auf dem Punkte steht, in einen Wohlfahrts-, Subventions- und Versorgungsstaat überzugehen. Und der äußerste, kritischste Punkt der Fragestellung ist dann getroffen, wenn ein derartiger Wirtschaftsstaat mit einem derartigen pluralistisch determinierten Parlament, in großen wirtschaftlichen Schwierigkeiten und einer abnormen wirtschaftlichen Situation, um überhaupt weiter zu bestehen, genötigt ist, einheitliche Richtlinien und große, sowohl dem sachlichen Umfang wie der zeitlichen Ausdehnung nach umfassende Wirtschafts- und Finanzpläne auszuführen. Die in solcher Weise konkret präzisierte Frage, ob pluralistischer Parlamentarismus und moderner Wirtschaftsstaat miteinander vereinbar sind, wird man heute wohl verneinen müssen.

c) Der Föderalismus

Die Frage, ob das parlamentarische System mit bestimmten Arten staatlicher Organisation vereinbar ist, wurde in der deutschen Staatslehre früher nur hinsichtlich der bundesstaatlichen Organisation aufgeworfen und hierfür bis zum Jahre 1918 meistens verneint. Im deutschen Bundesstaatsrecht der Bismarckschen Reichsverfassung galt es als ein Axiom, daß Parlamentarismus und bundesstaatliche Organisation sogar einander ausschließende Gegensätze sind. *Erich Kaufmann* hat diese These in seiner Schrift über „Bismarcks Erbe in der Reichsverfassung" während des Krieges (1917) vertreten und die „enge und in der Natur der Sache begründete Beziehung zwischen Föderalismus und Unmöglichkeit des Parlamentarismus" allgemein, nicht nur für den monarchischen Bundesstaat von 1871 behauptet. Den Gedanken von *Hugo Preuß* lag eine ähnliche These, wenigstens für den monarchischen Bundesstaat, mit umgekehrter Wertung zugrunde; er ging infolgedessen in seinen ersten Verfassungsentwürfen davon aus, daß der Bundesstaat durch eine weitgehende Dezentralisation und Selbstverwaltung ersetzt werden müsse. Ich habe in meiner Verfassungslehre (1928) die Ansicht vertreten, daß der eigentliche Grund der Unvereinbarkeiten, die hier zweifellos wahrnehmbar sind, nicht in erster Linie in dem Gegensatz von Parlamentarismus und Föderalismus, sondern in dem besonders gearteten Verhältnis von Demokratie und Föderalismus gefunden werden kann: weil nämlich sowohl die nationale Demokratie wie auch jede bundesmäßige Organisation eine substantielle Gleichartigkeit voraussetzt, wird es schwierig, eine Mehrheit selbständiger, innerhalb der nationalhomogenen Einheit bestehender, demokratischer Staaten zu rechtfertigen. In einer nationalen Demokratie ist ein Bundesstaat nur so lange möglich, als man, mit wesentlich veränderter Funktion, die festen Rahmen eines aus andern Verfassungszuständen überlieferten Föderalismus bestehen läßt. In der Weimarer Nationalversammlung wurde die schwierige Frage des bundesstaatlichen Konstruktionsprinzips nicht beachtet; man hat vielmehr die bundesstaatliche Organisation beibehalten und gleichzeitig im Rahmen einer nationalen Demokratie den Parlamentarismus nicht nur im Reich, sondern sogar von Reichsverfassungs wegen (Art. 17 RV.) in jedem einzelnen Lande eingeführt. Nunmehr bestehen bundesstaatliche Organisation und Parlamentarismus im Reich und in den Ländern seit zwölf Jahren nebeneinander, so daß die Vereinbarkeit anscheinend *ipso facto* bewiesen ist. Man darf aber nicht übersehen, welcher Struktur- und Funktionswandel das ermöglicht hat. Die Vereinbarkeit dieser bundesstaatlichen Organisation mit diesem Parlamentarismus erklärt sich in Wirklichkeit nur daraus, daß auf der einen Seite im Parlament des Reiches, also im Deutschen Reichstag, regelmäßig sogar auch in der Parteikoalition, welche die Reichsregierung bildet, einflußreiche föderalistische Parteien vertreten sind, darunter fast regelmäßig eine ganz auf ein bestimmtes Land beschränkte und dessen föderalistische Interessen wahrnehmende Partei, die Bayerische Volkspartei; gleichzeitig aber umgekehrt die verschiedenen, den pluralistischen Staat bildenden sozialen Machtkomplexe mit ihren Organisationen durch das Reich hindurch und über die Landesgrenzen hinweg daran interessiert sind, die staatlichen Machtpositionen, die sie in den einzelnen Ländern errungen haben, unter allen Umständen zu verteidigen, weil sie auf diese Weise gegen eine im Reich oder in andern Ländern herrschende, feindliche Partei oder Parteikoalition am besten gesichert sind. So können auch bundesstaatliche Einrichtungen und Positionen zu Verbündeten und Stützpunkten des Pluralismus werden. Aber die „Vereinbarkeit" von Parlamentarismus und Föderalismus, die auf solche Weise entsteht, ist nur durch eine beiderseitige Auflockerung der Geschlossenheit und Festigkeit der staatlichen Einheit gewonnen.

Abgesehen von dieser Möglichkeit, daß Pluralismus und Föderalismus sich verbünden, kann die bundesstaatliche Organisation trotzdem immer noch ein besonders starkes Gegengewicht gegen die durchgängigen pluralistischen Machtgebilde und die Methoden ihrer Parteipolitik sein. Eine wirksame t e r r i t o r i a l e Dezentralisation ist in einem pluralistischen Parteienstaat heute wohl nur auf der Grundlage einer bundesstaatlichen Organisation möglich. Die aus dem deutschen 19. Jahrhundert überlieferte, den Gegensatz von Staat und Gesellschaft voraussetzende Einrichtung der kommunalen Selbstverwaltung hat innerhalb eines zur Selbstorganisation der Gesellschaft gewordenen Staates nicht mehr die Kraft, den pluralistischen Mächten einen wirksamen Widerstand entgegenzusetzen, wenn diese unterschiedslos alle Machtpositionen in Staat und Gesellschaft, Staatsaufsicht und Selbstverwaltung besetzen. Die staatliche Selbständigkeit eines Landes dagegen bietet eine solche Möglichkeit. Demokratie und Föderalismus sind, wenn man sich an die Vorbilder der Vereinigten Staaten und der Schweizerischen Eidgenossenschaft hält, unter gewissen konkreten Voraussetzungen miteinander vereinbar; und der Föderalismus, d. h. eine bundesstaatliche Organisation, liefert in einer solchen Demokratie die sichersten Mittel einer territorialen Dezentralisation. In einem staatlichen Gemeinwesen, das gleichzeitig bundesstaatlich organisiert und parlamentarisch regiert ist, im heutigen Deutschen Reich, erhält der Föderalismus infolgedessen zwei neue Rechtfertigungen: einmal ist er ein Hilfsmittel echter territorialer Dezentralisation und zweitens kann er, in analoger Weise wie die vorhin erwähnten autonomen Absplitterungen von der öffentlichen Wirtschaft des Reiches und die noch zu erörternden Versuche einer ,,Neutralisierung", als Gegenmittel gegen die Methoden eines parteipolitischen Pluralismus angesehen werden.

2. Abhilfen und Gegenbewegungen

a) Versuche einer Wirtschaftsverfassung

Angesichts der sich aufdrängenden Tatsache, daß der Staat das wirtschaftliche Gebiet in weitem Maße beherrscht oder beeinflußt, liegt es nahe, als Antwort auf Probleme wie Pluralismus und Polykratie eine Reform der geltenden Reichsverfassung zu fordern. Denn obwohl der heutige Staat als ein Wirtschaftsstaat bezeichnet werden kann, ist doch die staatliche Verfassung, wie in den meisten modernen Staaten so auch in Deutschland, keine ,,Wirtschaftsverfassung", sondern eine, ungenau so genannte ,,politische" Verfassung, welche die wirtschaftlichen Größen und Mächte als solche ignoriert und gegenüber der Wirtschaft ,,neutral" zu sein scheint. Natürlich hat jede Wirtschaft und jede ,,Gesellschaft", wie alles menschliche Zusammenleben, in sich irgendeine ,,Verfassung", d. h. irgendeine Ordnung, so daß man, in einem ganz anderen Sinne, ungenau und irreführend von einer Gesellschafts- und Wirtschaftsverfassung sprechen kann, indem man, in der aus dem 19. Jahrhundert überlieferten Weise, Staat und Gesellschaft, Politik und Wirtschaft von einander trennt und als verschiedene Sachgebiete ansieht. Aber eine solche ,,Wirtschafts"- oder „Gesellschafts"-,,Verfassung" ist dann eben nicht die Staatsverfassung. Für die Organisation und den politischen Aufbau des Staates werden nicht wirtschaftliche Gebilde und Größen als solche verwendet (z. B. Betrieb, Gewerkschaft, Wirtschaftsverband, Wirtschaftskammern oder andere Interessenvertretungen), und der einzelne Staatsbürger hat seine politische Stellung und staatsbürgerlichen Rechte nicht in seiner Eigenschaft als Wirtschaftssubjekt, etwa als Arbeitgeber oder Arbeitnehmer, Produzent oder Steuerzahler, oder irgendwie auf Grund einer ökonomischen Qualität oder Leistung; er ist für eine solche Staatsverfassung immer nur *citoyen* und nicht *producteur*. Es gehört zu den grundlegenden, positiven Entscheidungen der geltenden Reichsverfassung, daß sie das System einer Wirtschaftsverfassung, insbesondere das „politische" Rätesystem abgelehnt hat. Auch die „Verankerung des Rätesystems" in Artikel 165 RV. sollte, wie man nachdrücklich betont hat, nur eine wirtschaftliche und keine staatlich-organisatorische Bedeutung haben. Würde man jenen Artikel anders auffassen, so wäre die geltende Reichsverfassung ein Gebilde von phantastischer Monstrosität, weil sie verschiedene, einander widersprechende Verfassungen in sich enthielte und in ihrem letzten Artikel sozusagen anhangsweise eine zweite, den ganzen früheren organisatorischen Aufbau wieder in Frage stellende Nebenverfassung fundierte. Es ist deshalb nicht zulässig, diesen Artikel 165 zu benutzen, um aus der geltenden Verfassung eine Wirtschaftsverfassung und aus der Wirtschaftsverfassung des Art. 165 die staatliche Verfassung Deutschlands zu machen [1]. Auch der Reichs-

---

[1] Die Ausführungen eines der besten Kenner dieses Gebietes, *E. Tatarin-Tarnheyden*, Berufsverbände und Wirtschaftsdemokratie, ein Kommentar zu Artikel 165 der Reichsverfassung, Berlin 1930, S. 13, stehen damit nur scheinbar in Widerspruch. *Tatarin* sagt allerdings, daß Art. 165 Abs. 1 „die ideelle Grundlage der in den weiteren Absätzen vorgezeichneten, gesetzlich geregelten Wirtschaftsverfassung" gebe. Diese soll nicht etwa „eine von der Staatsverfassung gesonderte, wirtschaftliche Gesellschaftsverfassung" sein, sondern „ein Teilstück der Staatsverfassung selber". Aber, wenn ich richtig verstehe, nicht anders, wie auch z. B. das Recht der Selbstverwaltung (Art. 127 RV.) ein Teilstück der Staatsverfassung genannt werden kann. Zwar heißt es dann weiter, daß die Weimarer Verfassung demnach einen „doppelten Weg" der politischen Willensbildung beschritten habe, einmal den der Kopfzahldemokratie und zweitens den des Zusammenwirkens der Wirtschaftsklassen und Berufsstände. Doch wird S. 12 gesagt, die Kopfzahldemokratie sei von der Weimarer Verfassung zur „Grundlage ihres politischen Systems" gemacht und ferner: „Wiederum, wie so oft in der Verfassung von Weimar, ein Kompromißprodukt; die Nebeneinanderstellung zweier verschiedener Staatssysteme — des atomistischen und des organischen, die realpolitisch nur dadurch erträglich wird, daß dem letzteren durch seine Ablenkung vom rein politischen auf das wirtschaftliche Gebiet sekundäre Bedeutung zugewiesen ist." Dazu ist nur zu sagen: *ergo*. Wenn *H. Herrfahrdt* es einmal so formuliert hat: Art. 165, der letzte Artikel der geltenden Verfassung, sei zugleich der erste Artikel einer künftigen Verfassung, so ist das eigentlich auch nur eine Bestätigung der These des obenstehenden Textes. Von besonderem Wert und Interesse sind in diesem Zusammenhang die Ausführungen *E. Jacobis*, Grundlehren des Arbeitsrechts, Leipzig 1927, S. 392

wirtschaftsrat ist **kein entscheidendes** staatliches Organ, selbst wenn er, in Ausführung des Räteprogramms des Artikels 165, endgültig gemacht würde. Der erste, organisatorische Hauptteil der Reichsverfassung bleibt der politisch entscheidende Teil. Er enthält eine mit vollem Bewußtsein getroffene Entscheidung **gegen** den politischen Aufbau des Reiches in einer Wirtschaftsverfassung.

So ergibt sich eine offensichtliche Diskrepanz: ein Wirtschaftsstaat, aber keine Wirtschaftsverfassung. Es liegt nahe, nach irgendeiner der beiden gegebenen Richtungen eine Harmonie herbeiführen zu wollen, indem man entweder den Staat von allen Elementen reinigt, die ihm den Charakter eines Wirtschaftsstaates geben, also den Staat entökonomisiert; oder umgekehrt, indem man die geltende Nicht-Wirtschaftsverfassung durch eine Wirtschaftsverfassung ersetzt, also den Staat entschlossen ganz verwirtschaftlicht. Die erste Forderung würde dazu führen, die heutigen politischen Parteien, die zum

---

bis 395: „Hierbei (Art. 165 RV.) ist auf jeden Fall abwegig die Vorstellung einer gesonderten Wirtschaftsverfassung neben der Staatsverfassung." In Art. 165 Abs. 1 sieht *Jacobi* „keinesfalls eine öffentlich-rechtliche Neuschöpfung". Dagegen würde es sich, wenn das in Art. 165 Abs. 2 geplante System durchgeführt wäre, „in der Tat um öffentlich-rechtliche Neuschöpfungen handeln". „Dieses Programm ist jedoch nicht verwirklicht ... die öffentlich-rechtliche Wirtschaftsverfassung des Art. 165 Abs. 2 RV. existiert nicht." Die Grundentscheidung über Art und Form der politischen Existenz, die zu einer Verfassung gehört, macht ein derartiges Nebeneinander zweier sich widersprechender Konstruktionsprinzipien unmöglich; das dürfte der wichtigste Grund dafür sein, daß das Programm des Art. 165 nicht ausgeführt werden kann, ohne die Weimarer Verfassung buchstäblich auf den Kopf zu stellen. Darin liegt wohl auch der Kernpunkt der Frage, ob es in der geltenden Reichsverfassung eine Repräsentation (zum Unterschied von bloßer Vertretung) wirtschaftlicher Interessen geben kann. Ich halte daran fest, daß dies nicht der Fall ist; die Argumentation von *F. Glum*, Der deutsche und der französische Reichswirtschaftsrat, Berlin 1929, S. 37 f.; ferner der Abschnitt „Reichswirtschaftsrat" im Handbuch des deutschen Staatsrechts, Bd. I S. 582, beruht darauf, daß „die Wirtschaft" zu einem Ganzen und infolgedessen zu etwas Politischem gemacht wird, ohne aufzuhören, „dem Staate gegenüber" zu stehen. Durch die Repräsentation soll sie dann „in den Staat hinein" gezogen werden. *Glum* beruft sich auf den § 17 der Verordnung über den vorl. Reichswirtschaftsrat vom 4. Mai 1920: „Die Mitglieder des Reichswirtschaftsrates sind Vertreter der gesamten Wirtschaft des deutschen Volkes", und fährt dann fort: „Damit wird deutlich zum Ausdruck gebracht, daß die Mitglieder des Reichswirtschaftsrates — und zwar ständige und nichtständige Mitglieder — überhaupt keine Interessen zu vertreten haben, auch nicht die wirtschaftlichen Interessen des ganzen Volkes." Das kann doch nur heißen: entweder sind sie Repräsentanten, dann vertreten sie das ganze Volk, aber nicht die Wirtschaft; oder sie sind es nicht. Daß sie nicht Interessenvertreter sind, macht sie noch nicht zu Repräsentanten. *Glum* erkennt die weitere Möglichkeit, daß eine Art unabhängigen Experten-Gremiums beabsichtigt sein kann. Aber auch der unabhängige Gutachter ist nicht Repräsentant. Über die verschiedenen Arten der Unabhängigkeit, deren Unterscheidung sich auch hier als notwendig erweist, vgl. unten S. 151.

großen Teil fest organisierte Interessenvertretungen und mehr oder weniger „feudalständische" Verbindungen sind, wieder in unabhängige, nach freien Meinungen orientierte, auf freier Werbung beruhende Gebilde zu verwandeln und auch den einzelnen Abgeordneten wieder unabhängig zu machen, wie es der geltenden Verfassung (Artikel 21) entspricht. Man könnte das namentlich in der Weise versuchen, daß man strenge „Unvereinbarkeiten" einführt, und zwar nicht nur die traditionellen Unvereinbarkeiten, wie die „Inkompatibilität" von parlamentarischem Mandat und Beamtenstellung, sondern sog. wirtschaftliche Inkompatibilitäten, d. h. Unvereinbarkeiten von parlamentarischem Mandat und bestimmten wirtschaftlichen Berufen oder Stellungen, z. B. der eines Syndikus, Verband- oder Parteisekretärs, Aufsichtsratmitgliedes, Bankiers, Staatslieferanten usw. Derartige Inkompatibilitäten wären vielleicht im einzelnen sehr wertvoll und notwendig und würden einer Forderung moralischer Sauberkeit des staatlichen Lebens entsprechen [1]. Aber das System im ganzen, das auf der engen Verbindung von Staat und Wirtschaft beruht, könnten sie nicht beseitigen. Die Massen der heutigen Wähler werden sich wahrscheinlich immer nach wirtschaftlichen Interessen gruppieren, und das läßt sich durch kein Gesetz wegdekretieren; die Einführung von Inkompatibilitäten für bestimmte wirtschaftliche Berufe und Stellungen würde bei unsern verwickelten wirtschaftlichen Verhältnissen eine Ungleichheit und Ungerechtigkeit gegenüber anderen, ebenfalls wirtschaftlich determinierten Stellungen und Berufen bedeuten; den mittelbaren Einwirkungen sozialer und wirtschaftlicher Mächte aber stehen so viele, gesetzgeberisch nicht faßbare Möglichkeiten offen, daß auf diese Weise nur ein neues System von Verschleierungen entstände, nicht aber die Gesamtstruktur des staatlichen Lebens geändert würde.

Die andere, umgekehrte Forderung, dem Staat, der nun einmal ein Wirtschaftsstaat ist, jetzt auch eine echte Wirtschaftsverfassung zu geben, mag es nun die eines Stände-, eines Gewerkschafts- oder eines Rätestaates sein, hat auf den ersten Blick den Vorteil der Ehrlichkeit und der Anpassung an die Realität. Doch ist das nur abstrakt ein Vorteil und in Wahrheit irreführend und gefährlich. Es soll hier nicht von den praktischen Schwierigkeiten der Durchführung gesprochen werden — Bewertung und Unterscheidung der einzelnen Berufszweige und Gruppen, Stimmenberechnung und Verteilung der politischen Macht auf der Grundlage der wirtschaftlichen Bedeutung —, sondern nur von dem grundlegenden Bedenken gegen derartige scheinbar so plausible Forderungen. Ihre Erfüllung würde die Einheit des staatlichen Willens nicht stärken, sondern nur gefährden; die wirtschaftlichen und sozialen Gegensätze würden nicht gelöst und aufgehoben, sondern träten offener und rück-

---

[1] Über das Problem der Inkompatibilitäten vgl. den Aufsatz von *Werner Weber*, Parlamentarische Unvereinbarkeiten (Inkompatibilitäten), AöR. N. F. Bd. 19 (1930) S. 161 f.; über die sogenannten wirtschaftlichen Inkompatibilitäten S. 239 f.; vgl. auch unten S. 156.

sichtsloser hervor, weil die kämpfenden Gruppen nicht mehr gezwungen wären, den Umweg über allgemeine Volkswahlen und eine Volksvertretung zu machen. Es ist sehr bemerkenswert, daß heute nur zwei große Staaten solche Wirtschaftsverfassungen haben: das kommunistische Rußland mit seinem Sowjetsystem und das faschistische Italien mit seinem *stato corporativo*. Das sind zwei zum großen Teil noch agrarische Länder, die keineswegs an der Spitze der wirtschaftlichen Entwicklung und des industriellen Fortschritts stehen, und von denen jeder weiß, daß ihre Wirtschaftsverfassung im Schatten einer straff zentralisierten Parteiorganisation und des sog. Ein-Parteien-Staates steht. Das System der Wirtschaftsverfassung hat hier keineswegs den Sinn, die Wirtschaft frei und autonom zu machen, sondern, im Gegenteil, sie dem Staat in die Hand zu geben und ihm zu unterwerfen; das Ein-Partei-System ergibt sich aus der Notwendigkeit, die Beherrschung des Staates durch mehrere Parteien, also die pluralistische Aufteilung des Staates zu verhindern.

b) Das Problem der innerpolitischen Neutralität im pluralistischen Parteienstaat

Es ist natürlich und ohne weiteres verständlich, daß gegenüber den pluralistischen Methoden der parteienstaatlichen Willensbildung neutrale, d. h. von den Mächten dieser Art Parteienstaat unabhängige Instanzen und Verfahren gefordert werden. Da hier nur eine kurze Darlegung der gegenwärtigen Verfassungslage beabsichtigt ist, sollen Reformpläne nicht erörtert werden, wenn auch die vom „Bund zur Erneuerung des Reiches" zum „Problem des Reichsrates" (Berlin 1930) veröffentlichten Leitsätze, Gesetzentwürfe und Materialien wegen ihrer besonderen Bedeutung wenigstens erwähnt werden müssen. Aber von allen Vorschlägen und Forderungen abgesehen, gibt es heute schon Einrichtungen und Organisationen, deren eigentlicher Sinn darin liegt, daß sie eine Gegenwirkung gegen die Methoden des pluralistischen Parteienstaates darstellen. Sie sind in ihrem Zusammenhang bisher meistens nicht klar genug zum Bewußtsein gekommen, weil sie unter sich sehr verschieden und nur durch den gemeinsamen Gegensatz gegen den labilen Koalitionsparteienstaat verbunden sind, weil einige von ihnen unter mythischen Stichworten verkleidet werden oder unsichtbar bleiben, während andere offen hervortreten, und vor allem, weil manche von ihnen der Natur der Sache nach weniger auffällig sind, während die Methoden des labilen Koalitionsparteienstaats den Vordergrund unseres politischen Lebens aufdringlich und augenscheinlich beherrschen. Trotzdem gehören solche neutralen Gegenkräfte zum heutigen Staat und wäre dieser Staat ohne sie überhaupt undenkbar, weil es in Wahrheit keinen Staat geben kann, der n u r ein pluralistischer Parteienstaat wäre. Außer den rein parteimäßigen Kräften muß es immer auch andere, unparteiische und überparteiische Kräfte geben, wenn die staatliche Einheit sich nicht in ein pluralistisches Nebeneinander sozialer Machtkomplexe auflösen soll. Wenn außerdem noch die verfassungsmäßig vorgesehenen Stellen und Instanzen keines einheitlichen politischen Willens fähig sind, so wird es ganz unvermeidlich, daß die politische Substanz nach irgendwelchen Punkten des sozialen oder politischen Systems abwandert. Andere, seien es legale, seien es apokryphe Mächte, übernehmen freiwillig oder notgedrungen, bewußt oder halbbewußt, die Rolle des Staates und regieren sozusagen unter der Hand. Die „List der Idee", kraft deren gerade im Parlament die Willenseinheit des ganzen Volkes zustande kommen soll, ist nämlich keineswegs auf die Koalitionsparteien und die Fraktionszimmer angewiesen; das Parlament hat kein unverlierbares Monopol darauf, der einzige Schauplatz der List der Idee zu sein und diese kann ihr Feld leicht verlegen. Zu einem Gesamtbild von der Wirklichkeit unserer heutigen staatlichen Zustände gehören daher notwendig auch diese verschiedenartigen Gegenkräfte und Abhilfen. Insofern sie durch einen gemeinsamen Gegensatz gegen die Zustände des gegenwärtigen labilen Koalitionsparteienstaates zusammengehalten sind, lassen sie sich in ihrer Gesamtheit als Versuch eines **parteipolitisch neutralen Staates** kennzeichnen. Dabei versteht sich von selbst, daß das an sich vieldeutige und, wie jeder politische Begriff, von seinem konkreten Gegensatz bestimmte Wort „neutral" in diesem Zusammenhang zunächst nichts anderes bedeutet als den Gegensatz gegen die Kräfte und Methoden des labilen Koalitionsparteienstaates, deren Macht groß und zentral genug ist, um eine Mehrzahl untereinander verschiedener Gegenkräfte durch den gemeinsamen Gegensatz zusammenzufassen. Nach den obigen Ausführungen über die teils miteinander verbündeten, teils einander entgegengesetzten pluralistischen, polykratischen und föderalistischen Gruppierungen, ist es aber ohne weiteres erklärlich, daß, je nach der taktischen Situation, auch ein gelegentliches Bündnis keineswegs ausgeschlossen ist.

Es entspricht der geschichtlichen Tradition des deutschen Staates, hier in erster Linie an die Einrichtungen und Methoden eines **Beamtenstaates** zu denken und darin das eigentliche Gegengewicht gegen die auflösenden Wirkungen des labilen Koalitionsparteienstaates zu suchen, wodurch das Beamtentum gleichzeitig eine neue, in die veränderte Situation des Staates sich einfügende Aufgabe und Funktion erhält, die sich mit den Begriffen des monarchischen Staatsrechts weder begreifen noch rechtfertigen läßt. Die geltende Reichsverfassung kommt dem entgegen und schützt das deutsche Beamtentum durch verfassungsmäßige, institutionelle Garantien vor den Methoden parlamentarischer Beutepolitik (Artikel 129/130 RV.). Sie verbietet es sogar ausdrücklich, daß die Beamten „Diener einer Partei" sind und gibt gewisse Sicherheiten für ihre unabhängige Stellung (Grundsatz der Anstellung auf Lebenszeit, Unverletzlichkeit der wohlerworbenen Rechte, ordentlicher Rechtsweg für vermögensrechtliche Ansprüche usw.). Man weiß längst, daß trotz jenes Verfassungsverbotes die Beamtenstellen wenigstens in vielen Ländern offen als Beute- und Kompromißobjekte der Regierungsparteien behandelt werden. Über die Widerstandskraft des deutschen Beamtenstaates gegenüber dem Koalitionsparteienstaat denken die meisten heute sehr skeptisch und resigniert. Doch ist zu beachten, daß im Reich, wo ein von den Koalitionsparteien unabhängiger R e i c h s p r ä s i d e n t die Beamten, und zwar auch die sog. politischen Beamten, ernennt, die Verteilung der Beamtenstellen unter die Koalitionsparteigänger noch nicht so selbstverständlich geworden ist wie in Ländern, in denen sich die Koalitionsparteienminister ohne die in einem solchen Umweg enthaltene Hemmung als Parteiagenten betätigen. Außerdem kann man mit einigem Optimismus vielleicht hoffen, daß infolge der lebenslänglichen Anstellung der Beamten und anderer verfassungsmäßiger Garantien die zu Beamten ernannten Parteigänger von der Partei gelöst, von der staatlichen Gesinnung des deutschen Beamtentums erfaßt und, durch die Institution des Berufsbeamtentums, aus Parteidienern in Staatsbeamte verwandelt werden. Die Elemente des Beamtenstaates, die man heute noch in Deutschland voraussetzen darf, können auf diese Weise einen beachtenswerten Faktor im System des arteipolitisch neutralen Staates bilden und den Sinn für unparteiische Sachlichkeit retten. Aber so wertvoll und unersetzlich sie zweifellos sind, dem eigentlichen Mißstand des labilen Koalitionsparteienstaates, nämlich dem Mangel einer regierungsfähigen und stabilen Regierung, vermögen sie nicht abzuhelfen. Das Berufsbeamtentum ist der Natur der Sache nach auf Justiz und Verwaltung beschränkt. Es erhält infolgedessen von der Gesetzgebung oder von der Regierung seine entscheidenden Normierungen oder Direktiven. Es ist unfähig, von sich aus die politische Entscheidung zu treffen und an der Hand der Normen und Maßstäbe seiner Fachlichkeit die Richtlinien der Politik zu bestimmen. Es kann hemmen und zurückhalten und in diesem Rahmen seine neutralisierende Wirkung betätigen, aber nicht entscheiden und im eigentlichen Sinne regieren.

Noch viel weniger wäre es möglich, den neutralen Staat auf die J u s t i z zu gründen und die politischen Entscheidungen unter irgendwelchen justizförmigen Verschleierungen den mit Berufsrichtern besetzten Gerichten oder Staatsgerichtshöfen zu übertragen. Über die Forderungen und Pläne, die Entscheidung der schwierigen Fragen unserer heutigen Verfassungszustände durch einen Gerichtshof unter dem Schein der Justizförmigkeit vornehmen zu lassen, ist bereits im I. Abschnitt dieser Abhandlung gesprochen worden. Vielleicht konnten derartige Lösungsversuche nicht nur den eigentlichen Justizjuristen, deren gedankliche Gewöhnung durch die Bahnen der Zivil- und Strafprozeßordnung bestimmt ist, sondern auch gewissen Neigungen des deutschen Charakters, besonders dem oft zitierten „Legalitätsbedürfnis" der Deutschen, plausibel scheinen. Heute urteilt man wohl mit mehr Bewußtsein über solche Pläne einer „Verrechtlichung" der Politik und erkennt besser die engen Grenzen der Justizförmigkeit, die gerade im Interesse der unabhängigen Justiz und des Rechtsstaates vor der Partei-Politisierung zu schützen sind. Das unabhängige deutsche Berufsrichtertum gehört als innerpolitisch neutrale

Größe zu dem Komplex, der vorhin als Beamtenstaat gekennzeichnet wurde. Man würde sowohl dieses Berufsrichtertum selbst wie auch den Zweck einer unparteiischen Objektivität gefährden, wenn man es benutzen wollte, um einen kryptopolitischen Justizstaat als neutralen Staat einzuführen.

Ernster und außerhalb der Kreise der Justizjuristen weiter verbreitet ist das Bestreben, eine Art von **neutralem Sachverständigen- und Gutachter-(Experten-)Staat** zu schaffen, in welchem die politischen Entscheidungen den Sachkundigen der einzelnen Gebiete, insbesondere den administrativen, finanztechnischen oder ökonomischen Sachverständigen, überlassen werden [1]. Hierfür finden sich zahlreiche Ansätze in den meisten modernen Staaten. Als ein für Deutschland besonders aufschlußreiches Beispiel ist hier an erster Stelle die Einrichtung des **Reichssparkommissars** zu nennen. „Denn was bedeutet dieses Institut im Grunde anderes, als ein *testimonium* der Einsicht, daß es für die Regierung und ihre Mitglieder vieles gibt, was sie als Politiker nicht ohne Gefährdung sagen oder anregen können, was aber gesagt und angeregt werden müßte, und was daher eben ein anderer in die Hand nehmen soll, der nur sachlichen Pflichten untersteht und dessen **Neutralität** durch seine Stellung und seine Persönlichkeit verbürgt scheint. Die Erkenntnis, daß zwischen Politik — **im Sinne der Partei- und Koalitionspolitik, nicht oder nur in sehr be**schränktem Umfange **im Sinne der Staatspolitik** schlechthin — und strenger Sachlichkeit bei jeder Staatsform und in besonderem Umfange vielleicht bei einer föderalistischen und gleichzeitig demokratischen Staatsform Gegensätze vorhanden sind, ist die bestimmende Entstehungsursache eines so bemerkenswerten Instituts, wie es das des Reichssparkommissars ist" [2]. Durch Kabinettsbeschluß vom 27. November 1922 wurde der Präsident des Rechnungshofes des Deutschen Reichs, Staatsminister *Dr. Saemisch*, mit den Aufgaben eines Sparkommissars betraut, und zwar nicht auf Grund

---

[1] Über das allgemeine Problem des parteipolitisch neutralen Sachverständigen in der heutigen Demokratie: *Alfred Zimmern*, Democracy and the Expert, in The Political Quaterly, Bd. I (Januar 1930) S. 7—25, unter Hervorhebung der Advisory Committees beim Genfer Völkerbund. Aus der neueren, deutschsprachigen Literatur über den angelsächsischen *Civil Service* seien erwähnt: *Carl J. Friedrich*, Das Berufsbeamtentum in den Vereinigten Staaten, Beamten-Jahrbuch Heft 3, Berlin 1930, S. 3 ff. (vgl. auch die interessante Bemerkung desselben Autors über den Einfluß der Ideen des deutschen Staates in seinem Aufsatz „Deutsche Gedanken beim Aufbau des amerikanischen Staates", Festgabe für *Carl Schurz*, Berlin 1929, S. 131); *Fritz Morstein Marx*, Berufsbeamtentum in England, Zeitschr. f. d. ges. Staatswissenschaft, Bd. 89 (1930) S. 449—495.

[2] *J. Popitz*, Bankarchiv, 15. Oktober 1930, S. 22; ferner *Carl Bilfinger*, Der Reichssparkommissar, Berlin 1928, besonders S. 13 (die „entpolitisierte Sparaufgabe"); *Saemisch*, Der Reichssparkommissar und seine Aufgaben (Finanzrechtliche Zeitfragen Heft 2), Berlin 1930; *O. Bühler*, Der heutige Stand der Verwaltungs- und Verfassungsreform, 2. Aufl., Stuttgart 1931.

gesetzlicher Bestimmungen, sondern in der Weise, daß ihm die Minister, auf Grund ihres besonderen Vertrauens (das infolgedessen bei jedem Kabinettswechsel neu ausgesprochen werden muß) die Möglichkeit geben, sich das für seine Informationen und Gutachten erforderliche Material zu verschaffen. Selbständige und eigene Befehlsgewalt hat dieser Sparkommissar nicht. In der Verbindung dieses Amtes mit der Stellung des Präsidenten des Rechnungshofes zeigt sich bereits die für die meisten Versuche parteipolitischer Neutralität typische I n k o m p a t i b i l i t ä t, denn nach § 123 der Reichshaushaltsordnung (Fassung vom 14. April 1930, RGBl. II S. 693) dürfen die Mitglieder des Rechnungshofs nicht dem Reichstag angehören. Die Tätigkeit des Sparkommissars als eines parteipolitisch neutralen Sachverständigen und Gutachters ist von größter Bedeutung und geht über die Summe der einzelnen Gutachten — unter ihnen die Gutachten über die Landesverwaltungen Thüringen, Württemberg, Hessen, Mecklenburg-Schwerin und Lippe, die zu den hervorragendsten Dokumenten administrativer Sachkunde und Objektivität gehören — weit hinaus.

Beispiele ökonomischer Sachverständiger sind ferner die zwölf von der Reichsregierung nach freiem Ermessen zu ernennenden Mitglieder des Reichswirtschaftsrates, ,,die durch besondere Leistungen die Wirtschaft des deutschen Volkes in hervorragendem Maße gefördert haben oder zu fördern geeignet sind". In gewissem Sinne kann auch die ganze Institution eines aus Wirtschaftskennern und Interessenten zusammengesetzten, bei der Gesetzgebung gutachtlich mitwirkenden R e i c h s w i r t s c h a f t s r a t e s (auch der französische Conseil National Economique, der englische Economical Advisory Council und ähnliche Bildungen) als Ansatz zu einem Expertenstaat bezeichnet werden, wenn man hier nicht sogar schon das Übergangsglied zu einer eigentlichen Wirtschaftsverfassung finden will. Doch liegt das Charakteristische solcher Einrichtungen vorläufig noch darin, daß sie ihren Einfluß durch das Gewicht ihrer sachkundigen Gutachten nehmen und nicht als politische Macht handeln. Diese Art Einfluß ist namentlich bei A u s - s c h ü s s e n von großer praktischer Bedeutung. Im Rahmen des parlamentarischen Betriebes zeigt er sich gelegentlich selbst heute noch in dem außerordentlichen Einfluß mancher Parlamentsausschüsse, unter denen die H a u s - h a l t s a u s s c h ü s s e an erster Stelle zu nennen sind [1]. Aber offenbar sind die Parlamentsausschüsse trotz solcher Ansätze infolge ihrer parteipolitischen Zusammensetzung im allgemeinen nicht imstande, die nötige Neutralität zu gewinnen, obwohl theoretisch daran festgehalten werden müßte, daß sie, einschließlich der Untersuchungsausschüsse, unparteiisch sein und ,,eine faire und allumfassende Vertretung aller Meinungen darstellen" sollten. Doch zeigt sich eben auch hier die Wirkung der Tatsache, daß das Parlament in weitem

---

[1] Über den Reichshaushaltsausschuß vgl. die demnächst erscheinende Dissertation der Berliner Handels-Hochschule von *B. Rilinger.*

2. Abhilfen und Gegenbewegungen

Maße zum Schauplatz eines pluralistischen Systems geworden ist, so daß, nach dem englischen Vorbild, das neben den parlamentarischen „Select Committees" die von der Krone eingesetzten „Royal Commissions" kennt [1], besondere Untersuchungsausschüsse gebildet werden, insbesondere parteipolitisch unabhängige wirtschaftliche Enqueteausschüsse, die eine vom Parlament unabhängige, objektive Feststellung ermöglichen sollen. Ein Beispiel dieser Art einer parteipolitisch neutralen Enquetekommission ist der deutsche „Ausschuß zur Untersuchung der Erzeugungs- und Absatzbedingungen der deutschen Wirtschaft" (Reichsgesetz vom 15. April 1925, RGBl. I S. 195), dessen Mitglieder von der Reichsregierung berufen werden und eine weitgehende durch Verantwortungsfreiheit gesicherte Unabhängigkeit haben. In anderer Weise wieder gehören die Kammern (Industrie- und Handelskammern, Berufskammern verschiedener Art), ferner die Beiräte bei verschiedenen Verwaltungszweigen in diesen Zusammenhang.

Auf dem Gebiet der Gerichtsbarkeit [2] sind abgesehen von der Zusammensetzung der Arbeitsgerichte die Sachverständigenmitglieder des Reichswirtschaftsgerichts zu erwähnen, die neben den rechtskundigen Mitgliedern stehen und vom Präsidenten aus einer Vorschlagsliste berufen werden, die vom Reichswirtschaftsrat „unter Berücksichtigung der verschiedenen Berufsgruppen und Interessenvertretungen und der einzelnen Länder" gebildet wird, wobei vorbehaltlich anderweitiger Regelung der Senat des Reichswirtschaftsgerichts in der Besetzung von einem Vorsitzenden und vier sachverständigen Beisitzern entscheidet (Verordnung über das Reichswirtschaftsgericht vom 21. Mai 1920). Besonders interessant ist die Besetzung des beim Reichswirtschaftsgericht gebildeten Kartellgerichts, über welche die sog. Kartellverordnung (§ 11 der VO. gegen Mißbrauch wirtschaftlicher Machtstellungen vom 2. November 1923) bestimmt, daß zwei Beisitzer unter Berücksichtigung der widerstreitenden wirtschaftlichen Belange, als weiterer Beisitzer aber eine sachkundige Person einzuberufen ist, „von der erwartet werden darf, daß sie die Belange des Gemeinwohls, unabhängig von den widerstreitenden wirtschaftlichen Belangen, vertreten wird". Diese letzte Bestimmung ist deshalb außerordentlich instruktiv, weil sie den sachkundigen Interessenten von dem von Interessen unabhängigen, also gewissermaßen absolut neutralen

---

[1] Darüber der Bericht von *G. Lassar* über „Untersuchungsausschüsse nach englischem Recht", den der Reichsminister des Innern unter dem 11. November 1926 dem Reichstag übersandt hat (Reichstagsdrucksache III. Wahlperiode Nr. 2690); nach diesem Bericht auch das Zitat aus *Todd*, Parliamentary Government; ferner *A. Bertram*, Hamburg. Wirtschaftsdienst, vom 28. Mai 1926 (Jahrg. 11 S. 701 f.).

[2] Über sachkundige Beisitzer in wirtschaftsrechtlichen Streitigkeiten und Laienbeteiligung bei der Entscheidung solcher Streitigkeiten die für den 36. Deutschen Juristentag erstatteten Gutachten von Senatspräsident Dr. *Köppel* und Rechtsanwalt Dr. *G. Friedländer* (Gutachten, S. 321—454).

Sachkundigen unterscheidet und die sehr notwendige, allerdings gleichzeitig die Schwierigkeit des Problems enthüllende Gegenüberstellung von Interessenten-Sachverständigen (mit denen man während der Zwangswirtschaft der Kriegs- und Übergangszeit genügend Erfahrungen machen konnte) und nichtinteressierten Sachverständigen macht. Im staatlichen Schlichtungswesen wiederholt sich ein in etwa analoger, in seiner eigenartigen Struktur aber unten (S. 143) noch näher zu betrachtender Vorgang. Schlichtungsausschuß und Schlichtungskammer sind in der Weise zusammengesetzt, daß ein unparteiischer Vorsitzender den in je gleicher Zahl vertretenen Arbeitgeber- und Arbeitnehmerbeisitzern gegenübersteht (Art. I, § 5 der VO. über das Schlichtungswesen vom 30. Oktober 1923, RGBl. I S. 1043); nach der VO. des Reichspräsidenten über die Beilegung von Schlichtungsstreitigkeiten im öffentlichen Interesse vom 9. Januar 1931 (RGBl. I S. 1) können noch zwei „unparteiische Beisitzer" berufen werden.

Außerdem sind im Deutschen Reich auf der Grundlage des Reparationsstaates zwei Gebilde entstanden, deren Sinn gerade darin liegt, im Gegensatz zu dem Koalitionsparteienstaat unabhängige, neutrale Größen zu sein: die Reichsbank und die Reichsbahngesellschaft. Es sind autonome, von der übrigen staatlichen Regierung und Verwaltung getrennte Komplexe, die mit weitgehenden Sicherungen gegen parteipolitische Beeinflussung ausgestattet sind. Daß gerade parlamentarische Inkompatibilitäten diese Unabhängigkeit sicherstellen, ist das sichere Kennzeichen für die Richtung, in der solche Autonomisierungen sich bewegen. Auch die neue Regelung der Youngplangesetze hat daran festgehalten. Für die Reichsbank vermittelt der vom Parlament unabhängige Reichspräsident den Zusammenhang mit der deutschen Regierung, indem er die Wahl des Reichsbankpräsidenten durch den Generalrat, die Ernennung der Mitglieder des Direktoriums nach Zustimmung des Generalrates durch den Präsidenten und die Abberufung des Präsidenten oder eines Mitglieds des Direktoriums bestätigt (§ 6 des Reichsbankgesetzes in der Fassung des Gesetzes vom 13. März 1930); die Mitglieder des Generalrates der Reichsbank dürfen weder unmittelbare Staatsbeamte noch Personen sein, die vom Deutschen Reich oder einem deutschen Land eine Bezahlung erhalten (§ 17); die Kontrolle der Banknotenausgabe erfolgt durch den jeweiligen Präsidenten des Rechnungshofes des Deutschen Reiches als Kommissar, der mit allen Garantien der richterlichen Unabhängigkeit umgeben ist und ebenfalls dem Reichstag nicht angehören darf (§ 121, 123 der Reichshaushaltsordnung). In der Begründung zu den Gesetzen über die Haager Konferenz (II. Teil, Bankges. S. 3/4) ist die volle „Wahrung des Grundsatzes der Unabhängigkeit" als notwendig anerkannt und als eine „grundlegende Garantie für die Aufrechterhaltung der Währung" bezeichnet. Was die Reichsbahngesellschaft angeht, so ist die nach dem Reichsbahngesetz vom 30. August 1924 bestehende strenge Trennung gemildert; die (parlamentarische) Reichsregierung hat weitgehende Auskunftsrechte und Kontrollbefugnisse erhalten, die Mitglieder des Verwaltungsrats der Reichsbahn werden jetzt von der Reichsregierung ernannt (Art. II, § 11), ein ständiger Vertreter der Reichsregierung kann an den Sitzungen des Verwaltungsrates und seiner Ausschüsse ohne Stimmrecht teilnehmen. Im übrigen aber gilt auch hier der Grundsatz der Unabhängigkeit und Selbständigkeit, und die parlamentarischen Inkompatibilitäten bleiben für den Verwaltungsrat bestehen, dessen Mitglieder „erfahrene Kenner des Wirtschaftslebens oder Eisenbahnsachverständige" sein müssen und „nicht Mitglieder des Reichstages, eines Landtages, der Reichsregierung oder einer Landesregierung" sein dürfen (§ 10). Die Begründung hebt hervor (S. 16), daß die deutsche Reichsgesetzgebung zwar Änderungen des Reichsbahngesetzes vornehmen darf, aber nur unter der Voraussetzung, daß für die Gesellschaft keine neuen Belastungen erwachsen und die Bestimmungen und Garantien der Reparationszahlungen, „sowie der unabhängige Charakter der Gesellschaft mit ihrer selbständigen Verwaltung nicht berührt werden". Hier ist die außenpolitische und völkerrechtliche Grundlage der Unabhängigkeit und Neutralität sichtbar — die letzte und stärkste Sicherheit gegen die Interventionen des Parteienstaates.

In beiden Fällen, Reichsbank und Reichsbahn, ist eine A b s p l i t t e r u n g staatlicher Hoheitsrechte eingetreten und ein selbständiges Rechtssubjekt gebildet worden, das gegenüber dem Parteienstaat unabhängig und neutral erscheint. Es sind noch andere Möglichkeiten verselbständigter Gebilde denkbar und zum Teil auch schon verwirklicht, sei es als Sondervermögen ohne Bildung eines neuen Rechtssubjekts, aber unter Herausnahme aus dem allgemeinen Staatshaushalt (so die Deutsche Reichspost auf Grund des Reichspostfinanzgesetzes vom 18. März 1924, RGBl. I S. 287), sei es auf dem Wege über verselbständigte Monopole, sei es dadurch, daß bestehende autonome Gebilde, etwa der Sozialversicherung, der kommunalen oder der wirtschaftlichen Selbstverwaltung, Kirchen, Weltanschauungsgesellschaften oder andere Verbände zu Trägern derartig abgesplitterter staatlicher Rechte werden. Die autonomen Gebilde der kommunalen Selbstverwaltung scheinen vorläufig hierfür nicht mehr in Betracht zu kommen, weil sie infolge der Bestimmung des Art. 17 RV. selbst dem unmittelbaren Machtbereich des partei- und fraktionspolitischen Systems einverleibt sind. Sie sind zu den stärksten Trägern der oben behandelten „Polykratie" geworden. Dagegen können einzelne deutsche L ä n d e r Träger einer gewissen neutralisierenden Funktion werden. Obwohl auch sie parlamentarisch regierte Parteienstaaten sind, bewirkt doch der Umstand, daß in ihnen anders zusammengesetzte Koalitionen als im Reich regieren, schon durch die bloße Verschiedenheit ein gewisses Gegengewicht. Die föderalistischen Elemente der heutigen deutschen Verfassung haben dadurch eine völlig neue Aufgabe und Funktion erhalten, nämlich die einer neutralisierenden Wirkung gegenüber dem labilen Koalitionsparteienstaat im Reich. Das wird in demselben Maße stärker, in welchem das Bedürfnis nach einer Gegenwirkung stärker wird. Hier tritt eine Besonderheit des oben

(S. 95) erwähnten Funktionswandels hervor, die dem Föderalismus alten Stils aus ganz anderen als bündischen Gesichtspunkten und Motiven eine neue *ratio essendi* und dem Kampf gegen den Unitarismus im Reich und gegen den Zentralismus in Preußen neues Leben gibt. Im R e i c h s r a t verbindet sich der Föderalismus mit Elementen des Beamtenstaates; daß diese Instanz noch nicht zu einer Versammlung von Parteifunktionären geworden, sondern ein Kollegium von administrativen Sachverständigen geblieben ist, läßt sich auch daraus erklären, daß die Verfassung an dem staatlichen Charakter der Länder festhält und zeigt, daß der Föderalismus ein Reservoir staatlicher Kräfte sein kann. So erscheinen, neben dem Beamtenstaat, dem Sachverständigen- und Gutachterstaat und neben den Gebilden des Reparationsstaates, auch noch Kräfte des B u n d e s s t a a t e s in der Reihe von Gegenwirkungen, die in ihrem durchaus nicht planmäßigen, aber doch zu dem gleichen Ergebnis führenden Zusammenspiel heute die Funktionen des parteipolitisch neutralen Staates zu übernehmen suchen.

c) Unzulänglichkeit der meisten Neutralisierungen;
Vieldeutigkeit der Begriffe Neutralität
und Entpolitisierung

In manchen Tendenzen zu weiteren autonomen Bildungen und Absplitterungen liegt ohne Zweifel eine notgedrungene, unentbehrliche Korrektur. Läßt sich aber wirklich daraus ein allgemeines Prinzip staatlichen Aufbaues gewinnen? Ist es berechtigt, etwa unter Berufung auf das echt deutsche Genossenschaftsprinzip, diese Entwicklung zum Pluralismus noch weiter zu treiben? Hat man heute schon das Recht, die Parole auszugeben: allgemeine Kapitalflucht alles dessen, was in Deutschland an staatlicher Substanz noch vorhanden ist? Ich möchte das verneinen, und zwar gerade deshalb, weil es den einzig rechtfertigenden Zweck, nämlich Sachlichkeit und Objektivität des Staates, bestimmt verfehlen muß.

Durch eine falsche Verallgemeinerung werden unter Worten wie Neutralität, Entpolitisierung und Sachlichkeit in der heutigen Lage Deutschlands vielfach verschiedene, entgegengesetzte Ziele miteinander vermengt. Das hat zur Folge, daß die Abhilfen sich gegenseitig wieder aufheben und paralysieren. Der labile Koalitionsparteienstaat führt zu einer regierungsunfähigen Regierung, zu einer Nicht-Regierung, und aus diesem Mangel einer Entscheidung, aus dem Bestreben nach wirklicher Regierung und echter politischer Entscheidung, entstehen die verschiedenartigen Abwanderungen der politischen Substanz. Auf der andern Seite aber bekämpft man gleichzeitig den Mangel, der darin liegt, daß die politischen Entscheidungen parteiisch und unsachlich seien. Weil es bei jeder politischen Entscheidung unvermeidlich ist, daß irgendein Interessent sie als nachteilig empfindet, kann man stets auf Beifall rechnen, wenn man einen „Kampf gegen die Politik überhaupt" proklamiert und absolute Entpolitisierung als absolute Sachlichkeit verlangt. Im ersten Fall ist d a s B e d ü r f n i s n a c h e i n e r p o l i t i s c h e n E n t s c h e i d u n g das maßgebende Motiv und entstehen die Gegenbildungen daraus, daß eine politische Entscheidung fehlt, weil eben in Wahrheit überhaupt nicht regiert wird; im zweiten Falle dagegen versucht man, ein System zu organisieren, in welchem es überhaupt k e i n e p o l i t i s c h e n E n t s c h e i d u n g e n mehr gibt, sondern nur noch Sachlichkeit und Fachlichkeit, wo die Dinge sich selbst regieren und die Fragen sich aus sich selbst beantworten. Die erste Tendenz geht davon aus, daß eine politische Entscheidung und Regierung notwendig ist, die andere, daß Politik und Regierung etwas ihrem Wesen nach Unsachliches und Überflüssiges sind. In dem Ruf nach Entpolitisierung geht beides oft durcheinander, weil man die Parteipolitik im allgemeinen oder die Parteipolitik des labilen Koalitionsparteienstaates im besonderen nicht als echte Politik und gleichzeitig als etwas Unsachliches ansieht, so daß sich hier die Negationen von zwei entgegengesetzten Richtungen verbinden und zwei entgegengesetzte Übel, die mit entgegengesetzten Mitteln bekämpft werden müssen, durch ein und dasselbe ungenaue Schlagwort getroffen werden sollen. In Wahrheit wird aber deshalb keines von beiden getroffen.

Was insbesondere den „neutralen Sachverständigen- und Gutachtenstaat" angeht, so führt die Unterscheidung von interessierten und nichtinteressierten Sachverständigen zu einem Dilemma, das gerade bei schwierigen Gegensätzen und Konflikten den Wert des neutralen Sachverständigenstaates problematisch macht: entweder ist der Sachverständige gleichzeitig Interessent, dann ist er nicht neutral, und die paritätische Heranziehung führt nicht zur Entscheidung, weil P a r i t ä t, im Gegenteil, gerade N i c h t - E n t s c h e i d u n g bedeutet; oder der Sachverständige ist kein Interessent, und dann fehlt ihm oft die letzte und eigentlichste Sachkunde. Es kann gelegentlich ein guter Ausweg sein, die Entscheidung auf unabhängige Sachverständige abzuschieben, aber politische Entscheidungen lassen sich auf diese Weise nicht gewinnen, und bei ernsthaften Konflikten reicht die Autorität des Gutachters, das bloße Gewicht seiner Argumente, „the mere weight of expert agreement", meistens nicht aus, um die Macht starker, entgegenstehender Interessen zu überwinden. Es verhält sich hier ähnlich wie bei der Übertragung politischer Entscheidungen an die berufsbeamtete Justiz: auf die Dauer führt das nicht etwa zu einer neutralen Versachlichung, sondern umgekehrt zur Parteipolitisierung der bisher neutralen Größe. Die wirklichen Inhaber der politischen Macht können sich leicht den nötigen Einfluß auf die Besetzung der Richterstellen und die Ernennung der Sachverständigengutachter verschaffen; gelingt ihnen das, so wird die justizförmige oder sachverständige Erledigung der Frage ein bequemes Mittel ihrer Politik, und das ist das Gegenteil dessen, was mit der Neutralisierung eigentlich bezweckt war; gelingt es ihnen nicht, so verlieren sie das Interesse an den Meinungen und Gutachten der Sachverständigen, deren Denkschriften und Voten leicht ignoriert werden können. Das Schicksal vieler unabhängiger Gutachter- und Sachverständigenkommissionen hat diese alte Erfahrung in den letzten Jahren oft genug bestätigt.

Die in sich selbst widerspruchsvolle Unklarheit der meisten „Neutralisierungen" richtet sich aber auch in ihrem praktischen Ergebnis gegen ihre eigentlichen Ziele. Die Polykratie der öffentlichen Wirtschaft würde durch neue autonome Bildungen und Absplitterungen noch weiter getrieben und käme in Verbindung mit dem pluralistischen System schließlich den Zuständen eines mittelalterlichen Ständestaates nahe, in denen der deutsche Staat schon einmal zugrunde gegangen ist. Die eigentliche Gefahr des labilen Koalitionsparteienstaates, die mit den entpolitisierenden Verselbständigungen bekämpft werden soll, liegt nun durchaus in der gleichen Richtung. Denn auch das pluralistische System verwandelt mit seinen fortwährenden Parteien- und Fraktionsvereinbarungen den Staat in ein Nebeneinander von Kompromissen und Verträgen, durch welche die jeweils am Koalitionsgeschäft beteiligten Parteien alle Ämter, Einkünfte und Vorteile nach dem Gesetz der Quote unter sich verteilen und die Parität, die sie dabei beobachten, womöglich noch als Gerechtigkeit empfinden. Die Verfassung eines von solchen Methoden der politischen Willensbildung beherrschten Staates reduziert sich auf den Satz „pacta sunt servanda" und auf den Schutz der „wohlerworbenen Rechte". Das gehört zur Konsequenz jedes pluralistischen Systems. Das Interesse der Parteien und Fraktionen, ihrer Hilfs- und Stützorganisationen und ihrer Bürokratien steht dabei keineswegs in notwendigem Gegensatz zu den partikulären Interessen abgesplitterter und verselbständigter Gebilde. Es kann sich mit ihnen verbinden und mancherlei Bündnisse schließen. Wie überhaupt bei den Beziehungen von Pluralismus, Polykratie und Föderalismus sind also auch hier viele Überschneidungen und sogenannte Querverbindungen möglich. Die letzte Folge eines solchen doppelt fundierten Pluralismus wäre eine völlige Zersplitterung der deutschen Einheit. Es bliebe dann dem Druck von Außen, dem Interesse der Gläubigerstaaten an der Einheit des Reparationsschuldners, überlassen, ob die staatliche Einheit Deutschlands weitergeführt werden soll oder nicht, und es wäre eine Frage des Ermessens fremder Regierungen, ob ein ausländischer Kommissar oder Podestà die Richtlinien der deutschen Innenpolitik bestimmt, nachdem der politische Sinn des deutschen Volkes zu einer eigenen Willensbildung nicht mehr ausgereicht hat.

Damit wären die deutschen Zustände nicht entpolitisiert; es wäre nur an die Stelle einer deutschen Politik eine fremde Politik getreten. Der grundsätzliche Irrtum aller jener Entpolitisierungsbestrebungen ist schon in dem mißverständlichen, irreführenden Schlagwort „Entpolitisierung" enthalten. Mit diesem Wort ist, soweit es sich um ernsthafte Vorschläge handelt, in Wirklichkeit meistens nur die Beseitigung einer bestimmten Art von Politik verstanden, nämlich der Parteipolitik, also nur eine „Entparteipolitisierung", und auch das nur in dem Sinne der besonders gearteten Parteipolitik des labilen Koalitionsparteienstaates. Das Wort trifft also nur einen bestimmten Gegensatz gegen bestimmte, nämlich parteipolitische Methoden. Im übrigen ist zu beachten, daß Politik unvermeidbar und unausrottbar ist. Man kann mit leichten und bequemen Gegenüberstellungen Politik und Recht, Politik und Wirtschaft, Politik und Kultur unterscheiden, aber man geht dabei gewöhnlich von der falschen Vorstellung des liberalen 19. Jahrhunderts aus, daß es möglich sei, ein besonderes Gebiet „Politik" von anderen Sachgebieten wie Wirtschaft, Religion, Recht abzutrennen. Die Eigenart des Politischen liegt jedoch gerade darin, daß jedes denkbare Gebiet menschlicher Tätigkeit der Möglichkeit nach politisch ist und sofort politisch wird, wenn die entscheidenden Konflikte und Fragen sich auf dieses Gebiet begeben. Das Politische kann sich mit jeder Materie verbinden und gibt ihr — wenn ich eine von *Eduard Spranger* gebrauchte Formel hier übernehmen darf — nur eine „neue Wendung". So ist es ein Mißverständnis und eine trügerische, wenn nicht betrügerische Redensart, mit dem Worte Entpolitisierung anzudeuten, daß die unbequeme Verantwortung und das Risiko des Politischen vermieden und ausgemerzt werden könne. Alles, was irgendwie von öffentlichem Interesse ist, ist irgendwie politisch, und nichts, was wesentlich den Staat angeht, kann im Ernst entpolitisiert werden. Die Flucht aus der Politik ist die Flucht aus dem Staat. Wo diese Flucht endet, und wo der Flüchtende landet, kann niemand voraussehen; jedenfalls ist sicher, daß das Ergebnis entweder der politische Untergang oder aber eine andere Art von Politik sein wird.

Übersicht über die verschiedenen Bedeutungen
und Funktionen des Begriffes der innerpolitischen
Neutralität des Staates

Angesichts der Vieldeutigkeit des Wortes „Neutralität" und der Verwirrung, die einen unentbehrlichen Begriff unbrauchbar oder unanwendbar zu machen droht, ist eine terminologische und sachliche Klärung zweckmäßig. Hier soll deshalb eine zusammenfassende Aufstellung versucht werden, in der die verschiedenen Bedeutungen, Funktionen und polemischen Richtungen dieses Wortes mit einiger Systematik gruppiert sind.

I. N e g a t i v e , d. h. v o n d e r p o l i t i s c h e n E n t s c h e i d u n g w e g f ü h r e n d e B e d e u t u n g e n d e s W o r t e s „N e u t r a l i t ä t".

1. N e u t r a l i t ä t i m S i n n e d e r N i c h t - I n t e r v e n t i o n, der Uninteressiertheit, des *laisser passer*, der passiven Toleranz usw.

In dieser Bedeutung tritt die innerpolitische Neutralität des Staates zuerst in das geschichtliche Bewußtsein, und zwar als N e u t r a l i t ä t d e s S t a a t e s g e g e n ü b e r d e n R e l i g i o n e n u n d K o n f e s s i o n e n. So sagt Friedrich der Große in seinem politischen Testament: *je suis neutre entre Rome et Genève* — übrigens eine alte Formel des 17. Jahrhunderts, die sich schon auf einem Porträt von *Hugo Grotius* findet und für den in diesem Jahrhundert einsetzenden Neutralisierungsprozeß von größter Bedeutung ist [1]. In letzter Konsequenz muß dieses Prinzip zu einer allgemeinen Neutralität gegenüber allen denkbaren Anschauungen und Problemen und zu einer absoluten Gleichbehandlung führen, wobei z. B. der religiös Denkende nicht mehr geschützt werden darf, als der Atheist, der national Empfindende nicht mehr als der Feind und Verächter der Nation. Daraus folgt ferner absolute Freiheit jeder Art Propaganda; der religiösen wie der antireligiösen, der nationalen wie der antinationalen; absolute „Rücksichtnahme" auf den „Andersdenkenden" schlechthin, auch wenn er Sitte und Moral verhöhnt, die Staatsform untergräbt und im Dienst eines ausländischen Staates agitiert. Diese Art „neutraler Staat" ist der n i c h t s m e h r u n t e r s c h e i d e n d e, r e l a t i v i s t i s c h e *stato neutrale ed agnostico*, der inhaltlose oder doch auf ein inhaltliches M i n i m u m beschränkte Staat. Seine Verfassung ist v o r a l l e m a u c h g e g e n ü b e r d e r W i r t s c h a f t n e u t r a l im Sinne der Nichteinmischung (Wirtschafts- und Vertragsfreiheit), mit der „Fiktion des wirtschaftsfreien Staates und der staatsfreien Wirtschaft" *(F. Lenz)*. Dieser Staat kann immerhin noch politisch werden, weil er wenigstens denkbarerweise noch einen Feind kennt, nämlich denjenigen, der nicht an diese Art geistiger Neutralität glaubt.

2. N e u t r a l i t ä t i m S i n n e i n s t r u m e n t a l e r S t a a t s a u f f a s s u n g e n, f ü r w e l c h e d e r S t a a t e i n t e c h n i s c h e s M i t t e l i s t, d a s m i t s a c h l i c h e r B e r e c h e n b a r k e i t f u n k t i o n i e r e n u n d j e d e m d i e g l e i c h e B e n u t z u n g s c h a n c e g e b e n s o l l.

Instrumentale Staatsvorstellungen liegen meistens folgenden Redewendungen zugrunde: der staatliche Justiz- und Verwaltungsa p p a r a t, die „Regierungs m a s c h i n e", der Staat als bürokratischer B e t r i e b, die Gesetzgebungsmaschine, die Klinke der Gesetzgebung usw. Die Neutralität des Staates als eines technischen Instrumentes ist denkbar für das Gebiet der Exekutive, und man kann sich vielleicht vorstellen, daß der Justizapparat oder der Verwaltungsapparat in der gleichen Weise funktioniere und mit derselben Sachlichkeit und Technizität jedem Benutzer, der sich seiner normgemäß bedient, zur Verfügung stehe, wie Telephon, Telegraph, Post und ähnliche technische Einrichtungen, die ohne Rücksicht auf den Inhalt der Mitteilung jedem zu Diensten sind, der sich an die Normen ihres Funktionierens hält. Ein solcher Staat wäre restlos entpolitisiert und könnte von sich aus Freund und Feind nicht mehr unterscheiden.

3. N e u t r a l i t ä t i m S i n n e d e r g l e i c h e n C h a n c e b e i d e r s t a a t l i c h e n W i l l e n s b i l d u n g.

Hier bekommt das Wort eine Bedeutung, die gewissen liberalen Deutungen des allgemeinen gleichen Wahl- und Stimmrechts sowie der allgemeinen Gleichheit vor dem Gesetz zugrunde liegt, soweit diese Gleichheit vor dem Gesetz nicht bereits (als Gleichheit vor der Gesetzesanwendung) unter die vorige Ziffer 2 fällt. Jeder hat die Chance, die Mehrheit zu gewinnen; er wird, wenn er zur überstimmten Minderheit gehört, daran verwiesen, daß er ja die Chance hatte und noch habe, Mehrheit zu werden. Auch das ist eine liberale Gerechtigkeitsvorstellung. Solche Vorstellungen von einer Neutralität der gleichen

---

[1] Über diesen Neutralisierungsprozeß und seine Stadien: *Carl Schmitt*, Europäische Revue, November 1929.

Chance bei der staatlichen Willensbildung liegen auch, freilich meistens wenig bewußt, der herrschenden Auffassung des Art. 76 RV. zugrunde. Nach ihr enthält Art. 76 nicht nur eine Bestimmung über Verfassungsänderungen (wie man nach dem Wortlaut annehmen sollte), sondern er begründet eine auch schranken- und grenzenlose, absolute Allmacht und eine verfassunggebende Gewalt. So z. B. *G. Anschütz* in seinem Kommentar zu Art. 76 (10. Aufl. S. 349/350); *Fr. Giese*, Kommentar, 8. Aufl. 1931, S. 190; und *R. Thoma*, Handbuch des deutschen Staatsrechts, II S. 154, der sogar soweit geht, *C. Bilfingers* und meine abweichende Meinung als „wunschrechtlich" hinzustellen, ein Beiwort, das eine im allgemeinen nicht übliche Art von banaler Insinuation zum Ausdruck bringt. Diese herrschende Auffassung des Art. 76 nimmt der Weimarer Verfassung ihre politische Substanz und ihren „Boden" und macht sie zu einem g e g e n ü b e r j e d e m I n h a l t i n d i f f e r e n t e n, n e u t r a l e n A b ä n d e r u n g s v e r f a h r e n, das namentlich a u c h d e r j e w e i l s b e s t e h e n d e n S t a a t s f o r m g e g e n ü b e r n e u t r a l i s t. Allen Parteien muß dann gerechterweise die unbedingt gleiche Chance gegeben werden, sich die Mehrheiten zu verschaffen, die notwendig sind, um mit Hilfe des für Verfassungsänderungen geltenden Verfahrens ihr angestrebtes Ziel — Sowjet-Republik, Nationalsozialistisches Reich, wirtschaftsdemokratischer Gewerkschaftsstaat, berufsständischer Korporationsstaat, Monarchie alten Stils, Aristokratie irgendwelcher Art — und eine andere Verfassung herbeizuführen. Jede Bevorzugung der bestehenden Staatsform oder gar der jeweiligen Regierungsparteien, sei es durch Subventionen für Propaganda, Unterscheidungen bei der Benutzung der Rundfunksender, Amtsblätter, Handhabung der Filmzensur, Beeinträchtigung der parteipolitischen Betätigung oder der Parteizugehörigkeit der Beamten in dem Sinne, daß die jeweilige Regierungspartei den Beamten nur die Zugehörigkeit zur eigenen oder den von ihr parteipolitisch nicht zu weit entfernten Parteien gestattet, Versammlungsverbote gegen extreme Parteien, die Unterscheidung von legalen und revolutionären Parteien nach ihrem Programm, alles das sind im Sinne der konsequent zu Ende gedachten, herrschenden Auffassung des Art. 76 grobe und aufreizende Verfassungswidrigkeiten. Bei der Erörterung der Frage, ob das Gesetz zum Schutz der Republik vom 25. März 1930 (RGBl. I S. 91) verfassungswidrig ist oder nicht, wird der systematische Zusammenhang dieser Frage mit Art. 76 meistens nicht beachtet.

4. N e u t r a l i t ä t i m S i n n e v o n P a r i t ä t, d. h. g l e i c h e Z u l a s s u n g a l l e r i n B e t r a c h t k o m m e n d e n G r u p p e n u n d R i c h t u n g e n u n t e r g l e i c h e n B e d i n g u n g e n u n d m i t g l e i c h e r B e r ü c k s i c h t i g u n g b e i d e r Z u w e n d u n g v o n V o r t e i l e n o d e r s o n s t i g e n s t a a t l i c h e n L e i s t u n g e n.

Diese Parität ist von geschichtlicher und praktischer Bedeutung für Religions- und Weltanschauungsgesellschaften in einem Staat, der sich nicht streng von allen religiösen und Weltanschauungsfragen getrennt hat, sondern mit einer Mehrzahl bestehender religiöser und ähnlicher Gruppen verbunden bleibt, sei es durch vermögensrechtliche Verpflichtungen irgendwelcher Art, sei es durch Zusammenarbeit auf dem Gebiet der Schule, der öffentlichen Wohlfahrt usw. Bei dieser Parität erhebt sich eine Frage, die nach Lage der Sache sehr schwierig und bedenklich werden kann, nämlich w e l c h e G r u p p e n f ü r d i e P a r i t ä t ü b e r h a u p t i n B e t r a c h t k o m m e n. So fragt es sich z. B., wenn man die parteipolitische Neutralität des Rundfunk im Sinne der Parität auffaßt, welche politischen Parteien paritätisch zugelassen werden müssen, weil man nicht automatisch und mechanisch jede sich meldende Partei zulassen kann. Eine ähnliche Frage erhebt sich dann, wenn man die Freiheit der Wissenschaft (Art. 142 RV.) als Parität aller wissenschaftlichen Richtungen auffaßt und verlangt, daß alle diese Richtungen in gleicher Weise bei der Besetzung der Lehrstühle gerecht und verhältnismäßig berücksichtigt werden sollen. *Max Weber* forderte, daß, wenn einmal an den Hochschulen überhaupt Wertungen zugelassen würden, dann auch a l l e Wertungen zugelassen werden müßten, was theoretisch sowohl mit der Logik des relativistisch-agnostischen Staates, wie mit der liberalen Forderung der gleichen Chance begründet werden kann, praktisch aber (für Berufungen) im pluralistischen Parteienstaat zur Parität der den Staat jeweils beherrschenden Parteien führt. Die Neutralität im Sinne von Parität ist aber nur gegenüber einer relativ geringen Zahl von berechtigten Gruppen und nur bei einer relativ unbestrittenen Macht- und Einflußverteilung der paritätisch berechtigten Partner praktisch durchführbar. Eine zu große Anzahl der Gruppen, die Anspruch auf paritätische Behandlung erheben, oder gar eine zu große Unsicherheit in der Bewertung ihrer Macht und Bedeutung, d. h. Unsicherheit in der Berechnung der Quote, auf die sie Anspruch haben, verhindert sowohl die Durchführung des Grundsatzes der Parität wie auch die Evidenz des ihm zugrunde liegenden Prinzips.

Das zweite Bedenken gegen eine konsequent durchgeführte Parität liegt darin, daß sie notwendigerweise entweder zu einem entscheidungslosen Gleichgewicht führt (so öfters bei der Parität von Arbeitgebern und Arbeitnehmern), oder aber, bei starken und eindeutig bestimmten Gruppen, zu einer *itio in partes*, wie der von Katholiken und Protestanten seit dem 16. Jahrhundert im alten Deutschen Reich. Jede Partei bringt dann den Teil der staatlichen Substanz, der sie interessiert, für sich in Sicherheit und ist im Wege des Kompromisses damit einverstanden, daß die andere Partei mit einem andern Teil das gleiche tut. Beide Methoden — arithmetische Gleichheit oder *itio in partes* — haben nicht den Sinn einer politischen Entscheidung, sondern führen von der Entscheidung weg.

II. P o s i t i v e , d. h. z u e i n e r E n t s c h e i d u n g h i n f ü h r e n d e B e d e u t u n g e n d e s W o r t e s „N e u t r a l i t ä t".

1. N e u t r a l i t ä t i m S i n n e d e r O b j e k t i v i t ä t u n d S a c h l i c h k e i t a u f d e r G r u n d l a g e e i n e r a n e r k a n n t e n N o r m.

Das ist die Neutralität des Richters, solange er auf Grund eines anerkannten, inhaltlich bestimmbaren Gesetzes entscheidet. Die Bindung an das (inhaltliche Bindungen enthaltende) Gesetz ermöglicht erst die Objektivität und damit diese Art Neutralität, ebenso auch die relative Selbständigkeit des Richters gegenüber dem sonstigen (d. h. anders als durch eine gesetzliche Regelung geäußerten) staatlichen Willen; diese Neutralität führt zwar zu einer Entscheidung, aber nicht zur politischen Entscheidung.

2. N e u t r a l i t ä t a u f d e r G r u n d l a g e e i n e r n i c h t e g o i s t i s c h - i n t e r e s s i e r t e n S a c h k u n d e.

Das ist die Neutralität des sachkundigen Gutachters und Beraters, des sachkundigen Beisitzers, soweit er nicht Interessentenvertreter und Exponent des pluralistischen Systems ist (oben S. 105); auf dieser Neutralität beruht auch die Autorität des Vermittlers und Schlichters, soweit er nicht unter Ziffer 3 gehört.

3. N e u t r a l i t ä t a l s A u s d r u c k e i n e r d i e g e g e n s ä t z l i c h e n G r u p p i e r u n g e n u m f a s s e n d e n , d a h e r a l l e d i e s e

Gegensätzlichkeiten in sich relativierenden Einheit und Ganzheit.

Das ist die Neutralität der staatlichen Entscheidung innerstaatlicher Gegensätze, gegenüber der Zersplitterung und Aufteilung des Staates in Parteien und Sonderinteressen, wenn die Entscheidung das Interesse des staatlichen Ganzen zur Geltung bringt.

4. Neutralität des außenstehenden Fremden, der als Dritter von Außen her nötigenfalls die Entscheidung und damit eine Einheit bewirkt.

Das ist die Objektivität des Schutzherrn gegenüber dem unter Protektorat stehenden Staate und dessen innerpolitischen Gegensätzen, des Eroberers gegenüber den verschiedenen Gruppen in einer Kolonie, der Engländer gegenüber Hindus und Mohammedanern in Indien, des Pilatus *(quid est veritas?)* gegenüber den Religionsstreitigkeiten der Juden.

d) Vorgehen der verfassungsmäßigen Regierung
nach Art. 48 RV. Entwicklung vom militärisch-polizeilichen
zum wirtschaftlich-finanziellen Ausnahmezustand

Die Lösung der gegenwärtigen Schwierigkeiten kann nicht darin liegen, daß man den Staat weiter schwächt, und noch weniger darin, daß man ihn in einem allgemeinen *sauve qui peut* zugrunde gehen läßt. Die Ursache der Mißstände und des Mangels an Sachlichkeit und Objektivität ist gerade die Schwäche, die sich in einem Wirtschaftsstaat aus den pluralistischen Methoden des labilen Koalitionsparteienstaates ergibt, und diesem Mangel ist nicht durch weitere Schwächungen und Absplitterungen zu helfen. Die meisten Entpolitisierungsvorschläge und -forderungen vergessen die einfache Wahrheit, daß zur Neutralität im Sinne einer unabhängigen Sachlichkeit eine besondere Stärke und Kraft notwendig ist, die mächtigen Gruppierungen und Interessen Widerstand zu leisten vermag. Fehlt sie dem Staat, so muß irgendeine andere Kraft für ihn eintreten, die sich damit in den Staat verwandelt. Neutralität im Sinne von Sachlichkeit und Objektivität ist nicht Schwäche und Politiklosigkeit, sondern das Gegenteil. Die Lösung liegt also nicht in einer unpolitischen Sachlichkeit, sondern in einer sachlich-informierten, das Interesse des Ganzen im Auge behaltenden, entscheidungsfähigen Politik.

Es ist der Sinn jeder vernünftigen Verfassung, ein organisatorisches System zu geben, das eine staatliche Willensbildung und eine regierungsfähige Regierung ermöglicht. Es ist vor allem die bewußte und wohlüberlegte Absicht der geltenden Reichsverfassung, dieses Ziel zu erreichen, und alle ihre Einrichtungen einer parlamentarischen und plebiszitären Demokratie sollen in erster Linie eine leistungsfähige Regierung schaffen. Sie geht davon aus, daß eine auf demokratischen Grundlagen beruhende, die Zustimmung und Akklamation des Volkes findende Regierung stärker und intensiver ist als jede andere Art von Regierung. Deshalb enthält der erste, organisatorische Hauptteil der Reichsverfassung außer den bundesstaatsrechtlichen Bestimmungen eine im Prinzip gut durchdachte Balancierung der parlamentarischen mit der plebiszitären Demokratie. Im Mittelpunkt des plebiszitären Verfassungsteiles steht der R e i c h s p r ä s i d e n t , und es ist von großer Bedeutung, daß dieser bei den Neutralisierungsbestrebungen, die zu autonomen Bildungen geführt haben, an einem besonders wichtigen Punkt erscheint: er ist es, der die Verbindung zwischen dem Deutschen Reich und der Reichsbank herstellt, indem er die Ernennung des vom Generalrat der Reichsbank gewählten R e i c h s b a n k präsidenten bestätigt und die Ernennungsurkunde unterzeichnet (§ 6 Abs. 4 des Reichsbankgesetzes vom 13. März 1930); ebenso bedarf bei der Reichsbahngesellschaft die Wahl des Präsidenten des Verwaltungsrates (§ 12 der Satzung) und die Ernennung des Generaldirektors und der Direktoren (§ 17 der Satzung) der Bestätigung des Reichspräsidenten. Die theoretische Erkenntnis seiner zentralen Stellung und seiner verfassungsmäßigen Möglichkeiten leidet aber noch unter den Interpretationen, welche mit den alten, in der Vorkriegszeit entstandenen Klischees die Weimarer Verfassung zu einer Karikatur machen, indem sie in ihr nichts sehen als eine Anti-Verfassung gegen die frühere Reichsverfassung. Am meisten wird das Verständnis der Art. 25 (Auflösung des Reichstags, Begriff der „Einmaligkeit" und des „gleichen Anlasses"[1]), 54 (Mißtrauensvotum) und 48 davon betroffen. Doch hat die Praxis dieser Artikel bereits eine Reihe von anerkannten Präzedenzfällen ergeben, die man rechtswissenschaftlich nicht ignorieren kann.

Die Frage, auf die hier alles ankommt — welche Abhilfen gegenüber den Schwierigkeiten und den verfassungszerstörenden Methoden des pluralistischen Systems verfassungsmäßig möglich sind — hat dadurch eine andere, wirksamere und dem Geist der Verfassung besser entsprechende Antwort gefunden als durch immer weiter getriebene Absplitterungen und Autonomisierungen. Die Praxis der E r m ä c h t i g u n g s g e s e t z e , besonders in den beiden Fällen der Reichsgesetze vom 13. Oktober 1923 (RGBl. I S. 943) und vom 8. Dezember 1923 (RGBl. I S. 1179) zeigt, daß im kritischen Fall die Wendung vom Parlament weg geht. Es ist überaus kennzeichnend, daß

---

[1] Gleicher Anlaß im Sinne des Art. 25 RV. ist nur der konkrete Gegenstand der Meinungsverschiedenheit zwischen Reichspräsident (Regierung) und Parlament, also das Thema eines Konflikts, den das Volk durch die Neuwahl entscheidet. Wird aber ein mehrheitsunfähiges Parlament aufgelöst, so trifft diese Voraussetzung nicht zu, und es wäre absurd, einem späteren, wiederum mehrheitsunfähigen Parlament sozusagen ein Recht auf 4 Jahre Mehrheitsunfähigkeit zu geben; vgl. Carl *Schmitt*, Einmaligkeit und gleicher Anlaß bei der Reichstagsauflösung nach Art. 25 RV., Arch. d. öff. Rechts, Neue Folge, Bd. 8 (1925) S. 162. Das ist neuerdings wieder verkannt bei *F. Glum*, Parlamentskrise und Verfassungslücke, Deutsche Juristenzeitung 1930, S. 1415, und *O. Bühler*, Die Grenzen verfassungsmäßigen Vorgehens der Regierung bei Erledigung des Sanierungsprogramms, Reichsverwaltungsblatt Bd. 51 (1930) S. 780.

bei dem ersten, Abweichungen von verfassungsmäßigen Grundrechten zulassenden Ermächtigungsgesetz für die Verordnungen der Reichsregierung eine Mitwirkung des Reichstags nicht vorgesehen war, sondern nur Kenntnisnahme und Aufhebungsverlangen, während beim zweiten Ermächtigungsgesetz vor Erlaß der Verordnung nur ein Ausschuß des Reichstags von 15 Mitgliedern (und ein Ausschuß des Reichsrats) in vertraulicher Beratung g e h ö r t werden mußte. Ein weiteres hier zu nennendes Symptom sind B e a m t e n m i n i s t e r und B e a m t e n k a b i n e t t e[1]. Aber der entscheidende Vorgang liegt in der P r a x i s d e s A r t. 48. Sie ist für die Struktur der heutigen Verfassungszustände deshalb besonders bedeutungsvoll, weil sie gezwungen war, sich auf wirtschaftlichem und finanziellem Gebiet zu bewegen. Denn die Entwicklung zum Wirtschaftsstaat ist mit der gleichzeitigen Entwicklung des Parlaments zu einem Schauplatz des pluralistischen Systems zusammengetroffen und eben darin liegt sowohl die Ursache der verfassungsrechtlichen Verwirrung wie auch die Notwendigkeit von Abhilfen und Gegenbewegungen begründet.

1. Die verfassungsrechtliche Entwicklung hat für mehrere wichtige Fragen des Ausnahmezustandes und des Notverordnungsrechts zu Ergebnissen geführt, die in der Praxis der Regierungen, in Entscheidungen höchster Gerichte und auch im Schrifttum soweit anerkannt und angenommen sind, daß man von ihnen als einem Bestandteil unseres heutigen Verfassungsrechts ausgehen muß. Die Auslegung des Art. 48 RV. enthält allerdings eine Reihe besonders schwieriger juristischer Fragen, und zwar nicht so sehr darüber, ob nach Lage der Sache eine erhebliche Gefährdung der öffentlichen Ordnung und Sicherheit im Reiche vorliegt — die Frage, ob die Voraussetzung der außerordentlichen Befugnisse tatsächlich gegeben ist, zu entscheiden, ist naturgemäß Sache einer pflichtbewußten Regierung —, sondern vor allem für das eigentlich verfassungsrechtliche Problem des I n h a l t e s der in Art. 48 Abs. 2 enthaltenen Befugnisse und Ermächtigungen des Reichspräsidenten. Die Meinungsverschiedenheiten erklären sich begreiflicherweise zunächst aus der Verschiedenheit der parteipolitischen Interessen und Auffassungen, die hier nicht weiter zu erörtern ist. Es kommt hinzu, daß gerade beim „Ausnahmezustand" Begriffe und Schlagworte aus dem Staatsrecht der konstitutionellen Monarchie lange nachwirken und die Begriffe und Gesichtspunkte eines republikanischen Verfassungsrechts verwirren, namentlich wenn noch hinzukommt, daß man die Befugnisse des Reichspräsidenten mit dem Worte „Diktatur" belegt. Endlich wird vielfach nicht beachtet, daß die Bestimmungen des Art. 48 Abs. 2 von der verfassunggebenden Nationalversammlung als ein absichtlich weit gefaßtes P r o v i s o r i u m gedacht sind, dem erst das nach Art. 48 Abs. 5 zu erlassende A u s f ü h r u n g s g e s e t z seine endgültige

---

[1] Darüber *O. Koellreutter*, Der deutsche Staat als Bundesstaat und als Parteienstaat (Recht und Staat, Heft 51), Tübingen 1927, S. 31 f.

nähere Begrenzung gibt. Bis dahin hat die juristische Auslegung, außer den allgemeinen Schwierigkeiten jeder hochpolitischen Frage, noch die aus der Eigentümlichkeit eines langjährigen Provisoriums sich ergebenden Besonderheiten zu beachten.

Trotz dieser ganz außerordentlichen Schwierigkeit und Verwirrung läßt sich aber feststellen, daß eine jetzt bereits zehnjährige Praxis in Verbindung mit einem umfangreichen Schrifttum einige Sätze über die Auslegung des Art. 48 Abs. 2 entwickelt hat, von denen bei unvoreingenommener Betrachtung nicht mehr bestritten werden kann, daß sich ihre allgemeine Anerkennung durchgesetzt hat. Das gilt zum mindesten für folgende zwei Punkte:

a) Die Befugnis des Reichspräsidenten, „g e s e t z v e r t r e t e n d e V e r o r d n u n g e n" nach Art. 48 Abs. 2 RV. zu erlassen.

Die bisherige umfangreiche Rechtsverordnungspraxis des Art. 48 Abs. 2 und 4 bedarf keines weiteren Nachweises; es genügt, an die von *Poetzsch-Heffter* gegebenen Übersichten (Jahrbuch des öffentlichen Rechts, Bd. 13, 1925, S. 141—157; Bd. 17, 1929, S. 99—101) zu erinnern. Das Reichsgericht hat diese Praxis in vollem Umfang bestätigt und den Reichspräsidenten hierfür als Gesetzgeber im Sinne des „Vorbehalts des Gesetzes" behandelt; z. B. RGSt. 56, 115 (Befugnis zu Rechtsverordnungen, insbesondere Strafvorschriften); ebenso 56, 163; 56, 188 („eine Art Notverordnungsrecht des Reichspräsidenten"); 56, 420 (Rechtsverordnungsrecht „ist nicht zu bezweifeln"); 57, 384; 58, 269 (Verordnungen nach Art. 48 Abs. 2 sind „zweifellos" gesetzliche Bestimmungen im Sinne des Art. 105, 151, 152 RV.); 58, 360 (kein Prüfungsrecht des Richters für Voraussetzungen und Dauer der Verordnungen); besonders aber 59, 41: „Denn die Abänderung der Strafvorschriften nach Tatbestand oder Strafrahmen fällt in den Bereich der Gesetzgebungsgewalt und ist mithin (!) wie diese überhaupt (!) durch Art. 48 Abs. 2 der Reichsverfassung unter der dort angegebenen Voraussetzung und zu dem dort bezeichneten Zweck dem Reichspräsidenten freigestellt." Ferner RGZ. 123, 409 (Ähnlichkeit mit dem Notverordnungsrecht); oder Reichsfinanzhof, 17, S. 73. Im Schrifttum ist die vorherrschende Lehre durch den Kommentar von *Anschütz* S. 250 folgendermaßen formuliert worden: „Diese Verordnungen (nach Art. 48 Abs. 2) können alles vorschreiben oder verbieten, wofür ein einfaches, nicht verfassungsänderndes Reichsgesetz erforderlich und ausreichend ist." Übereinstimmend *Poetzsch-Heffter*, Kommentar S. 237; *Giese*, Kommentar 8. Aufl. S. 138.

Danach ist in Art. 48 Abs. 2 außer den sonstigen außerordentlichen Befugnissen jedenfalls a u c h die Befugnis enthalten, im Rahmen dieser Verfassungsbestimmung Rechtsverordnungen mit Gesetzeskraft zu erlassen. Es kann hier zunächst dahingestellt bleiben, worauf unten noch zurückzukommen ist, ob diese Befugnis von Anfang an durch Art. 48 gegeben war (wie es die in Theorie und Praxis herrschende Lehre annimmt), oder ob sie erst durch die Entwicklung der letzten 10 Jahre hinzugefügt wurde. Inwiefern dieses Verordnungsrecht als Notverordnungsrecht bezeichnet werden kann, ist eine weitere Frage. In einem allgemeinen Sinne kann man jede auf Grund von außerordentlichen Befugnissen ergehende Verordnung als Notverordnung bezeichnen und in dieser Bedeutung alle nach Art. 48 Abs. 2 ergehenden Verordnungen des Reichspräsidenten als Notverordnungen auffassen. In einem engeren und spezifischen Sinn dagegen hat das Verfassungsrecht der konstitutionellen Monarchie die Notverordnung nur für den Fall zugelassen und zu einer typischen Normierung entwickelt, daß das Parlament nicht versammelt ist [1]. Ergehen Notverordnungen des Reichspräsidenten in einer solchen Lage, so kann man auch in einem engeren Sinne von Notverordnungen sprechen. Beide Arten von Verordnungen können unterschieden werden; sie haben andrerseits auch viele gemeinsame Züge, und die Befugnis zu ihrem Erlaß fällt unter den umfassenden Begriff der außerordentlichen Befugnisse.

b) Die Entwicklung eines spezifisch wirtschaftlichen und finanziellen Not- und Ausnahmezustandes. Sowohl die Praxis des Art. 48 Abs. 2 RV. wie insbesondere diejenige des Art. 55 der Preußischen Verfassung hat unter dem Zwang des wesentlich wirtschaftlichen und finanziellen Charakters heutiger Notlagen die Anwendung der außerordentlichen Befugnisse auf wirtschaftliche und finanzielle Notlagen und Gefahren als zulässig anerkannt. Die Ergebnisse der Praxis des Art. 55 Preußische Verfassung können in dieser Hinsicht ohne weiteres auf Art. 48 RV. übertragen werden, wobei es gleichgültig ist, wie groß im übrigen die Verschiedenheit der beiden Verfassungsbestimmungen und Rechtsinstitute sein mag. Art. 48 RV. enthält jedenfalls heute a u c h ein die Funktionen eines Notverordnungsrechtes erfüllendes Verordnungsrecht. In dieser, hier allein interessierenden Beziehung ist eine Übertragung der maßgebenden Gesichtspunkte und Argumente nicht nur zulässig, sondern sogar zwingend (so auch RGZ. 123 S. 409). Das bedeutet ein Doppeltes: Die Voraussetzung der außerordentlichen Befugnisse (Notstand, erhebliche Gefährdung der öffentlichen Sicherheit und Ordnung) kann in einer wirtschaftlichen und finanziellen Notlage oder in einer aus wirtschaftlichen und finanziellen Verhältnissen entstehenden Gefahr begründet sein; der zunächst nur wirtschaftliche und finanzielle Charakter der Ausgangssituation schließt die Anwendung der außerordentlichen Befugnisse nicht aus [2].

---

[1] Ein merkwürdiger, offener Widerspruch herrscht heute zwischen der Auffassung des Begriffes „Versammeltsein" im Reich (Art. 24 RV.) und der in Preußen (Art. 55 PrV.); vgl. dazu meinen Aufsatz in der Deutschen Juristenzeitung vom 15. Oktober 1930 (S. 1285 ff.). Die Entscheidung des Staatsgerichtshofs für das Deutsche Reich vom 13. Juli 1929 über das Notverordnungsrecht in Preußen (RGZ. 125, Anh. S. 1; *Lammers-Simons* II S. 66, 69) hat diese staatsrechtliche Frage übersehen. Auch die gegen meinen ebenerwähnten Aufsatz gerichtete Abhandlung von *W. Jellinek* im Reichsverwaltungsblatt vom 6. Dezember 1930, S. 779 hat den Widerspruch zwischen der Praxis des Art. 24 RV. im Reich und der des Art. 55 PrVerf. in Preußen nicht gelöst. Jedenfalls müßte, wenn man den bisherigen (als solchen gar nicht zweifelhaften) Begriff des „Versammeltseins" aufgeben will, das ganze Problem des heutigen Parlamentsrechts systematisch auf eine neue Grundlage gestellt werden.

[2] Die Beispiele für die auf Grund des Art. 48 Abs. 2 ergangenen Verordnungen wirtschaftlichen und finanziellen Inhalts sind sehr zahlreich; hier seien nur erwähnt: die Verordnungen über Devisen und Rentenmark vom November 1923; Vo. betreffend zeitweise Verweigerung von Leistungen auf Grund eines außerdeutschen Kurses der

Ferner gehört zum Inhalt der außerordentlichen Befugnisse auch das Recht, gesetzvertretende Verordnungen wirtschaftlichen und finanziellen Inhalts und Charakters zu erlassen [1].

Diese beiden Ergebnisse — gesetzvertretendes Verordnungsrecht des Reichspräsidenten nach Art. 48 Abs. 2 und der (zulässigerweise auch) wirtschaftliche und finanzielle Charakter des Ausnahmezustandes und der Ausnahmezustandsbefugnisse — beruhen auf einer Auslegung des Art 48, die sich in einer zehnjährigen Rechtsentwicklung durchgesetzt hat und den konkreten Besonderheiten der Notlage eines wirtschaftlich bedrängten, tributpflichtigen und zugleich soziale Leistungen auf sich nehmenden Staates gerecht wird. Zwar sind noch viele Meinungsverschiedenheiten und Interpretationsstreitigkeiten hinsichtlich jener schwierigen Verfassungsbestimmung möglich und vorhanden; doch liegt für die beiden genannten Ergebnisse bereits eine eindeutige Praxis vor. Es ist nicht notwendig, die vielen theoretischen Kontroversen und Unterscheidungen über Gewohnheitsrecht, Verfassungswandlung, Verfassungsentfaltung usw. usw. zu behandeln, um die einfache Feststellung treffen zu können, daß hier eine s t ä n d i g e, v o n e i n e r f e s t e n R e c h t s ü b e r z e u g u n g g e t r a g e n e Ü b u n g seit Jahren vorhanden ist. Sie hat dem Provisorium des Art. 48, das bis zu dem nach Abs. 5 zu erlassenden Ausführungsgesetz andauert, seinen positiv-rechtlich zu beachtenden Inhalt gegeben. Vier Faktoren haben hierfür zusammengewirkt: 1. die in der S t a a t s r e c h t s l e h r e herrschende Auffassung des Art. 48 Abs. 2, die den Reichspräsidenten in dieser Hinsicht dem „einfachen Reichsgesetzgeber" gleichstellt; 2. die zahlreichen P r ä z e d e n z f ä l l e der Praxis der Reichsregierung,

---

Reichsmark vom 5. November 1923 (RGBl. I S. 1082); ferner vom gleichen Tage: Vo. zur Ergänzung der Vo. über die Flüssigmachung von Mitteln im Wege der Anleihe und die Ausgabe von Schatzanweisungen (RGBl. I S. 1083, wobei zu beachten ist, daß die ergänzte Vo. vom 20. Oktober 1923 auf Grund des Ermächtigungsgesetzes ergangen war); VO. vom 13. Oktober 1923 (Aufhebung des Kohlensteuergesetzes vom 20. März 1923 RGBl. I S. 945, als VO. auf Grund des Ermächtigungsgesetzes am 18. Oktober 1923 von neuem ergangen, RGBl. I S. 979); Vo. vom 5. April 1924 (RGBl. I S. 397) über Ausreisegebühren, vom 10. November 1924 (RGBl. I S. 737) über wirtschaftlich notwendige Steuermilderungen usw. Beispiele wirtschaftlicher Verordnungen der Landesregierungen nach Art. 48 Abs. 4 sind in der oben genannten Übersicht von *Poetzsch-Heffter* besonders gekennzeichnet. Die Notverordnungspraxis der preußischen Regierung nach Art. 55 PrV. hat unter ständiger Billigung des Staatsgerichtshofes (Entscheidungen vom 21. November 1925, RGZ. 112, Anh. S. 10; vom 23. März 1929, RGZ. 124, Anh. S. 19; vom 13. Juli 1929, RGZ. 125, Anh. S. 7) daran festgehalten, daß auch dringende und ungewöhnliche Notstände finanzieller Art beim Staat und sogar bei seinen Selbstverwaltungsverbänden den Erlaß von Notverordnungen rechtfertigen.

[1] So die vorhin genannten Verordnungen nach Art. 48 Abs. 2 und insbesondere die in der Entscheidung des Staatsgerichtshofes vom 13. Juli 1929 a. a. O. gebilligte Notverordnung der preußischen Regierung vom 8. Mai 1929 über die Regelung der Gewerbesteuer für das Rechnungsjahr 1929.

soweit es sich um den gesetzvertretenden Charakter der Verordnungen handelt, und — wesentlich mitwirkend — die Notverordnungspraxis der preußischen Regierung, soweit es sich um die Durchsetzung wirtschaftlicher und finanzieller Ausnahmebefugnisse handelt, wobei zu beachten ist, daß die Wirkung eines unwidersprochen bleibenden Präzedenzfalles im öffentlichen Recht stärker und entscheidender zu sein pflegt als im Privatrecht, der Präzedenzfall im Verfassungsrecht und im Völkerrecht aber eine wiederum besonders starke Kraft haben kann; 3. die zahlreichen, in dieser Hinsicht durchaus klaren und sicheren Vorentscheidungen des Reichsgerichts, des Reichsfinanzhofs, sämtlicher anderer höchster Gerichte, vor allem des Staatsgerichtshofs für das Deutsche Reich, die sowohl den wirtschaftlichen Charakter der Ausnahmebefugnisse als auch die Befugnis der Regierung, bei nicht mehrheits- oder arbeitsfähigem Parlament auf die außerordentlichen Befugnisse zurückzugreifen (Entscheidung vom 13. Juli 1929 RGZ. 125, Anh. S. 8), bestätigt haben; 4. die A n e r k e n n u n g jener Praxis durch das Verhalten des R e i c h s t a g s , der die Außerkraftsetzung der nach Art. 48 Abs. 2 ergangenen gesetzesvertretenden Verordnungen nicht verlangt hat, worin mindestens eine Zustimmung zu ihrer verfassungsrechtlichen Gültigkeit enthalten ist [1].

---

[1] In der verfassungsrechtlichen Theorie ist die Gleichstellung der außerordentlichen Befugnis zu Maßnahmen mit einem gesetzvertretenden Verordnungsrecht des Reichspräsidenten öfters bestritten worden, insbesondere von *Erwin Jacobi* und von mir, in dem Referat über die Diktatur des Reichspräsidenten auf dem Staatsrechtslehrertag 1924 (Veröffentlichungen der Vereinigung Deutscher Staatsrechtslehrer, Bd. 1, 1924, S. 99 und S. 110 f.); ferner, wenn auch mit anderer, sogar widersprechender Begründung, von *R. Grau,* „Die Diktatur des Reichspräsidenten", 1923, S. 102/03, sowie in dem Aufsatz „Diktaturgewalt und Reichsverfassung" (Gedächtnisschrift für *Seckel,* Berlin 1927, S. 490). Wieweit die Rechtsverordnungen des Reichspräsidenten vom 26. Juli und vom 1. Dezember 1930 (RGBl. I S. 311 und S. 517) inhaltlich als Maßnahmen zulässig wären, ist eine Frage für sich, die in weitem Umfang zu bejahen wäre, weil schließlich jede Gesetzesanwendung und Exekutive in Maßnahmen verläuft. Angesichts der inzwischen eingetretenen Rechtsentwicklung ist die Kontroverse jedenfalls insofern erledigt, als das gesetzvertretende Verordnungsrecht des Reichspräsidenten, wenn es in der Befugnis zu Maßnahmen nicht enthalten war, jedenfalls n u n m e h r z u i h r h i n z u g e t r e t e n ist. Im übrigen bleibt die Kontroverse über den Umfang der Ermächtigung des Art. 48 Abs. 2 Satz 1 offen, denn in der Feststellung, daß der Reichspräsident jenes Verordnungsrecht heute zweifellos hat, liegt keine Einschränkung seiner in Art. 48 Abs. 2 S. 1 begründeten Befugnis, nötige Maßnahmen zu treffen; ebensowenig liegt in der selbstverständlichen Beschränkung des gesetzvertretenden Verordnungsrechts auf einfache (nicht-verfassungsändernde) Gesetze eine Einschränkung der Befugnis zu nötigen Maßnahmen in dem Sinne, daß jede einzelne Verfassungsbestimmung für Maßnahmen zum Schutz der Verfassung ein unübersteigliches Hindernis bilde; es liegt also darin keine Anerkennung der theoretischen Lehrmeinungen, welche jede der zahlreichen verfassungsgesetzlichen Einzelheiten für wichtiger erklären, als die Verfassung selbst. Die Unterscheidung von gesetzvertretenden Rechtsverordnungen und Maßnahmen bleibt

2. Für das Verhältnis der **finanzrechtlichen Verfassungsbestimmungen** zu den außerordentlichen Befugnissen des Reichspräsidenten ergibt sich daraus der Schluß, daß Verordnungen auf Grund der außerordentlichen Befugnisse auch mit finanzrechtlichem Inhalt zulässig sind, soweit sie im übrigen die verfassungsmäßigen Grenzen der außerordentlichen Befugnisse achten. Es fragt sich aber, ob der **finanzrechtliche Vorbehalt des Gesetzes** — für Steuern und Abgaben Art. 134 RV., für das Haushaltsgesetz Art. 85 RV., für Kreditermächtigungen und Sicherheitsleistungen Art. 87 RV. — durch eine gesetzvertretende Verordnung auf Grund der außerordentlichen Befugnisse des Art. 48 erfüllt wird, oder ob dieser finanzrechtliche Vorbehalt des Gesetzes der Vorbehalt eines **formellen** Gesetzes ist.

Der im Schrifttum vorherrschenden Auffassung des Art. 48 Abs. 2 entspricht es, die außerordentlichen Verordnungsbefugnisse des Reichspräsidenten ganz allgemein der Befugnis zu einfachen Gesetzen gleichzustellen (vgl. die oben mitgeteilte Formulierung des Kommentars von *Anschütz*); für sie dürfte es daher nicht zweifelhaft sein, daß der finanzrechtliche Vorbehalt des Gesetzes, nicht anders wie der normale Vorbehalt des Gesetzes bei den Grund- und Freiheitsrechten, auch durch eine Verordnung nach Art. 48 Abs. 2 erfüllt werden kann. Was die bisherige Praxis angeht, so sieht sie im finanzrechtlichen Vorbehalt des Gesetzes keineswegs den Vorbehalt eines **formellen** Gesetzes. Die Erhebung von Steuern und Abgaben, die Festsetzung der Zölle und andere abgabenrechtliche Normierungen sind heute längst nicht mehr auf Gesetze im formellen Sinne beschränkt; hier besteht eine langjährige Verordnungspraxis, die keines weiteren Beleges bedarf und deren Rechtsgültig-

---

bestehen und behält ihre Bedeutung (z. B. müßte man für den Fall, daß, unter Verkennung des Wesens einer institutionellen Garantie, die im Wege der gesetzvertretenden Verordnung angeordnete Gehaltskürzung für unzulässig erklärt würde, doch den Befehl an die öffentlichen Kassen, unbeschadet der Rechtsansprüche der Beamten nur einen Teil des Gehaltes auszuzahlen, als M a ß n a h m e für zulässig halten); die Befugnis des Reichspräsidenten, alle nötigen Maßnahmen zu treffen, besteht n e b e n dem gesetzvertretenden Verordnungsrecht in ihrem vollen verfassungsmäßigen Umfang weiter, bis das Ausführungsgesetz eine nähere Regelung getroffen hat. Die Ablehnung des gesetzvertretenden Verordnungsrechts konnte sich vor allem auf den provisorischen Charakter der Regelung des Art. 48 Abs. 2 stützen und auf die Notwendigkeit, durch das in Abs. 5 vorgesehene Ausführungsgesetz eine endgültige Regelung des Ausnahmezustandes und darin auch Ermächtigungen zu Rechtsverordnungen in kürzester Zeit herbeizuführen. In demselben Maße, in welchem die Praxis des Art. 48 Abs. 2 sich fortsetzte, das Ausführungsgesetz ausblieb und damit die Verfassungsbestimmung ihren provisorischen Charakter von Tag zu Tag mehr zurücktreten ließ, wurde es notwendig, ein echtes gesetzvertretendes Verordnungsrecht in die außerordentlichen Befugnisse des Reichspräsidenten aufzunehmen, obwohl im übrigen, solange das Ausführungsgesetz nicht ergangen ist, der provisorische Charakter der Regelung bestehen bleibt und sich immer wieder geltend machen muß.

keit nicht ernsthaft bestritten werden kann, übrigens auch kaum bestritten worden ist. Bestimmt doch § 2 der Reichsabgabenordnung ausdrücklich, daß G e s e t z im Sinne der Reichsabgabenordnung j e d e R e c h t s n o r m ist. Aber auch für haushaltsgesetzliche Ausgaben-, sowie für Kredit- und Bürgschaftsermächtigungen hat die Praxis der Reichsregierung widerspruchslos den Standpunkt eingenommen, daß der finanzrechtliche Vorbehalt des Gesetzes kein formelles Gesetz erfordert, sondern durch eine gesetzvertretende Verordnung erfüllt werden kann [1].

Ist einmal anerkannt, daß der Reichspräsident nach Art. 48 Abs. 2 gesetzvertretende Verordnungen erlassen kann, und wird ferner zugegeben, daß gesetzvertretende Verordnungen auch auf dem Gebiete des Steuer- und Abgabenrechts zulässig sind, so können gesetzvertretende Verordnungen nach Art. 48 Abs. 2 für den Haushaltsplan und die Kredit- und Bürgschaftsermächtigungen nicht mehr unzulässig sein, weil das, was für Steuern und Abgaben Recht ist, für andere finanzrechtliche Vorgänge nicht Unrecht sein kann. Denn d e r f i n a n z r e c h t l i c h e V o r b e h a l t d e s G e s e t z e s l ä ß t s i c h n u r e i n h e i t l i c h b e u r t e i l e n. Das gesamte staatliche Finanzwesen ist, soweit nicht genau umschriebene Abtrennungen oder Isolierungen bestimmter Gebiete und Vermögen vorgenommen sind — wie für die Reichsbank, die Reichsbahn, oder für die Reichspost als selbständiges Unternehmen —, von dem Prinzip der Einheit und Totalität beherrscht. Daß es für Anleihen eines kreditermächtigenden Finanzgesetzes bedarf, wird damit gerechtfertigt, daß Anleihen eine Rückwirkung auf das Steuersystem haben (*G. Jèze*, Allg. Theorie des Budgets, Tübingen 1927, S. 93); das Primäre ist also das Steuer- und nicht das Anleihegesetz. Der enge Zusammenhang aller Einnahmen und Ausgaben des Staates hat das Prinzip der finanziellen Einheit gerade in dem budgetrechtlichen Verfassungskampf des 19. Jahrhunderts zur Geltung und Anerkennung gebracht und alle von der monarchischen Regierung ausgehenden Versuche einer Unterscheidung (z. B. die Versuche, in den Ländern des sogenannten bayerisch-sächsischen Budgettypus,

---

[1] So die in ihrer Rechtsgültigkeit nicht bezweifelte, vom Reichsminister der Finanzen *Hilferding* unterzeichnete Verordnung der Reichsregierung vom 20. September 1923 RGBl. I S. 386, über Erhöhung der Kreditermächtigung, die auf Grund des Art. VI Abs. I Ziffer 2 des Notgesetzes vom 24. Februar 1923 (RGBl. I S. 147) ergangen ist. Sie erhöht unter Bezugnahme auf die sehr allgemeine Ermächtigung des Notgesetzes die im Gesetz über die Feststellung eines zweiten Nachtrages zum Reichshaushaltsplan für das Rechnungsjahr 1923 vom 14. August 1923 (RGBl. II S. 329) vorgesehene Kreditermächtigung, setzt den entsprechenden Betrag den Einnahmen des außerordentlichen Haushaltes hinzu, erhöht die dem Finanzminister erteilte Ermächtigung zur vorübergehenden Stärkung der ordentlichen Betriebsmittel der Reichshauptkasse, Schatzanweisungen auszugeben, und bestimmt am Schluß, daß die durch diese Verordnung gegebenen Ermächtigungen erst dann außer Kraft treten, wenn sie im Wege der ordentlichen Gesetzgebung erteilt worden sind.

Steuerbewilligung und Budgetrecht voneinander zu trennen) als undurchführbar und unhaltbar erwiesen. Auch für die heute fast allgemein anerkannte Auslegung des Art. 73 Abs. 4 RV. (Unzulässigkeit aller geldgesetzlichen Volksbegehren) ist das Prinzip der Einheit des gesamten Staatshaushaltsplans ausschlaggebend gewesen. Es ist daher nicht möglich, innerhalb des finanzrechtlichen Gesetzesvorbehalts zu differenzieren und für den Haushaltsplan und die Ermächtigungen des Art. 87 einen qualitativ anderen Gesetzesvorbehalt zu machen als für den wesentlichen und grundlegenden Bestandteil des Staatshaushalts und des Staatshaushaltsplanes, nämlich die Steuern und Abgaben.

Das Bedenken, das formalrechtlich den Kern der juristischen Argumentationen gegen finanzgesetzvertretende Verordnungen enthalten könnte, beruht auf einer Erwägung, die, soviel ich sehe, meistens nicht ausführlich vorgebracht wird [1], die aber jedenfalls der Erörterung und Klarstellung bedarf. Der finanzrechtliche Vorbehalt des Gesetzes (Art. 85, 87 RV.) unterscheidet sich nämlich in besonderer Weise von dem grundrechtlichen Vorbehalt des Gesetzes (Art. 114, 115 usw. RV.). Wenn bei einem Grund- oder Freiheitsrecht „auf Grund eines Gesetzes" erfolgende Ausnahmen und Eingriffe vorbehalten sind, so beruhen die auf Grund einer gesetzvertretenden Rechtsverordnung erfolgenden Ausnahmen und Eingriffe zwar nicht auf einem formellen Gesetz, aber doch — nach der Gesetzesdefinition des liberalen 19. Jahrhunderts, nach welcher das Gesetz im materiellen Sinne ein Eingriff in Freiheit und Eigentum ist — wenigstens auf einem Gesetz im materiellen Sinn, weil die Verordnung in Freiheit und Eigentum eingreift. Es ist demnach bei einer solchen Definition des Gesetzes, wenn nicht ein formelles, so doch ein materielles Gesetz vorhanden, und dem Vorbehalt des Gesetzes ist in irgendeiner Weise genügt. Anders bei dem finanzrechtlichen Vorbehalt des Gesetzes. Steuer- und Abgabengesetze gelten zwar heute ebenfalls als Gesetze im materiellen Sinne, obwohl sich diese Auffassung erst im 19. Jahrhundert und zwar gerade infolge des konstitutionellen Budgetrechts, durchgesetzt hat; für sie läge daher keine Besonderheit vor. Dagegen ist die Bewilligung des Haushaltsplanes mit Ausgabenermächtigungen oder die Erteilung einer Ermächtigung zu Kreditaufnahmen oder Sicherheitsleistungen nach herrschender Auffassung kein Gesetz im materiellen Sinne, sondern ein Verwaltungsakt auf dem Gebiet des Finanzwesens. Während nun bei jenen, auf Grund einer Verordnung erfolgenden Eingriffen in ein Grundrecht der Vorbehalt des Gesetzes durch ein Gesetz im materiellen Sinne erfüllt ist, würde bei einer durch Verordnung erfolgenden Haushaltsfestsetzung oder Kredit- und Bürgschaftsermächtigung (ursprünglicher Auffassung nach übrigens auch bei Erhebung von Steuern und Abgaben) weder ein formelles noch ein materielles Gesetz, demnach überhaupt kein Gesetz vorliegen; der

---

[1] *Grau* a. a. O., *Nawiasky*, AöR. N. F. 9, S. 53, *J. Lukas*, Vereinigung deutscher Staatsrechtslehrer, Heft 6, 1929, S. 46; *A. Hensel* DJZ. 35 (1930) S. 1058.

Vorbehalt des Gesetzes wäre dann in keiner Weise erfüllt und der Akt fiele ins Leere. Der finanzrechtliche Gesetzesvorbehalt erscheint auf diese Weise zum Unterschied vom grundrechtlichen Gesetzesvorbehalt als ein Vorbehalt von besonderer formaler Strenge. Er wird zum a b s o l u t f o r m e l l e n V o r b e h a l t, der jede Verordnung und Ermächtigung ausschließt und nur durch ein formelles Gesetz erfüllt werden kann.

Dieser Gedankengang verkennt aber den verfassungsrechtlichen Sinn der Unterscheidung des materiellen und des formellen Gesetzes, wie übrigens auch den des doppelten materiellen Gesetzesbegriffes, der das Gesetz bald als generelle Rechtsregel, bald als Eingriff in Freiheit und Eigentum definiert. Über die verfassungsrechtliche Bedeutung des Gesetzesbegriffs ist unten (S. 128) das Nähere gesagt. Die Verschiedenheit des finanzrechtlichen Vorbehalts ist jedenfall nicht so groß, wie es nach jener Argumentation den Anschein hat. Denn es handelt sich doch in beiden Fällen um Schutz des Eigentums, außerdem aber sowohl bei dem grundrechtlichen wie bei dem finanzrechtlichen Vorbehalt um eine Zuständigkeitsregelung organisatorischen Charakters, und der Vorbehalt eines finanzrechtlichen Gesetzes enthält nicht mehr als eine solche organisatorische Bestimmung. Es wäre nun offenbar unrichtig, jede Zuständigkeitsregelung als solche für „absolut formell" zu halten und von ihr zu erklären, daß sie jeden anderen, verfassungsmäßig sonst zulässigen Weg ausschließt. Nach der geltenden Reichsverfassung trifft das jedenfalls nicht zu. Die Zuständigkeitsregelung des Art. 68 der Reichsverfassung z. B. (die Reichsgesetze werden vom Reichstag beschlossen) trägt auch organisatorischen Charakter und schließt trotzdem Rechtsverordnungen auf Grund eines Ermächtigungsgesetzes und solche nach Art. 48 Abs. 2 nicht aus.

Davon abgesehen, enthält jener Gedankengang insofern einen beachtenswerten rechtsstaatlichen Gesichtspunkt, als er eine grundsätzliche Unterscheidung von bloßen Maßnahmen und rechtsförmigen Akten macht. Doch hat die heute zur Herrschaft gelangte Auslegung des Art. 48 Abs. 2 die Unterscheidung von Maßnahmen und rechtsförmigen Akten abgelehnt und den Reichspräsidenten für Art. 48 Abs. 2 dem einfachen Gesetzgeber gleichgestellt. Ich habe mit *Erwin Jacobi* die Unterscheidung von Maßnahmen und rechtsförmigen Akten vertreten und versucht, sie gegenüber der herrschenden Lehre zur Geltung zu bringen. Ich halte auch heute noch an der theoretischen Richtigkeit der Unterscheidung fest und bin der Meinung, daß die Verschiedenheit von gesetzvertretenden Verordnungen und Maßnahmen sich auch in der heutigen Praxis des Art. 48 geltend macht (vgl. oben S. 121 Anm.). Aber der Widerstand gerade staatsrechtlicher Lehrmeinungen war damals so heftig, daß die theoretische Nichtunterscheidung sich als vorherrschende Lehre durchsetzte. Diese Theorie wirkte eben dadurch bei der Bildung der heute vorliegenden Anerkennung des gesetzvertretenden Verordnungsrechtes nicht nur befördernd mit, sie hat die Rechtsübung eigentlich erst ermöglicht. Denn sie lieferte den rechtstheoretischen Irrtum, der für die Entstehung solcher Rechtsbildungen typisch und unentbehrlich ist und ohne den es an einer zur bloßen Übung und Praxis hinzukommenden Rechtsüberzeugung gefehlt hätte. Es ist, wie *Richard Thoma* (Der Vorbehalt des Gesetzes, Festgabe für *O. Mayer*, 1916, S. 213) treffend sagt, gerade im Staatsrecht „eine ganz gewöhnliche Erscheinung", daß „der Irrtum der Vater eines Gewohnheitsrechts" wird. Heute muß, wie oben gezeigt, als positives Recht des Art. 48 Abs. 2 hingenommen werden, daß die Anordnungen des Reichspräsidenten gesetzvertretende Verordnungen sein können. Damit erhalten sie unmittelbar auf Grund einer Verfassungsbestimmung rechtsförmigen Charakter; sie sind gesetzesgleich und hören auf, Maßnahmen im spezifischen Sinne zu sein, die als solche natürlich den Vorbehalt des Gesetzes nicht erfüllen könnten. Die in der Beschränkung auf Maßnahmen enthaltene rechtsstaatliche Begrenzung der außerordentlichen Befugnisse ist jetzt entfallen. Es wäre zwecklos, wenn die vorherrschende Lehre jetzt versuchen wollte, die inzwischen durch sie vollendete Rechtsbildung rückgängig zu machen, sobald sie nachträglich die Wirkungen und Konsequenzen ihres theoretischen Irrtums erkennt. Sie hat aber auch nicht mehr die Möglichkeit, gegenüber der gesetzvertretenden Verordnung des Art. 48 Abs. 2 die formale Strenge des finanzrechtlichen Gesetzesvorbehalts geltend zu machen.

3. Ein anderes Bedenken gegen haushaltsgesetzliche und kreditermächtigende Verordnungen nach Art. 48 Abs. 2 der Reichsverfassung könnte vielleicht daraus entnommen werden, daß die Kontrollbefugnis des Parlaments — d. h. hier das Recht des Reichstags, nach Art. 48 Abs. 3 Außerkraftsetzung zu verlangen — praktisch wertlos würde, wenn auf Grund der Verordnung Ausgaben bewirkt oder Anleiheverträge abgeschlossen sind. Das Aufhebungsverlangen des Reichstags käme dann zu spät und könnte die rechtlichen und tatsächlichen Folgen und Wirkungen jener Verordnungen nicht mehr aus der Welt schaffen.

Dieser Einwand widerlegt aber nur scheinbar die verfassungsrechtliche Zulässigkeit jener Verordnungen. In Wirklichkeit trifft er ausnahmslos für a l l e rechtlichen und tatsächlichen Wirkungen und Folgen jeder Handhabung außerordentlicher Befugnisse zu und hat daher für die hier in Betracht kommenden Verordnungen keine besondere Beweiskraft. Jede Maßnahme, die auf Grund des Art. 48 getroffen wird, auch wenn sie sich noch so vorsichtig im engsten und zweifellos zulässigen Rahmen dieser Befugnisse hält, führt irgendwelche tatsächlichen und gewöhnlich auch rechtlichen Wirkungen herbei. Es werden z. B. Strafbestimmungen erlassen und außerordentliche Gerichte eingesetzt, ohne Rücksicht darauf, ob die Folgen der Verhaftungen, Verurteilungen und Exekutionen immer rückgängig gemacht werden können; Zeitungen werden verboten und können bis zur Aufhebung des Verbots nicht erscheinen, die Reichswehr wird eingesetzt und richtet Zerstörungen aller Art an, vielleicht sind sogar Menschen getötet worden usw. Daß alles dieses nicht mehr ungeschehen gemacht werden kann, wenn der Reichstag die Außerkraftsetzung der Maßnahme verlangt, begründet nicht den Schluß, daß die Maßnahme überhaupt nicht hätte getroffen werden dürfen, oder daß sie, nur wegen der Schwierigkeit oder Unmöglichkeit, etwaige Folgen zu beseitigen, von Anfang an verfassungswidrig war. Sonst würde man zu dem absurden Ergebnis geführt, daß Art. 48 Abs. 2 nur wirkungs- und folgenlose Maßnahmen zuließe; die außerordentliche Befugnis würde, wie das Reichsgericht (RGZ. 123, 409) treffend sagt, ihren „Zweck kaum erfüllen, wenn regelmäßig mit einer rückwirkenden Aufhebung gerechnet werden müßte". Was aber für Strafbestimmungen und die oft furchtbaren Wirkungen des Vorgehens mit bewaffneter Hand selbstverständlich und allgemein anerkannt ist, müßte für Anordnungen geldlichen Charakters mindestens ebensosehr gelten.

Es mag in der europäischen Verfassungsgeschichte eine Epoche gegeben haben, die den Vorrang des Gesetzes hauptsächlich als den Vorrang des formellen Finanzgesetzes vor allen übrigen staatlichen, verfassungsrechtlichen und menschlichen Werten aufzufassen schien, weil sie von der Fiktion einer staatsfreien Wirtschaft und eines wirtschaftsfreien Staates beherrscht war. Der geltenden Reichsverfassung darf man das nicht unterschieben. Sie hat in Art. 48 Abs. 2 Satz 2 das Privateigentum (Art. 153) unter die suspendierbaren Grundrechte aufgenommen und damit überhaupt Eingriffe in die Vertrags- und Wirtschaftsfreiheit ermöglichen wollen. Sie ist dadurch in einen Gegensatz zu der bisherigen liberalen Überlieferung getreten, die eine Außerkraftsetzung der Eigentumsgarantien im Allgemeinen nicht kannte. Der Grund für die auffällige Abweichung von der liberalen Tradition lag darin, daß man nicht nur die Wegnahme von Waffen (so *H. Preuß*, Sten. Ber. S. 1332), sondern auch wirksame Maßnahmen wirtschaftlichen und finanziellen Charakters ermöglichen wollte, z. B. Bestimmung der Lebensmittelpreise, Anordnung von Verkäufen usw. (Äußerung des preußischen Ministers *Heine* in der 47. Sitzung der Nationalversammlung vom 5. Juli 1919). Man empfand schon 1919, daß, entsprechend der wirtschaftlichen und sozialen Entwicklung, die Weiterbildung des früher nur polizeilichen und militärischen Belagerungs- und Kriegszustandes zu einem wirtschaftlichen Not- und Ausnahmezustand offen gehalten werden mußte. Es liegt heute im pflichtmäßigen Ermessen des Reichspräsidenten, zu bestimmen, ob Art. 153 vorübergehend außer Kraft gesetzt werden soll, und es bedürfte hierfür, falls er sich pflichtgemäß dazu entschließt, nur einer Handbewegung; denn die E r k l ä r u n g der „Außerkraftsetzung" ist nur eine Formalität. In dieser Hinsicht besteht auch für die engste Auslegung des Art. 48 Abs. 2 nicht der geringste Zweifel. Der Reichspräsident könnte dann für die Dauer der Außerkraftsetzung zur Wiederherstellung der öffentlichen Sicherheit und Ordnung entschädigungslose Enteignungen vornehmen, um das zur Wiederherstellung der öffentlichen Sicherheit und Ordnung nötige Geld zu verschaffen, er könnte Konfiskationen anordnen und Kontributionen auferlegen. Ihm angesichts solcher unbestrittenen und unbestreitbaren verfassungsrechtlichen Möglichkeiten die Befugnis abzusprechen, das nötige Geld im Wege des Kredits zu beschaffen, entspräche dem Geist eines frühliberalen Konstitutionalismus, der sich allerdings gelegentlich, wenigstens scheinbar, bereit zeigte, den ganzen Staat und die übrige Verfassung der Heiligkeit des formellen Finanzrechts zu opfern.

4. Der eigentliche Grund aller Bedenken gegen die finanzgesetzvertretenden Verordnungen dürfte aber weniger in formalrechtlichen Erwägungen als in verfassungsgeschichtlichen Erinnerungen und den Nachwirkungen früherer Verfassungskonflikte zu suchen sein. Sie stammen aus vergangenen, verfassungsrechtlich andersgearteten Situationen und sind das, was die Soziologie als „*résidu*" bezeichnet. Es ist daher notwendig, sich daran zu erinnern, daß die Situation der konstitutionellen Monarchie des 19. Jahrhunderts mit ihren Trennungen von Staat und Gesellschaft, Politik und Wirtschaft, nicht mehr vorliegt. Das ist von unmittelbarer verfassungsrechtlicher Bedeutung. Die rechtswissenschaftliche Auslegung der Verfassung kann nicht ohne historisch-kritisches Bewußtsein vor sich gehen, wenn sie nicht in einen gedankenlosen Formalismus und in leere Wortstreitigkeiten geraten will. Am meisten bedarf der Begriff des formellen Gesetzes, und innerhalb dieses wiederum gerade der Begriff des formellen Finanzgesetzes einer Klarstellung Er ist an eine bestimmte verfassungsrechtliche Situation gebunden und durch den engsten, auch den positivrechtlichen Inhalt der Normierung erfassenden Zusammenhang mit einer bestimmten Verfassungsstruktur gekennzeichnet. Er ist gerade in seinem „formalen" Charakter durchaus politisch bestimmt, und die Formalisierung bedeutet hier, wie schon erwähnt (oben S. 75), das Gegenteil einer Entpolitisierung. Sie ist der Ausdruck einer rein politischen Macht- und Zuständigkeitserweiterung, die sich „formell" nennt, weil sie sich gegenüber einem bestimmten Gegner von einem ihre Macht einschränkenden materiellen Gesetzesbegriff frei macht: ein Gesetz im formellen Sinne, wie es manche Verwaltungsakte des Finanzrechts sind, soll nicht wegen seines sachlichen Inhalts, sondern nur wegen der Stelle, die es erläßt oder bei ihm mitwirkt, ein Gesetz sein; der von der Staatsrechtslehre der konstitutionellen Monarchie entwickelte (nicht im Wortlaut der geschriebenen Verfassungen ausgesprochene) „formelle" Charakter besagt nichts anderes, als daß die Befugnis oder Zuständigkeit, bestimmte Handlungen vorzunehmen oder bei ihnen mitzuwirken, ohne jede sachliche Rücksicht auf die sonstige Zuständigkeitsregelung dem Parlament zusteht. Mit dieser einfachen Klarstellung ist nicht etwa gesagt, daß der Begriff des formellen Gesetzes ungerecht oder falsch ist. Das wird er erst, wenn man versucht, sich seiner kritischen Richtigstellung zu entziehen und ihn zu verabsolutieren, indem man ihn auf verfassungsrechtlich heterogene Situationen überträgt. Der Begriff des unbedingt formellen Gesetzes ist sinnvoll und verständlich als Kampfmittel des Bürgertums im Kampf mit der konstitutionellen Monarchie und unter der Voraussetzung einer Trennung von Staat und Gesellschaft. Die Formalisierung hat hier ausschließlich den Sinn einer Politisierung; sie soll den Machtbereich des Parlaments

gegenüber einer nicht-parlamentarischen Regierung auf wichtige finanzrechtliche Vorgänge und Handlungen ausdehnen. Der V o r b e h a l t des formellen Gesetzes richtet sich also polemisch gegen einen ganz bestimmten politischen Gegner, nämlich gegen die von der Volksvertretung unabhängige königliche Regierung der deutschen konstitutionellen Monarchie; und der Vorbehalt des G e s e t z e s bringt in den deutschen Verfassungen des 19. Jahrhunderts zum Ausdruck, daß aus der, nur durch die in der Verfassung aufgezählten Ausnahmen beschränkten Macht des Königs bestimmte Gebiete und Angelegenheiten herausgenommen und dem Gesetzgeber, d. h. der Mitwirkung des P a r l a m e n t s vorbehalten werden. Das Etatsgesetz wird durchweg als eine V e r e i n b a r u n g zwischen königlicher Regierung und Volksvertretung bezeichnet (so noch bei *Meyer-Anschütz*, Staatsrecht S. 890, 897 vgl. oben S. 75), was der dualistischen Konstruktion eines solchen Staatswesens sowie der Behandlung der Verfassung als eines Vertrages (zwischen Fürst und Volksvertretung) genau entspricht. Nur in eine solche Verfassungsstruktur paßt der Begriff des unbedingt „formellen" Gesetzes [1]. Im Kampf gegen die vom Parlament unabhängige königliche Regierung hat sich das formelle Gesetz des Budgetrechts entwickelt, und der Kampf gegen das königliche Verordnungsrecht ist ein Kampf gegen die der Vermutung nach immer noch unbegrenzte Macht des Königs; es ist kein Kampf gegen ein verfassungsrechtlich oder gesetzlich delegiertes Verordnungsrecht. In demokratischen Staaten wird daher der finanzrechtliche Vorbehalt keineswegs als absolut und unbedingt formeller Vorbehalt aufgefaßt [2].

---

[1] Sobald dieser „formelle" Begriff zu einer Einschränkung der Macht und Zuständigkeit der Volksvertretung führt — z. B. bei der Anwendung auf das vorkonstitutionelle Gesetzesrecht, das formell nicht Gesetz im konstitutionellen Sinne wäre und infolgedessen, bei folgerichtig durchgeführtem formellem Gesetzesbegriff, nach wie vor zum Machtbereich der königlichen Regierung gehören würde —, wird er sofort und selbstverständlich fallen gelassen und greift man wieder auf einen materiellen Gesetzesbegriff (Gesetz = Eingriff in Freiheit und Eigentum) zurück. *R. Thoma* hat diesen Vorgang in seiner Schrift über den Vorbehalt des Gesetzes (Festgabe für *O. Mayer*, 1916) mit musterhafter Klarheit dargestellt.

[2] Z. B. das französische Gesetz vom 14. Dezember 1879, auf welchem die zur Zeit geltende Regelung des französischen Staatsrechts beruht. Danach dürfen Kredite im Verordnungswege (par décret) in bestimmten Fällen auch bei versammeltem Parlament eröffnet werden; für den Fall, daß das Parlament nicht tagt, sind die budgetrechtlichen Verordnungsmöglichkeiten im einzelnen geregelt. Das Prinzip des Vorbehalts eines formellen Finanzgesetzes ist also keineswegs absolut und ausnahmslos durchgeführt. Der französische Theoretiker des Budgetrechts, *G. Jèze* — sowohl als juristische Autorität auf dem Gebiet des Finanzwesens, wie als guter demokratischer Republikaner bekannt — äußert sich (Allg. Theorie des Budgetrechts, 1927, S. 191) zu der grundsätzlichen Frage: „Welchen Weg (nämlich der Regelung dringlicher oder unvorhergesehener Ausgaben durch die Regierung) man freilich auch einschlagen mag, soviel steht fest, daß in ernsten Krisenzeiten — z. B. bei drohender Kriegsgefahr — die Regierung nicht zögern wird,

Soweit ein Vorbehalt des unbedingt formellen Finanzgesetzes vorkommt, ist also stets vorausgesetzt, daß das Parlament als die Volksvertretung einer von ihm unabhängigen Regierung gegenübersteht, die sich in keiner Weise auf das Volk berufen kann; auch das Recht der Krone, das Parlament aufzulösen, hatte in der deutschen konstitutionellen Monarchie nicht den verfassungsrechtlichen Sinn, an das Volk zu appellieren; es sollte nur die dualistische Struktur und das Gleichgewicht von Staat und Gesellschaft sichern. Die verfassungsrechtliche Situation des heutigen Deutschen Reichs der Weimarer Verfassung ist davon grundverschieden. E r s t e n s beruht der heutige Staat nicht auf einem Vertrag zwischen Volksvertretung und Regierung und ist das Haushaltsgesetz keine „Vereinbarung" zwischen Parlament und Regierung; z w e i t e n s ist die Regierung nicht mehr eine vom Parlament unabhängige Macht, sondern die Einwirkungs- und Kontrollmittel des Parlaments sind, sofern ein mehrheits- und handlungsfähiges Parlament vorhanden ist, so stark, daß man schon aus diesem Grunde die Gesichtspunkte, die gegenüber der königlichen Regierung der deutschen Monarchie sinnvoll waren, unmöglich hierher übertragen kann; d r i t t e n s wird der Reichspräsident vom ganzen deutschen Volk gewählt, so daß er ebenfalls ein Volksvertreter ist und das in den Normen und Begriffen des monarchischen Verfassungsrechts beim Parlament vorausgesetzte M o n o p o l der Volksvertretung entfällt; v i e r t e n s endlich ist die Weimarer Verfassung eine demokratische Verfassung und beruht auf einer Ausbalanzierung parlamentarischer und plebiszitärer Elemente; ihre Struktur ist wesentlich dadurch bestimmt, daß das Volk in gleicher Weise gegenüber dem Parlament wie gegenüber der Regierung und dem Präsidenten als der höhere Dritte (durch Neuwahl, Volksentscheid oder sonstige Abstimmungen) entscheidet. Ein Verfassungskonflikt im Stil des monarchischen 19. Jahrhunderts ist heute ebenso unmöglich und undenkbar, wie die Argumente und Begriffe eines solchen Konflikts unübertragbar sind.

Wenn hier gegenüber Nachwirkungen und Übertragungen aus dem monarchischen Verfassungsrecht die Eigenart der geltenden Reichsverfassung geltend gemacht und die Zulässigkeit des finanzgesetzvertretenden Verordnungsrechts bejaht wird, so bedeutet das alles andere als eine grenzenlose, unkontrollierte Machtbefugnis des Reichspräsidenten. Denn damit ist gleichzeitig gesagt, daß Voraussetzungen, Inhalt und Grenzen der außerordentlichen Befugnisse, solange sie nicht durch ein Ausführungsgesetz besonders geregelt sind, aus den Normen und Gesichtspunkten der geltenden Verfassung entwickelt werden müssen. Dabei ist zu beachten, was *Hugo Preuß* schon im Verfassungsausschuß (Prot. S. 277) nachdrücklich als das Wesentliche hervorhob und was in meinem Referat über die Diktatur des Reichspräsidenten (Staatsrechtslehrertagung

---

Ausgaben ohne parlamentarische Ermächtigung einzugehen.... Salus populi suprema lex".

1924, S. 103; die Diktatur, 2. Aufl., S. 254) ausgeführt ist: daß die eigentliche Grenze der außerordentlichen Befugnisse des Reichspräsidenten und die eigentliche Sicherung gegen einen Mißbrauch seiner Macht in den **Kontrollbefugnissen des Reichstags** liegt, nicht in Normativitäten oder justizförmigen Hemmungen. Einem mehrheits- und handlungsfähigen Reichstag wird es nicht schwer fallen, durch das Verlangen der Außerkraftsetzung und nötigenfalls durch einen ausdrücklichen Mißtrauensbeschluß seine Auffassung gegenüber Reichspräsident und Reichsregierung zur Geltung zu bringen. Die geltende Reichsverfassung gibt einem mehrheits- und handlungsfähigen Reichstag alle Rechte und Möglichkeiten, deren ein Parlament bedarf, um sich als den maßgebenden Faktor der staatlichen Willensbildung durchzusetzen. Ist das zum Schauplatz des pluralistischen Systems gewordene Parlament dazu nicht imstande, so hat es nicht das Recht, zu verlangen, daß auch alle andern verantwortlichen Stellen handlungsunfähig werden. Es wäre nicht nur geschichtlich unmöglich und moralisch unerträglich, sondern auch juristisch falsch, heute ein solches Recht auf allgemeine Handlungsunfähigkeit mit Argumenten zu begründen, mit denen ein liberales Honoratiorenparlament des 19. Jahrhunderts seinen monarchischen Gegner kampfunfähig zu machen suchte. Wenn sich in der gegenwärtigen Verfassungslage Deutschlands gerade eine Praxis des wirtschaftlich-finanziellen Ausnahmezustandes mit einem gesetzvertretenden Verordnungsrecht herausgebildet hat, so ist das nicht Willkür und Zufall, auch nicht „Diktatur" in dem Sinne des vulgären, parteipolitischen Schlagwortes, sondern der Ausdruck eines tiefen und innerlich gesetzmäßigen Zusammenhanges. Es entspricht der Wendung, die ein Gesetzgebungsstaat zum Wirtschaftsstaat nimmt und die von einem pluralistisch aufgespaltenen Parlament nicht mehr vollzogen werden kann. Der Ausnahmezustand enthüllt, wie oben (S. 76) gezeigt, den Kern des Staates in seiner konkreten Eigenart; der Justizstaat entwickelt das Standrecht, ein summarisches Justizverfahren, der Militär- und Polizeistaat den Übergang der vollziehenden Gewalt als typisches Mittel seines Ausnahmezustandes. Das wirtschaftlich-finanzielle gesetzvertretende Verordnungsrecht der heutigen Praxis des Art. 48 bleibt analog in Übereinstimmung mit der bestehenden Ordnung und sucht den verfassungsmäßigen Gesetzgebungsstaat, dessen gesetzgebende Körperschaft pluralistisch zerteilt ist, gegenüber einem verfassungswidrigen Pluralismus zu retten. Daß dieser stärkste Versuch einer Abhilfe und Gegenbewegung verfassungsmäßig und legal nur durch den Reichspräsidenten unternommen werden kann, läßt gleichzeitig erkennen, daß der Reichspräsident als Hüter dieser verfassungsmäßigen Gesamtordnung anzusehen ist.

III. Der Reichspräsident als Hüter der Verfassung

1. Die staatsrechtliche Lehre von der „neutralen Gewalt" (*pouvoir neutre*)

Die Meinungsverschiedenheiten und Differenzen zwischen den Trägern politischer Entscheidungs- oder Einflußrechte lassen sich, wenn nicht gerade offene Verfassungsverletzungen geahndet werden sollen, im allgemeinen nicht justizförmig entscheiden. Sie werden entweder durch eine über den differierenden Meinungen stehende, stärkere politische Macht von oben, also durch einen h ö h e r e n Dritten beseitigt — das wäre dann aber nicht der Hüter der Verfassung, sondern der souveräne Herr des Staates; oder sie werden vermittels einer nicht über-, sondern nebengeordneten Stelle beigelegt oder ausgetragen, also durch einen n e u t r a l e n Dritten — das ist der Sinn einer neutralen Gewalt, eines *pouvoir neutre et intermédiaire*, der nicht über, sondern neben den andern verfassungsmäßigen Gewalten steht, aber mit eigenartigen Befugnissen und Einwirkungsmöglichkeiten ausgestattet ist. Soll nicht eine bloß akzessorische Nebenwirkung anderer staatlicher Tätigkeiten eintreten, sondern eine besondere Einrichtung und Instanz organisiert werden, deren Aufgabe es ist, das verfassungsmäßige Funktionieren der verschiedenen Gewalten zu sichern und die Verfassung zu wahren, so ist es in einem Gewalten-unterscheidenden Rechtstaat folgerichtig, keine der vorhandenen Gewalten nebenbei damit zu betrauen, weil sie sonst nur ein Übergewicht gegenüber den andern erhielte und sich selbst der Kontrolle entziehen könnte. Sie würde dadurch zum Herrn der Verfassung. Es ist daher notwendig, eine besondere neutrale Gewalt neben die andern Gewalten zu stellen und durch spezifische Befugnisse mit ihnen zu verbinden und auszubalancieren.

In der Verfassungsgeschichte des 19. Jahrhunderts erscheint eine besondere Lehre vom *pouvoir neutre, intermédiaire* und *régulateur* bei *Benjamin Constant*[1]

---

[1] Zuerst in den Réflexions sur les constitutions et les garanties, veröffentlicht am 24. Mai 1814, abgedruckt in der Collection complète des ouvrages de *Benjamin Constant* Paris 1818, S. 14 f., ferner Cours de politique constitutionnelle, Ausgabe von 1818, I S. 13 f. Ausgabe von *Laboulaye*, I. S. 18 f. Œuvres politiques, Ausgabe von *Charles Louandre*.

1. Die staatsrechtliche Lehre von der neutralen Gewalt (*pouvoir neutre*) 133

im Kampf des französischen Bürgertums um eine liberale Verfassung gegen Bonapartismus und monarchische Restauration. Diese Lehre gehört wesentlich zur Verfassungstheorie des bürgerlichen Rechtstaates und hat nicht nur auf die zwei Verfassungen eingewirkt, in die sie ziemlich wörtlich übernommen wurde [1]. Vielmehr geht auf sie der für alle Verfassungen des 19. Jahrhunderts typische Katalog von Prärogativen und Befugnissen des Staatshauptes (Mon-

---

Paris 1874, S. 18. Eine monographische Behandlung dieser wichtigen Frage fehlt bisher. Das erklärt sich für Frankreich aus dem politischen Schicksal der französischen Monarchie und des Staatshauptes, für die bisherige Entwicklung in Deutschland aus dem Fehlen einer Verfassungslehre. *Constant* selbst verweist, ohne nähere Angabe von Zeit und Ort, auf die Verfassungsideen von *Clermont-Tonnerre* (S. 14, Anm.), begnügt sich aber damit, zu sagen, daß man dort „die Keime" seiner Lehre finde (on en trouve les germes etc.). Das war wohl die einzige Grundlage für den Hinweis auf *Clermont-Tonnerre* in *Georg Jellineks* Allg. Staatslehre, S. 590. Denn im übrigen ist der geschichtliche Zusammenhang der Lehre vom *pouvoir neutre* mit den Verfassungskonstruktionen von *Clermont-Tonnerre* bisher noch nicht näher untersucht. Zwar entspricht die Lehre Constants der gemäßigt liberalen Theorie einer auf Gewaltenunterscheidung beruhenden Monarchie, wie man sie schon bei *Mounier* und *Clermont-Tonnerre* findet; auch charakterisiert *Clermont-Tonnerre* die Stellung des Königs als *pouvoir régulateur* (Œuvres complètes de Stanislas de *Clermont-Tonnerre*, t. IV, Paris, an III, S. 316), aber ich habe bisher nicht im Einzelnen feststellen können, in welcher Weise *Constant* von *Clermont-Tonnerre* beeinflußt ist und ob dieser die wichtige und charakteristische Formel „pouvoir neutre" schon gebraucht hat. Was die biographischen Zusammenhänge angeht, so findet sich weder in dem Buch von *Rudler*, La jeunesse de Benjamin Constant (1767—94), Paris 1909, noch in *Rudlers* ausführlicher Bibliographie Critique des œuvres de Benjamin Constant, Paris 1909, ein Hinweis auf *Clermont-Tonnerre*. Die beiden im Jahre 1930 erschienenen Biographien von *Léon* und *Dumont-Wilden* enthalten ebenfalls in dieser Hinsicht keine weiteren Mitteilungen.

[1] Brasilianische Verfassung vom 25. März 1824, Art. 98: Le pouvoir modérateur est la clef de toute l'organisation politique, il est délégué exclusivément à l'empereur comme chef suprême de la nation et de son premier représentant, pourqu'il veille incessamment sur la conservation de l'indépendance, de l'équilibre et de l'harmonie des autres pouvoirs politiques. Ebenso die portugiesische Verfassung vom 29. April 1826, Art. 71: Le pouvoir modérateur est la clef de toute l'organisation politique et appartient exclusivément au Roi, etc. Auch in Italien und Spanien war der Einfluß der Lehre *Constants* sehr groß, wie ich in Gesprächen mit italienischen und spanischen Kollegen feststellen konnte; doch fehlt es auch hier an einer monographischen Untersuchung. In dem Entwurf einer neuen spanischen Verfassung, den die damalige Regierung im Juli 1929 veröffentlichte, ist ein *Consejo del Reino* gedacht als: instrumento del Poder armónico; garantia de la independencia judicial; moderador de la Cámera legislativa; *salva guarda de la constitucion*, frente al Gobierno o a las Cortes; posible organo de soberanía en circunstancias culminantes; clave y ornamento de todo el organismo politico, al cual presta estabilidad y decoro. Das ist ein interessanter Versuch, den König (dessen wesentliche Aufgabe in Art. 43 als *funcion moderadora* definiert wird) mit der parteipolitisch neutralen Autorität eines Staats- und Kronrates zu verbinden. In den älteren spanischen Verfassungen (1812, 1837, 1845, 1869, 1876) sind die hier interessierenden Wendungen noch nicht gebraucht.

arch oder Staatspräsident) zurück, die sämtlich als Mittel und Einwirkungsmöglichkeiten eines solchen *pouvoir neutre* gedacht sind: Unverletzlichkeit oder wenigstens privilegierte Stellung des Staatshauptes, Ausfertigung und Verkündung der Gesetze, Begnadigungsrecht, Minister- und Beamtenernennung, Auflösung der gewählten Kammer. In fast allen Verfassungen größerer Staaten, soweit sie dem Typus des bürgerlichen Rechtstaates entsprechen, in Monarchien wie Republiken, läßt sich diese Konstruktion in irgend einer Weise erkennen, gleichgültig, ob die politische Situation ihre Handhabung ermöglicht oder nicht. Verfassungs- wie staatstheoretisch ist die Lehre von größtem Interesse. Sie beruht auf einer politischen Intuition, welche die Stellung des Königs oder des Staatspräsidenten im konstitutionellen Staat klar erkennt und in einer treffenden Formel ausspricht. Sie gehört durchaus zur klassischen Lehre vom bürgerlichen Rechtsstaat und auch auf sie bezieht sich, was *Lorenz von Stein* über diese nicht nur für Frankreich, sondern für die gesamte kontinental-europäische Verfassungsgeschichte entscheidende Zeit (1789 bis 1848) gesagt hat: ,,Nirgends kennt die Welt eine tiefere und unerschöpflichere Quelle größerer Wahrheiten über Verfassung und Gesellschaft"[1]. Ihr Urheber verdient für diese Lehre durchaus das Lob, das *Georg Jellinek* ihm erteilt hat, wenn er seinen ,,von doktrinärer Voreingenommenheit freien Blick" rühmt und ihm das unleugbare Verdienst zuspricht, ,,zuerst der kontinentalen Entwicklung den Weg für die richtige konstitutionelle Stellung der Minister gewiesen zu haben"[2]. *Barthélemy* bewundert die Klarheit seines Gedankenganges (l'admirable lucidité du raisonnement) und sagt mit Recht, daß *Constant* der eigentliche Vorkämpfer des liberalen Parlamentarismus war, der das französische Bürgertum zum Parlamentarismus erzogen habe[3]. Es ist ein beachtenswertes Zeichen, daß sein Name nach langer Vergessenheit jetzt auch in Deutschland wieder genannt wird und in einem so bedeutenden Dokument deutscher Staatsrechtswissenschaft wie *H. Triepels* Bericht vom 5. Staatsrechtslehrertag mehrmals hervortritt[4]. Für die Geschichte staatstheoretischer

---

[1] Geschichte der sozialen Bewegung in Frankreich von 1789 bis auf unsere Tage, Bd. I, Der Begriff der Gesellschaft, Ausgabe von *G. Salomon*, München 1921 I, S. 502; *Stein* erwähnt *Constants* Lehre von der neutralen Gewalt ausdrücklich a. a. O. II S. 51 und sagt, diese neutrale Gewalt sei in Frankreich mit dem Julikönigtum erschienen, das für ihn überhaupt die klassische Form des wahren Konstitutionalismus darstellt.

[2] Entwicklung des Ministeriums in der konstitutionellen Monarchie, *Grünhuts* Zeitschrift für das private und öffentliche Recht X (1883), S. 340, 342. Vgl. auch Allgemeine Staatslehre, S. 590. Das Urteil, das *G. Jellinek* bei dieser Gelegenheit über *Sieyès* fällt, halte ich für ungerecht und eine Verkennung des erstaunlichen Verfassungskonstrukteurs.

[3] L'introduction du régime parlementaire en France, Paris 1904, S. 184 f. Richtig auch *Henry Michel*, L'idée de l'Etat, Paris 1896, S. 304: ,,On n'a jamais mieux défini, avec plus de délicatesse et de sûreté dans l'expression, le rôle d'un roi constitutionnel."

[4] Heft 5 der Veröffentlichungen, a. a. O. S. 10 und S. 19: (,,Man sieht, *Benjamin Constant* hat recht behalten: es kommt nicht so sehr darauf an, den Minister zu bestrafen, als ihn unschädlich zu machen".

Begriffe scheint es mir besonders von Interesse zu sein, daß die Zweiteilung von *auctoritas* und *potestas*, die ich für eine grundlegende Unterscheidung europäischen Staatsdenkens halte, auch in dieser Lehre von *Constant* zu erkennen ist [1].

Der praktische Wert der Lehre von der neutralen, vermittelnden, regulierenden und wahrenden Stellung des Staatshauptes liegt zunächst darin, daß nunmehr die Frage beantwortet werden kann, was denn in einem bürgerlichen Rechtstaat, sei er konstitutionelle Monarchie oder konstitutionelle Demokratie, das Staatshaupt noch bedeutet und was der Sinn seiner Befugnisse ist, wenn die Gesetzgebung ganz bei den Kammern liegt, die vom Staatshaupt ernannten Minister ganz vom Vertrauen der gesetzgebenden Körperschaften abhängig sind, das Staatshaupt selbst in allem an die Gegenzeichnung der Minister gebunden ist und man infolgedessen von ihm sagen kann: *il règne et ne gouverne pas* [2]. In Deutschland wurde die Unterscheidung von *régner* und *gouverner* nicht verstanden, weder theoretisch, weil die Unterscheidung von *auctoritas* und *potestas* längst vergessen war; noch praktisch, weil der Monarch der konstitutionellen Monarchie deutschen Stils wirklich regierte und „gouvernierte". Nach der bekannten Unterscheidung *F. J. Stahls* beruhte darauf sogar der Gegensatz von konstitutioneller (d. h. wirklich regierender) und parlamentarischer Monarchie, eine Antithese, die eine Anpassung an Forderungen und Ausdrucksweisen der Zeit mit deren Unschädlichmachung geschickt verbindet und nur als politische Zweckunterscheidung zu verstehen ist [3]. Gegen die Konstruktion der französischen Liberalen wurde in der deutschen Staatslehre des 19. Jahrhunderts von Anfang an geltend gemacht, der König müsse auch handeln und wirklich vollziehen, sonst wäre er ein bloßer Schatten [4]. *Max von Seydel* hat dafür eine schlagende Argumentation gefunden: der Monarch müsse auf jeden Fall wirklich regieren und wirkliche Macht haben, denn es bleibe ja vom *régner* nichts mehr übrig, wenn man das *gouverner* abziehe [5]. Man zitierte oft einen ziemlich groben Ausspruch Napo-

---

[1] Vgl. unten Anm. 2 S. 136.

[2] Der Satz von *Thiers* aus dem Jahre 1829 lautet: „Le roi règne, les ministres gouvernent, les chambres jugent" (wobei *jugent* natürlich nicht als Justiz gemeint ist). Über die Entstehung dieser berühmten Formel *G. Jellinek* in Grünhuts Zeitschrift 1883, a. a. O. S. 343, *Esmein-Nézard*, Éléments du droit constitutionnel, 7. Aufl. I, S. 231.

[3] Rechts- und Staatsphilosophie, 2. Aufl. § 97 f.; zur Klärung des Gegensatzes von konstitutionell und parlamentarisch *C. Schmitt*, Verfassungslehre, S. 289. Die unlösbaren Schwierigkeiten zeigen sich in *Bindings* Aufsatz über die Ministerverantwortlichkeit (oben S. 82 Anm. 3), die ohne die Lehre von der neutralen Stellung des Staatshauptes unbegreiflich und unkonstruierbar ist.

[4] So z. B. schon *C. v. Rotteck*, Lehrbuch des Vernunftsrechts und der Staatswissenschaften, 2. Aufl. Bd. 2, Stuttgart 1840, S. 219: (ohne eigentliche Gewaltsphäre, ohne Handeln und Vollziehen, wäre der König eine „bloße Schattengestalt".

[5] *Max von Seydel*, Über konstitutionelle und parlamentarische Regierung (1887); in Staatsrechtliche und politische Abhandlungen, Freiburg und Leipzig 1893, S. 140; ferner

leons ¹ und hatte dabei insofern recht, als die deutsche konstitutionelle Monarchie bis 1918 in der Tat eine höhere und stärkere, die Unterscheidung von Staat und Gesellschaft rechtfertigende Macht und nicht nur ein „nichts als neutraler" Dritter war. Aber damit ist weder das in der Unterscheidung von *auctoritas* und *potestas* liegende Problem der allgemeinen Staatslehre, noch das Problem der parteipolitischen Neutralität des Staates, noch das verfassungstheoretische Problem des Staatshauptes im parlamentarischen Verfassungsstaat, noch endlich das besondere Problem der Stellung des Reichspräsidenten in der geltenden Weimarer Verfassung erledigt. Allgemein läßt sich jene Frage *Seydels*, was denn übrig bleibe, wenn man vom *régner* das *gouverner* abziehe, dahin beantworten, daß das Staatshaupt in einer solchen Verfassung über die ihm zugewiesenen Zuständigkeiten hinaus die K o n t i n u i t ä t und P e r m a n e n z der staatlichen Einheit und ihres einheitlichen Funktionierens darstellt, und daß es aus Gründen der Kontinuität, des moralischen Ansehens und allgemeinen Vertrauens eine besondere Art von Autorität haben muß, die ebensogut zum Leben jedes Staates gehört wie die täglich aktiv werdende Macht und Befehlsgewalt ². Für die Lehre von der neutralen Ge-

---

z. B. *Samuely*, Das Prinzip der Ministerverantwortlichkeit, Berlin 1869, S. 15; *Frisch*, Die Verantwortlichkeit der Monarchen und höchsten Magistrate, Berlin 1894, S. 186; dagegen richtig *L. C. Dolmatewsky*, Der Parlamentarismus in der Lehre *B. Constants*, Zeitschr. f. d. ges. Staatswissenschaft, Bd. 63 (1907) S. 608.

[1] Ein solcher Mensch sei nur ein „cochon engraissé", zitiert z. B. bei *Bluntschli*, Allgemeine Staatslehre I, S. 483; *Georg Jellinek* a. a. O. S. 341.

[2] Über den Gegensatz von *potestas* und *auctoritas:* Verfassungslehre, S. 75 Anm.; über die schwierige, aber der sozialen und politischen Wirklichkeit entsprechende Konstruktion der Stellung des Staatshauptes im gewaltenunterscheidenden parlamentarischen Staat: *Lorenz von Stein*, Begriff der Gesellschaft, a. a. O. Bd. I S. 498, ferner (zu *Constants* Lehre) II S. 51. Es ist in diesem Zusammenhang beachtenswert, daß *B. Constant* in seinen Ausführungen über den *pouvoir neutre* auch die *auctoritas* des römischen Senats als Beispiel erwähnt (Œuvres I, S. 17 f.). Über diesen Senat als Hüter der Verfassung vgl. oben S. 9. Daß man von p o u v o i r neutre und neutraler G e w a l t spricht, erklärt sich daraus, daß die Unterscheidung von *auctoritas* und *potestas* dem staatstheoretischen Bewußtsein entschwunden und *pouvoir* ein farbloser Begriff geworden ist. *Constant* selbst sagt an der entscheidenden Stelle *autorité* und nicht *pouvoir:* „Le Roi est au milieu de ces trois pouvoirs (législatif, exécutif, judiciaire) a u t o r i t é neutre et intermédiaire" (Cours de politique constitutionelle, I S. 15). Im übrigen ist auch bei ihm die Terminologie nicht konsequent, was nicht zu verwundern braucht, weil die Unterscheidung schon im 18. Jahrhundert kaum noch bekannt war. In dem von mir mehrfach zitierten Satz von *Hobbes:* autoritas, non veritas facit legem (Leviathan, lat. Ausgabe, Cap. 26) läßt sich autoritas noch von potestas unterscheiden, aber *Hobbes* selbst führt diese *autoritas* ausschließlich auf die summa *potestas* zurück. Daß *Montesquieu* in einem vielerörterten Ausspruch die *puissance de juger* für „en quelque façon nulle" erklären kann (Esprit des lois XI, 6), steht ebenfalls in einem sachlichen Zusammenhang mit jener Unterscheidung, denn der Richter hat eher *auctoritas* als *potestas;* doch ist das *Montesquieu* nicht mehr bewußt. Die Tradition bringt am längsten noch einen S e n a t mit dem

walt ist das von besonderem Interesse, weil die eigenartige Funktion des neutralen Dritten nicht in fortwährender, kommandierender und reglementierender Aktivität besteht, sondern zunächst nur vermittelnd, wahrend und regulierend, und nur im Notfall aktiv ist; weil sie ferner nicht mit den andern Gewalten im Sinn einer Expansion eigener Macht konkurrieren soll und auch in ihrer Ausübung der Natur der Sache nach normalerweise unauffällig und unvordringlich sein muß. Trotzdem ist sie vorhanden und wenigstens im System des gewaltenunterscheidenden Rechtsstaates unentbehrlich. Hier ist sie, wie schon *Constant* wußte, wenn auch dieser Teil seiner Lehre unbeachtet blieb, ein *pouvoir préservateur*, eine „bewahrende Gewalt". Freilich gehört zu einer solchen autoritären Position ebensoviel Takt, wie zu ihrer Erkenntnis und Formulierung die Intuition *Benjamin Constants* gehörte, der mit dieser Lehre die Stellung des Staatshauptes überhaupt gekennzeichnet und eine alte, in der Tradition der römischen Staatsstruktur begründete Weisheit lebendig erhalten hat. Die meisten bedeutenden Staatshäupter des 19. und 20. Jahrhunderts haben es verstanden, hinter ihren Ministern zurückzutreten, ohne dadurch an Autorität zu verlieren. Ein Verfassungsgesetz kann freilich die persönlichen Eigenschaften, die erforderlich sind, um die Rolle des *pouvoir neutre* vollkommen zu erfüllen, nicht vorschreiben und erzwingen, ebensowenig wie es etwa vorschreiben kann, daß der Reichskanzler ein großer politischer Führer ist und selber die Richtlinien der Politik bestimmt. Damit ist aber weder die praktische noch die theoretische Bedeutung eines solchen Begriffes widerlegt.

Nach dem positiven Recht der Weimarer Verfassung läßt sich die Stellung des vom ganzen Volk gewählten Reichspräsidenten nur mit Hilfe einer weiter entwickelten Lehre von einer neutralen, vermittelnden, regulierenden und bewahrenden Gewalt konstruieren. Der Reichspräsident ist mit Befugnissen ausgestattet, die ihn von den gesetzgebenden Stellen unabhängig machen, obwohl

---

spezifischen Begriff der *auctoritas* zusammen, wodurch der hier interessierende Gegensatz oft in den Gegensatz von *deliberare* und *agere* übergeht. Mit der Vorstellung eines Senates verbinden sich verschiedene Arten einer Autorität: des Alters, der Erfahrung und Weisheit, der nur b e r a t e n d e n Sachkunde. *Bodinus*, Six livres de la République, III cap. 7 (S. 365 f. der 2. Auflage von 1580) kennt den Unterschied noch gut: „et quoy qu'on dit de la puissance du Sénat Romain, ce n'estoit que *dignité, authorité, conseil* et *pas puissance*"; für ihn verwandelt sich der Gegensatz in den von *conseil* und *commandement*. Beispiele dafür, daß jedes Gefühl für die sachliche Verschiedenheit verloren geht finde ich erst seit der französischen Revolution; besonders charakteristisch ist eine Äußerung von *Gautier* (1792) im Dictionnaire de la Constitution zu dem Stichwort: Autorité: „Ce mot signifie pouvoir, puissance, empire." Damit beginnen auch die bequemen Alternativen, in denen sich die Traditionslosigkeit der modernen Staatslehre enthüllt: Autorität und Freiheit, Autorität und Demokratie usw. bis schließlich in dem Handgemenge der parteipolitischen Schlagworte selbst Diktatur und Autorität, oder Autokratie und Autorität nicht mehr unterschieden werden.

er gleichzeitig an die Gegenzeichnung der vom Vertrauen des Parlaments abhängigen Minister gebunden ist. Die ihm zugewiesenen verfassungsmäßigen Befugnisse (Beamtenernennung nach Art. 46, Begnadigungsrecht nach Art. 49, Verkündung der Gesetze nach Art. 70) entsprechen typisch dem Katalog von Befugnissen des Staatshauptes, den schon *B. Constant* aufgestellt hat [1]. Die eigenartige, oft erörterte Ausbalancierung des plebiszitären mit dem parlamentarischen Verfassungselement, die Verbindung einer Unabhängigkeit vom Reichstag auf Grund selbständiger Befugnisse, mit einer Abhängigkeit auf Grund des allgemeinen Erfordernisses der ministeriellen Gegenzeichnung (Art. 50 RV.), die Reichsexekution, d. h. Schutz der Reichsverfassung gegenüber den Ländern und schließlich der Schutz der Verfassung (zum Unterschied vom einzelnen Verfassungsgesetz) nach Art. 48 RV., alles das wäre eine widerspruchsvolle und sinnlose Mischung unvereinbarer Bestimmungen, wenn sie nicht durch diese Lehre verständlich würde. Die Urheber der Weimarer Verfassung, soweit sie ihr Werk mit systematischem Bewußtsein unternahmen, waren sich dessen wohl bewußt. *Hugo Preuß* sagte im Verfassungsausschuß (Prot. S. 277), daß es „nur eine der Funktionen des Reichspräsidenten" sei, ein Gegengewicht gegen den Reichstag zu bilden. „Daneben besteht die wichtigere: ein gewisses Zentrum, einen **ruhenden Pol in der Verfassung** zu bilden." *Preuß* schließt an diesen Satz folgende, die Aufsplitterungen und Auflösungen eines pluralistischen Systems und die Notwendigkeit einer wirksamen Abhilfe vorausahnende, weitere Bemerkung: „Je mehr Kollegien Sie haben werden, die zusammenwirken, je mehr Massenabstimmungen durch Referenden, Reichsrat, Arbeiterräte usw., um so größer wird das Bedürfnis, **neben dem allem einen festen Punkt** zu haben, in dem wenigstens in der Idee die Fäden zusammenlaufen." *F. Naumann* erklärte daraufhin (Prot. S. 277/78), daß er sich „in ähnlichem Sinne zur Präsidentenfrage äußern" möchte. Er sieht, noch deutlicher als *Preuß*, den pluralistischen Koalitionsparteienstaat voraus und sagt dann wörtlich: „Das für die Reichstagswahl geltende Proportionalwahlrecht und die daraus sich ergebende Vielheit der Parteien führen dazu, daß der Reichskanzler Koalitionsminister sein wird. Gerade aus diesem Grunde wird sich das Bedürfnis nach **einer** Persönlichkeit, die **das Ganze** im Auge hat, besonders stark geltend machen." In diesem Zusammenhang findet sich sowohl die Kennzeichnung des Reichspräsidenten als einer „vermittelnden Größe", eines *pouvoir intermédiaire*, wie auch der Hinweis auf die inzwischen praktisch gewordene Möglichkeit eines nicht mehrheitsfähigen Reichstags: „Der Grund, weshalb ich glaube, daß wir einen Präsidenten gebrauchen, liegt vor allem in der Tatsache, daß wir in Deutschland bei der Vielheit der Ressorts ohne den Präsidenten nicht zur vollständigen Einheit gelangen können. Wir müssen auch jemand haben, der repräsentative Pflichten erfüllt, der Beziehungen zu **allen Landes-**

---

[1] Œuvres politiques, a. a. O. S. 18.

teilen, zu allen Parteien und (!) zu den auswärtigen Staaten unterhält und der eine **vermittelnde Größe** zwischen dem Parlament und der Regierung darstellt. Es besteht die **Möglichkeit, daß im Reichstag eine Mehrheit nicht zu finden ist** und daß infolgedessen eine Regierung nicht ohne weiteres gebildet werden kann. Dann muß der Präsident wirksam werden. ... Die ganze Präsidentenfrage ist **keine Parteifrage**, sondern eine Frage der politischen Technik und Harmonie."

Das hat sich in weitem Maße auch in der praktischen Wirklichkeit des staatlichen Lebens bestätigt. Ein großer Teil der Tätigkeit sowohl des Reichspräsidenten *Ebert*, der sich selbst in einem politisch bedeutungsvollen Augenblick als Hüter der Verfassung bezeichnete, wie des jetzigen Reichspräsidenten *Hindenburg* läßt sich als neutrale und vermittelnde Schlichtung von Konflikten kennzeichnen, und man wird anerkennen müssen, daß diese beiden Reichspräsidenten, jeder in seiner Art, ihre schwierige Aufgabe besser erfüllt haben als manches Staatshaupt, das nicht begreifen konnte, was vom *régner* übrig bleibe, wenn man das *gouverner* abzieht. Ich darf den Ausführungen meiner Verfassungslehre (S. 351/52) noch hinzufügen, daß es unter diesem Gesichtspunkt auch zu rechtfertigen war, daß der damalige Reichsgerichtspräsident *Simons* sich bei seinem Konflikt mit der Reichsregierung im Dezember 1928 an den Reichspräsidenten wandte. Der Reichspräsident war gewiß nicht „zuständig", formelle „Beschwerden" des Präsidenten des Staatsgerichtshofes gegen die Reichsregierung entgegenzunehmen und zu entscheiden und hätte, wenn man hier unter den Gesichtspunkten eines Grundbuchrichters urteilen wollte, keine andere Antwort geben dürfen als daß weder überhaupt eine Beschwerde, noch seine Anrufung zulässig sei. Man hört gelegentlich, der Reichspräsident habe den Beschwerdeführer „auf den ordentlichen Dienstweg" über den Reichsjustizminister oder den Reichsminister des Innern verweisen und auf das Verfassungswidrige seines Vorgehens aufmerksam machen müssen. Selbst in Zeitungen, die sonst großes Verständnis für die Persönlichkeit und die Bestrebungen des Reichsgerichtspräsidenten *Simons* zeigten, findet man die Bemerkung, daß „die Anrufung des Reichspräsidenten durch den Reichsgerichtspräsidenten einfach nicht der Verfassung entspricht"[1]. Wenn der Reichs-

---

[1] *A. Feiler*, Frankfurter Zeitung, 10. Januar 1929, Nr. 24. Demgegenüber ist es richtig, wenn *Giese*, DJZ. 34, 1929, Sp. 134 sagt, man werde dem Vorsitzenden des Staatsgerichtshofes „als eines obersten Reichsorgans wohl das Recht nicht absprechen können, formlose Beschwerden über wirkliche oder vermeintliche Verfassungsverletzungen zu erlassen" — aber warum gerade an den Reichspräsidenten, wenn dieser nicht „Hüter der Verfassung" sein soll? Der frühere Reichsgerichtspräsident *Simons* selbst hat in der Einleitung zum II. Band der von ihm und *H. H. Lammers* herausgegebenen Sammlung „Die Rechtsprechung des Staatsgerichtshofs für das Deutsche Reich" (S. 9 und 11) zu der Frage Stellung genommen. Seine Ausführungen gipfeln in folgendem, überaus treffenden Satz: „Die Stellung des Reichspräsidenten ist in der Verfassung nicht so eng und scharf um-

präsident statt dessen in seiner Antwort, neben der Erklärung, daß er sich „zu einer formellen Entscheidung über die Beschwerde aus verfassungsrechtlichen Gründen nicht für zuständig erachte", doch auch in der Sache Stellung nimmt und der Reichsregierung recht gibt, zugleich aber dann dem Reichsgerichtspräsidenten in einer persönlich entgegenkommenden Weise antwortet, so entspricht das einer richtigen Auffassung von der neutralen, vermittelnden, regulierenden und wahrenden Stellung des Staatshauptes und ist aus dieser Lehre heraus zu verstehen und zu rechtfertigen [1]. Damit entfällt auch die Kritik, die daran geübt worden ist, daß der Reichspräsident gelegentlich durch persönliche Briefe, die nicht vom Reichskanzler gegengezeichnet sind, und andere Äußerungen auf den Gang von Verhandlungen Einfluß genommen hat. In einem Staat von der komplizierten Organisation des Deutschen Reiches und bei der heutigen konkreten Verfassungslage — das Deutsche Reich ist nicht nur ein föderalistisches, sondern auch gleichzeitig ein pluralistisches und ein polykratisches Gebilde — erhält die vermittelnde und regulierende Funktion des *pouvoir neutre* eine zentrale Bedeutung, der man weder durch einen subalternen Formalismus, noch durch Argumente aus der monarchischen Vorkriegszeit gerecht werden kann [2].

grenzt, daß ihm die angetragene Vermittlertätigkeit durch eine Rechtsnorm untersagt wäre; im Gegenteil würde sie nach Art. 42 und 48 RV., nach denen der Präsident des Reichs der oberste Hüter seines Rechts und seiner Verfassung ist, dem Zweck und Sinn dieser Organstellung durchaus entsprochen haben." Damit und durch die obenstehenden Ausführungen des Textes dürften auch die Einwände von *F. Glum*, Staatsrechtliche Bemerkungen zu dem „Konflikt" zwischen dem Staatsgerichtshof für das Deutsche Reich und der Reichsregierung, Zeitschr. für ausländisches öffentliches Recht und Völkerrecht, I (1929) S. 466, erledigt sein. *Glum* bezeichnet übrigens selbst, in seinem Aufsatz: Parlamentskrise und Verfassungslücke, DJZ. vom 15. Nov. 1930, S. 1417/18, den Reichspräsidenten als „Hüter der Verfassung" und zieht daraus so weitgehende praktische Folgerungen, daß im Vergleich zu ihnen jene Vermittlertätigkeit des Reichspräsidenten vom Dezember 1928 als eine geradezu anodine Selbstverständlichkeit erscheinen müßte.

[1] *H. Pohl*, Hdb. d. deutsch. Staatsrechts I, S. 502. Als Beispiel aus der Amtszeit *Eberts* vgl. den Brief an die bayerische Regierung vom 27. Juli 1922 (Konflikt zwischen Reich und Bayern im Sommer 1922); hier sagt der Reichspräsident von sich selbst: „Aus meiner Aufgabe als Hüter der Reichsverfassung und des Reichsgedankens erwächst mir daher die Pflicht, gemäß Artikel 48 der Reichsverfassung auf die Aufhebung der bayrischen Verordnung hinzuwirken;" (dieses Schreiben sowie die Antwort des bayerischen Ministerpräsidenten abgedruckt bei *R. Joeckle*, Bayern und die große politische Krise in Deutschland im Sommer 1922, Politische Zeitfragen, Heft 7/11, S. 237, München 1922). Auch hier ist es für die Sackgassenlogik des Formalismus charakteristisch, zu sagen, der Reichspräsident habe entweder Bayern unrecht geben und dann von seinen verfassungsrechtlichen Befugnissen nach Art. 48 Gebrauch machen, oder aber, wenn er das bayerische Vorgehen für zulässig hielt, ein solches Schreiben unterlassen müssen.

[2] Art. 50 RV. (Gegenzeichnung durch den Reichskanzler oder den zuständigen Reichsminister) kommt für die Ausübung des *pouvoir intermédiaire* der Natur der Sache nach meistens nicht zur Anwendung, weil es sich dabei nicht um „Anordnungen und Ver-

2. Besondere Bedeutung der „neutralen Gewalt" im pluralistischen Parteienstaat, dargelegt an dem Beispiel des staatlichen Schlichters von Arbeitsstreitigkeiten

Die Stellung, welche der Reichspräsident nach dem heutigen positiven Recht der Weimarer Verfassung im Gesamtsystem der Organisation des Deutschen Reiches einnimmt, ist demnach mit Hilfe der Lehre von der „neutralen, vermittelnden, regulierenden und wahrenden Gewalt" zu erklären. Darüber hinaus läßt sich die Formel von einer „neutralen Gewalt", die zunächst nur für das Staatshaupt gedacht ist und hierfür ihre spezielle verfassungsrechtliche Bedeutung behält, auch noch ins allgemein Staatstheoretische erweitern und für den S t a a t i m G a n z e n verwenden. In gewissem Sinne ist, wenigstens in manchen Staaten, das Schicksal des Staates dem Schicksal des Staatshauptes gefolgt und der Staat in weitem Maße gegenüber den sozialen und wirtschaftlichen Gegensätzen der Gesellschaft zu einer bloß „neutralen" Instanz geworden ist. Das liegt in der Konsequenz einer „Selbstorganisation der Gesellschaft", durch welche die Frage der staatlichen Einheit eine ganz neue Wendung erhalten hat, aber auch die „Neutralität" zu einem neuen Problem geworden ist. Die von *R. Smend* sogenannten „funktionellen Integrationsmethoden" (Wahlen, Abstimmungen, Koalitionen) haben sich im heutigen Gesetzgebungsstaat für das Gebiet der Gesetzgebung mit der Wirkung durchgesetzt, die oben (S. 77 f.) aufgewiesen wurde: die gesetzgebende Körperschaft ist ein Spiegelbild der Pluralität organisierter sozialer Machtkomplexe geworden. Wäre der Staat nun nichts anderes als dieses pluralistische System, so wäre er in der Tat nur ein fortwährender Kompromiß; seine Verfassung wäre ein Vertrag der sozialen Machtkomplexe, die das pluralistische System bilden und beruhte auf dem Satz *pacta sunt servanda*; die Vertragspartner behielten ihr Werk, die Verfassung, in der Hand, sie blieben Herren des Verfassungsvertrages, den sie durch neue Kompromisse ebenso abändern könnten, wie sie ihn abgeschlossen haben und ständen einander als selbständige politische Größen gegenüber. Was es an staatlicher Einheit noch gibt, wäre dann das Resultat eines (wie alle Bündnisse und Verträge) mit existenziellen Vorbehalten abgeschlossenen Bündnisses. „Der Vertrag hat dann nur den Sinn eines Friedensschlusses zwischen den paktierenden Gruppen, und ein Friedensschluß hat, ob die Parteien wollen oder nicht, immer einen Bezug auf die, wenn auch vielleicht entfernte Möglichkeit eines Krieges" [1].

---

fügungen" des Reichspräsidenten handelt, sondern um persönlichen Einfluß, Anregungen und Vermittlung; vgl. *F. Freiherr Marschall von Bieberstein*, Handbuch des deutschen Staatsrechts, Bd. I S. 531. Aus Art. 50 den Schluß zu ziehen, daß der Reichspräsident als solcher nur Äußerungen von sich geben dürfe, die „Anordnungen und Verfügungen" sind, wäre unlogisch. Vgl. *H. Pohl*, a. a. O. S. 484 und (undeutlich) *R. Thoma* eod. S. 508.

[1] *Carl Schmitt*, Staatsethik und pluralistischer Staat, Kant-Studien, Bd. XXXV (Berlin 1930) S. 41.

III. Der Reichspräsident als Hüter der Verfassung

Das wäre aber, wenn die maßgebenden Freund-Feind-Gruppierungen innerpolitisch statt außenpolitisch bestimmt sind, ein Bürgerkrieg. Was ist in einer solchen Lage der „Staat" und das „Ganze" der politischen Einheit eines Volkes? Die nächstliegende, heute oft unbewußt von ganz verschiedenartigen Parteistandpunkten aus gegebene Antwort entspricht einer liberalen Konstruktion, die bei *J. St. Mill* (im 6. Kapitel der Considerations on Representative Government, 1861) ihren klassischen Ausdruck gefunden hat. Sie ist in ihrer plausiblen Anschaulichkeit und wegen der systematischen Konsequenz, mit der sie sich aus den Gedankengängen einer liberalen Metaphysik ergibt, ein besonders geeigneter Ausgangspunkt für eine staatstheoretische Erörterung. Danach entstehen innerhalb jeder Gesellschaft sozusagen von selbst immer zwei, einander ungefähr gleiche Parteien oder Parteikoalitionen, die einander die Waage halten. Die parteiischen und egoistischen Interessen und Leidenschaften heben sich dadurch gegenseitig auf und bilden ein Gleichgewicht, mit der Wirkung, daß ein an sich schwacher und im Vergleich zu den einander gegenüberstehenden, mächtigen Interessenkomplexen hilfloser, neutraler Dritter, der Geist der Objektivität und Weitsicht, imstande ist, die Waagschale zugunsten des relativ Richtigen und Gerechten zu bestimmen und der Vernunft zum Siege zu verhelfen. *J. St. Mill* selbst sagt, daß in der modernen industriellen Gesellschaft die Arbeitgeber (employers of labour) und Arbeitnehmer (labourers) diese beiden, einander balancierenden Gruppen bilden und dadurch eine neutrale Entscheidung möglich wird. Seine typisch liberale Gleichgewichtskonstruktion ist auch heute noch, und nicht nur bei bürgerlichen Liberalen, sehr verbreitet. *Friedrich Engels* hatte schon davon gesprochen, daß es (freilich nur ausnahmsweise) Perioden des Klassenkampfes gebe, „wo die kämpfenden Parteien einander das Gleichgewicht halten". *Otto Bauer* hat dann nach dem Jahre 1919 die Theorie von der „sozialen Gleichgewichtsstruktur" des modernen Industriestaates entwickelt [1], die von *Otto Kirchheimer* zu einer sehr beachtenswerten staats- und verfassungstheoretischen Konstruktion verwertet worden ist [2]. Die Parteiverhältnisse in Deutschland und die Zahlen-

---

[1] *Otto Bauer*, Bolschewismus und Sozialdemokratie, 3. Aufl. Wien 1921, S. 114; Die österreichische Revolution, Wien 1923, S. 196 (die Zeit des Gleichgewichts der Klassenkräfte); Der Kampf, XVII S. 57 f.; *K. Kautsky*, Die proletarische Revolution und ihr Programm, Berlin 1929, S. 100; *Max Adler*, Politische oder soziale Demokratie, Berlin 1926, S. 112 f.; zur Kritik besonders: *Arkadij Gurland*, Marxismus und Diktatur, Leipzig 1930, S. 95 f. Ähnlich wie *Kelsens* oben (S. 25) erwähnte liberale Definition der Demokratie, hat auch diese sozialdemokratische Gleichgewichtskonstruktion heute ihre systematischen Zusammenhänge längst vergessen und gar nichts mehr von *Mills* „beleidigender Klarheit."

[2] Zur Staatslehre des Sozialismus und Bolschewismus, Zeitschrift für Politik, XVII (1928) S. 596/97: „Das Paradoxe ist Tatsache geworden, der Wert der Entscheidung liegt darin, daß sie eine rechtliche Entscheidung ist, daß sie von einer allgemein anerkannten

verhältnisse der verschiedenen Interessentengruppierungen scheinen das Bild eines Gleichgewichts, sei es von Arbeitgebern und Arbeitnehmern, sei es von Bürgerlichen und Sozialisten, sowohl im Reich wie in den Ländern im Großen und Ganzen zu bestätigen [1]. Dadurch können Streitigkeiten zwischen Arbeitgebern und Arbeitnehmern zu einem typischen Abbild der staatlichen Struktur überhaupt werden. Denn die „Gesellschaft", die sich im 19. Jahrhundert gegenüber dem Staat entwickelt und siegreich zur Geltung gebracht hat, war, wie schon *Saint-Simon* und *Lorenz von Stein* wußten, vor allem die „industrielle Gesellschaft". Infolgedessen erhalten auch die unparteiischen Richter und Schlichter in Arbeitsstreitigkeiten gegenüber den Beisitzern, die Arbeitgeber- und Arbeitnehmervertreter sind, eine fast symbolische Stellung, durch welche die Lage des ganzen Staates (und des staatlichen Ganzen) sichtbar wird.

Sehen wir dabei von dem prozeßentscheidenden Arbeitsgericht ab, weil ein Vorgang, der in der Sache Justiz ist, im heutigen Staat selten eine für die staatliche Struktur typische Bedeutung haben kann, und beschränken wir uns auf den Schlichter, so erscheint dieser **im ersten Stadium** als bloßer Helfer und Beförderer gemeinsamen Verhandelns und gemeinsamer Verständigung zwischen den einander gegenüberstehenden Interessenkomplexen, die aber in Wirklichkeit **sich selbst** untereinander ausgleichen. Solange dieses Stadium währt und zu einem Ergebnis, d. h. einer Einigung der beiden Parteien, einem Selbstausgleich führt, ist der staatliche Vertreter nur ein **vermittelnder Makler** und seine ausgleichende Neutralität ist die eines solchen. Es wird noch keine spezifisch staatliche Superiorität oder gar Autorität wirksam; diese Neutralität ist negativ bestimmt, als die Neutralität des nicht parteiischen, Hemmungen des Selbstausgleichs aus dem Wege räumenden Dritten, der eben dadurch die Möglichkeit und die Fähigkeit zu „guten

---

Instanz ausgesprochen wird, aber daß sie trotzdem **möglichst wenig Sachentscheidung** ist."

[1] Der statistische Nachweis ist wegen der Verteilung auf viele Parteien und der sog. Querverbindungen etwas erschwert, doch ist das Phänomen immer erkennbar; vgl. *A. Dix*, Reichstagswahlen und Volksgliederung, Tübingen (Recht und Staat Nr. 77) 1930, S. 37; *E. Saemisch*, Wer vertritt das Volk? in der Zeitschrift Die Tat, März 1930, S. 920 f. Für Sachsen, das als Industrieland hier von besonderem Interesse ist, ist es in dem Aufsatz von *Thörnig*, Das sächsische Polizeiwesen, in dem Sammelwerk Sachsen, Kultur und Arbeit des sächsischen Landes, Berlin 1928, S. 38 vielleicht nicht mit systematischer Absicht, aber dafür um so bezeichnender in folgender Formulierung ausgesprochen: „Sachsen ist ein Industriestaat mit außerordentlich dichter Bevölkerung. Zu einem erheblichen Teil gehört diese dem Arbeiterstand an und huldigt der marxistischen Weltanschauung. Deren Anhänger halten zahlenmäßig ungefähr der anders eingestellten Bevölkerung die Wage. Das prägt sich besonders bei den Wahlen aus. Je nach den augenblicklichen und politischen Verhältnissen wechselt im sächsischen Landtage eine schwache Mehrheit der Linken mit einer ebensolchen der Mitte."

Diensten" (*bons offices*) und „Vermittlung" (*médiation*) bekommt. Im Völkerrecht, dessen Analogien sich hier zum Arbeitsrecht geltend machen [1], ist das in einer ausführlichen Literatur und großen Praxis entwickelt, wobei die guten Dienste das erste Unterstadium darstellen, nämlich bloßes Zusammenbringen der streitenden Parteien, damit überhaupt zwischen den Parteien verhandelt werde, während der Vermittler bereits eine gewisse Führung hat, indem er die Verhandlung leitet und Vorschläge macht. Beides ist Aufgabe des staatlichen Schlichters, und es entspricht in der typischen Struktur seiner Stellung einer bestimmten Staatsauffassung, wenn auch nicht gerade derjenigen der geltenden Reichsverfassung. Die Schlichtungsverhandlungen hätten dann im heutigen Industriestaat eine analoge Bedeutung, wie sie im bürgerlichen Verfassungsstaat des 19. Jahrhunderts dem Parlament zugedacht war, nämlich der Boden einer durch Verhandlung und gegenseitige Überredung bewirkten Willensbildung zu sein, in deren Kern ein K o n s e n s, n i c h t eine E n t s c h e i d u n g liegt.

Führt dieses Stadium zu keinem Ergebnis, so erscheint der staatliche Schlichter in einer z w e i t e n F u n k t i o n: er gibt den A u s s c h l a g, wenn die beiden, einander gleichen Interessenkomplexe nicht zu einer Einigung kommen, sondern sich im Gleichgewicht gegensätzlich verhalten. Dann führt der staatliche Schlichter eine Entscheidung dadurch herbei, daß er sich auf die eine oder die andere Seite der Balance stellt. Er ist dann m e h r h e i t s - b i l d e n d e r Dritter. Diese Rolle kann aber wieder doppelt verschiedener Art sein. Zunächst scheint sie jener Staatskonstruktion von *J. St. Mill* zu entsprechen: die beiden gegenüberstehenden, parteiisch bestimmten Mächte halten einander die Waage; dadurch wird es dem objektiven, unparteiischen Dritten möglich, auch ohne eigene Übermacht, eine Entscheidung zugunsten des relativ Richtigen herbeizuführen. Die Macht oder Autorität, die zu dieser Art von Entscheidung gehört, kann sehr gering und minimal sein, weil die eigentlich Mächtigen, die beiden streitenden Macht- und Interessenkomplexe, sich gegenseitig paralysieren und ihr Plus und Minus, arithmetisch betrachtet, Null ergibt. Das Verfahren einer Ü b e r s t i m m u n g durch Mehrheitsbildung ist in der Sache jedenfalls, vom Standpunkt der Partei betrachtet, ein Zwangsverfahren, besonders wenn der mehrheitsbildende Dritte zu den Parteien von Außen hinzukommt [2]. Der so zustande gekommene Ausgleich ist

---

[1] Oben S. 47 und 62 sind die Analogien von Völkerrecht und Verfassungsrecht hervorgehoben. Auf die Beziehungen von Völkerrecht und Arbeitsrecht hat *Dietrich Schindler*, Festgabe für *Fritz Fleiner*, Tübingen 1927, S. 400 f. (Werdende Rechte, Betrachtungen über Streitigkeiten und Streiterledigung im Völkerrecht und Arbeitsrecht) hingewiesen.

[2] In diesem Zusammenhange sind die Unterscheidungen von großem Interesse, die *Carl Bilfinger* für den innerhalb eines Bundesstaates fortwährend notwendigen Ausgleich zwischen Bund und Gliedstaaten und zwischen den Gliedstaaten aufgestellt hat: die Vertretung im Reichsrat als Interessenausgleich und als Repräsentation. Bei *Bilfinger* findet sich auch der treffende, im folgenden noch zu verwertende Gedanke, daß in

nach der grundlegenden Begriffsbildung von *H. Triepel* ein Z w a n g s a u s -
g l e i c h. Doch wird der mehrheitsbildende Staat erst unter der Einwirkung
der sich immer weiter verbreitenden pluralistischen Staatsauffassung zu einem
v o n A u ß e n entscheidenden Dritten. Die demokratische (nicht die liberale) Staatsauffassung muß an dem öfters erwähnten demokratischen Grundaxiom festhalten, daß der Staat eine unteilbare Einheit ist und der überstimmte Teil in Wahrheit nicht vergewaltigt und gezwungen, sondern nur zu
seinem eigenen wirklichen Willen geführt werde. Danach liegt k e i n e Ü b e r -
s t i m m u n g vor, sondern nur eine von Anfang an gegebene, immer vorhandene und vermittels der A b s t i m m u n g von irrigen Ablenkungen befreite
Ü b e r e i n s t i m m u n g. Diese Vorstellung aber wird durch das pluralistische System, das oligarchisch und nicht demokratisch ist, immer mehr zerstört,
denn ihm erscheint der Staat als ein Machtkomplex neben den andern sozialen
Machtkomplexen, der sich bald mit der einen, bald mit der andern Seite
verbündet und dadurch die Entscheidung herbeiführt. Die Mehrheitsbildung
wird dadurch zu einem Mittel äußerlichen Übergewichts und Zwanges; der
Staat ist nicht neutral im Sinne der Objektivität und Vernunft, wie bei
J. St. Mill der ausschlaggebende Dritte, sondern wie ein hinzutretender Macht-
faktor, der einer Partei gegen die andere zum Siege verhilft.

Das Reichsarbeitsgericht hält grundsätzlich an dem Gedanken der staatlichen H o h e i t fest und will keineswegs den Staat selbst zum bloß
mehrheitsbildenden Dritten machen. Aber es hat in der viel erörterten Entscheidung vom 22. Januar 1929 (in Sachen des Arbeitgeber-Verbandes für
den Bezirk der Nordwestgruppe des Vereins deutscher Eisen- und Stahl-
Industrieller, Düsseldorf gegen die drei Metallarbeiter-Verbände) den Vorsitzenden der Schlichtungskammer als eine nur mehrheitsbildende Größe
aufgefaßt; allerdings mit der Begründung, daß nach der geltenden schlich-
tungsgesetzlichen Regelung (Art. I, § 5 Abs. 4 der Verordnung über das
Schlichtungswesen vom 23. Oktober 1923, RGBl. I S. 1043) die Schlichtungskammer als Kollegium den Vorschlag einer Gesamtvereinbarung zu machen
habe und nach den allgemeinen Grundsätzen einer Kollegialentscheidung
zur Entscheidung des Kollegiums als solchen die Mehrheit der zum Kollegium
gehörenden Mitglieder („Einzelorgane") notwendig sei, falls nicht vom Gesetz
ausdrücklich das Gegenteil bestimmt werde. Damit ist das Problem auf das
der Kollegialentscheidung lokalisiert und scheinbar weniger prinzipiell geworden. Im übrigen betont das Reichsarbeitsgericht gerade in dieser Ent-

---

einer solchen Konstellation das Prinzip schließlicher Ü b e r s t i m m u n g das M o -
m e n t d e s Z w a n g e s darstellt, so daß man im Falle der Überstimmung bereits von
einem „Zwangsausgleich" im Sinne *Triepels* sprechen kann. Nur verstehe ich nicht,
warum *Bilfinger* dieser überaus richtigen, sachlichen Feststellung den Zusatz „formal
verstanden" beifügt (Handbuch des Deutschen Staatsrechts, Bd. I, Tübingen 1930,
S. 550 Anm. 30).

scheidung, es könne nach dem Entwurf einer neuen Schlichtungsverordnung (§ 83 des am 11. März 1922 dem Reichstag vorgelegten Entwurfs einer Schlichtungsverordnung; dazu die amtliche Begründung) nicht zweifelhaft sein, daß der Vorsitzende, ohne Rücksicht auf das für die einzelnen Meinungen hervorgetretene Stimmverhältnis, d u r c h s e i n e S t i m m e e n t s c h e i d e n sollte; die sowohl im Schrifttum wie in der Praxis hervorgetretene Auffassung, der Vorsitzende habe durch seine Stimme stets entweder der Meinung der Arbeitgeberbeisitzer oder derjenigen der Arbeitnehmerbeisitzer zum Siege zu verhelfen, wird ausdrücklich abgelehnt.

Durch die Bezugnahme auf die allgemeinen Grundsätze einer Kollegialentscheidung verschiebt sich die Frage, aber sie hört nicht auf, prinzipiell und für die gesamte Staatsauffassung typisch zu sein. Wenn man von der These ausgeht, diese Interessentenbeisitzer eines paritätisch gebildeten Kollegiums seien ebenso staatliche „Organe", wie der staatliche unparteiische Vorsitzende, so hat man das Problem vermittels des verwirrenden Wortes „Organ" und einer fiktiven Staatlichkeit und Objektivität ebenso schnell gelöst, wie das des heutigen Parlamentarismus, wenn man einfach sagt, der einzelne Abgeordnete sei „juristisch" überhaupt nicht „Partei", er sei vielmehr nach Art. 21 RV. Vertreter des ganzen Volkes; er sei „Einzelorgan", das Parlament sei „Organ, der Staat ein „Organismus" usw. usw. Hier können sich Organ-Theorien mit einem gegenstandslosen Formalismus verbinden, um das Problem mit Hilfe von Fiktionen zu leugnen, statt es zu lösen. Mit Recht hat *Erwin Jacobi* gegenüber dem Urteil des Reichsarbeitsgerichts darauf hingewiesen, daß es sich beim Schiedsspruch der Schlichtungsinstanz nicht um eine Rechtsentscheidung, sondern um einen Interessenausgleich handle und die kollegiale Besetzung einer solchen Stelle einen ganz anderen Sinn habe, als die kollegiale Besetzung eines Richterkollegiums. Gleichzeitig allerdings macht *Jacobi* gegen *F. Haymann* geltend, dieser behandle die Beisitzer des Schlichtungsausschusses „zu einseitig als Parteivertreter" [1]. Aber *Haymann* sieht eben die sachliche Bedeu-

---

[1] *E. Jacobi,* Jur. Wochenschrift Bd. 58, 1929, S. 1278; *E. Haymann,* Die Mehrheitsentscheidung in Rechtsprechung und Schlichtung und der Schiedsspruch im Ruhreisenstreit, Berlin und Leipzig 1929, S. 9, 14 f. *D. Schindler* a. a. O. S. 416. Die von *H. Herrfahrdt* aufgestellte Stufenfolge: Selbstverwaltung, Arbeitsgemeinschaft, schiedsrichterliche Führung, hat das Verdienst, das neue Staatsproblem hervorzuheben; doch halte ich sie nicht für prägnant oder erschöpfend, namentlich die Zusammensetzung „schiedsrichterliche Führung" ist in sich unklar. Zu dem Urteil des Reichsarbeitsgerichts vom 22. Januar 1929 vgl. im übrigen die Materialsammlung von *Grauert, Mansfeld* und *Schoppen,* Der Rechtsstreit im Arbeitskampf, Mannheim 1929. Die staatstheoretische Seite des Problems ist in den meisten Erörterungen übersehen. Wenn *Hoeniger* (Magazin der Wirtschaft, 14. Februar 1929 S. 223) sagt, daß „für und wider die formaljuristische Begründung sich mancherlei sagen" lasse, so ist das richtig, zeigt aber nur, daß die Frage auf solche Weise nicht zu lösen ist. *Hoenigers* eigener Hinweis auf § 196 Abs. 2 GVG. leidet an solchem „Formalismus", denn bei der Berechnung der Stimmenmehrheit in einem

tung des Vorgangs und betont deshalb mit Recht, daß die Schlichtung neben der Aufgabe des „ehrlichen Maklers" noch die zweite selbständige Aufgabe hat, „eventuell den Zwangsfrieden vorzubereiten"; dann sei die Stimme des staatlichen, d. h. des nicht von Parteiinteressen delegierten, neutralen Vorsitzenden, die eines „unparteiischen Organs der Gerechtigkeit" und solle eine Gewähr dafür bieten, „daß die Ansicht der Mehrheit einen g e r e c h t e n Ausgleich der Interessen darstellt". Das ist durchaus richtig und treffend. Ich möchte nur, gegenüber dieser Zweiteilung der Aufgabe des Schlichters, im Interesse der allgemeinen staatstheoretischen Klärung, im ganzen vier Stufen unterscheiden: nach der ersten Stufe, nämlich derjenigen des ehrlichen Maklers, eine zweite, die des mehrheitsbildenden Dritten, der im Sinne jener *Millschen* Vorstellung wegen seiner Neutralität (im Sinne von Objektivität) ausschlaggebend ist. Dann folgt eine dritte Stufe, auf welcher der Staat in einer andern Art als mehrheitsbildender Dritter erscheint, nämlich als Dritter im Sinne eines pluralistisch gedachten Systems; er tritt dann zu den bestehenden sozialen Machtkomplexen als weiterer Machtkomplex hinzu und ist in dieser wieder besonders gearteten Weise mehrheitsbildend und ausschlaggebend. Diese letzte Deutung widerspricht freilich der im deutschen staatlichen Denken noch herrschenden Auffassung; aber es läßt sich kaum verkennen, daß sie praktisch in der Konsequenz eines rein parteipolitisch bestimmten Verhaltens der den Staat beherrschenden Parteien liegt, die ohne jede Rücksicht auf irgendein Prinzip, immer nur im Hinblick auf das taktische Interesse des Augenblicks, den Staat bald als Autorität proklamieren, wenn er gerade auf der Seite ihres Parteiinteresses ist, und dann wieder, wenn er ihrem Augenblicksvorteil im Wege steht, ihn als einen Eindringling hinstellen, der die Eigengesetzlichkeit des Wirtschafts- und Arbeitskampfes störe. Diese Methode kurzsichtigen Selbstwiderspruchs und scheinbar rohester Prinzipienlosigkeit ist trotzdem nicht ohne ein eigenes Prinzip; sie gehört zu den typischen Mitteln des pluralistischen Systems, das, wie oben schon gezeigt, kein Interesse daran hat, sich offen zu sich selbst und seinem eigentlichen Prinzip zu bekennen, wohl aber seinen Einfluß auf die staatliche Willensbildung um so wirksamer für das Parteiinteresse ausnützt [1].

---

richterlichen Kollegium wird von der Gleichheit und Gleichartigkeit der abgegebenen Stimmen ausgegangen, nicht aber von einer i n n e r h a l b des „Kollegiums" vorausgesetzten Interessengruppierung mit einem „neutralen" Vorsitzenden.

[1] Die hier aufgestellte These von der staatstheoretischen Struktur-Typik, die sich in der Stellung des staatlichen Schlichters zeigt, wird deshalb auch keineswegs dadurch widerlegt, daß man auf solche Widersprüche in der Parteipresse und in sonstigen Parteiäußerungen hinweist. Es ist ganz selbstverständlich, daß in einem pluralistischen Parteienstaat jede Partei die „Autorität" des Staates geltend macht, wenn sie den Staat im Augenblick auf ihrer Seite hat, und daß sie umgekehrt das ganze Pathos liberaler Freiheitlichkeit anschlägt, und von Diktatur, Obrigkeitsstaat, Reaktion, Fascismus oder Bolschewismus usw. spricht, wenn die staatliche Entscheidung der Gegenpartei zugute kommt.

Gelingt es diesem System, für das Schlichtungsverfahren das gleiche Ergebnis durchzusetzen, das ihm für den Parlamentarismus gelungen ist, d. h. die Schlichtungsinstanzen ebenso wie das Parlament in einen Schauplatz des Pluralismus zu verwandeln und dadurch handlungsunfähig zu machen, so erhebt sich für den Staat eine unvermeidliche Alternative: entweder aufzuhören, als Einheit und als Ganzes zu existieren, oder aber zu versuchen, aus der Kraft der Einheit und des Ganzen heraus die notwendige Entscheidung herbeizuführen. Dann wäre die **vierte Stufe der Neutralität** erreicht, die einer offenen, von Staats wegen ergehenden **Entscheidung**, bei der sowohl der Vorschlag der Schlichtungsinstanz wie seine Verbindlichkeitserklärung nur das Werk des Staates sind. Daß dieser sich auch dann noch hinter der Mehrheitsbildung verbirgt und, wie in der Verordnung des Reichspräsidenten vom 9. Januar 1931 (RGBl. I S. 1), es vorzieht, nötigenfalls die Zahl der neutralen Mitglieder der Schlichtungskammer zu vermehren und noch zwei unparteiische Beisitzer in das Kollegium zu berufen, ändert nichts an dem Wesentlichen dieses Vorgangs: daß es sich um eine staatliche Entscheidung handelt, die nicht das Ergebnis der Interessentenverständigung ist, auch nicht durch bloße Mehrheitsbildung zwischen Staat und Interessenten zustande kommt. Daß die mehrheitsbildende Berufung der Unparteiischen nur dann eintreten soll, wenn sie „im Staatsinteresse dringend erforderlich erscheint" (so die Verordnung vom 9. Januar 1931) und, wie es in der amtlichen Begründung heißt, „nur in Ausnahmefällen zur Anwendung kommen soll", beweist gerade den Zusammenhang mit der staatlichen Dezision, deren Unparteilichkeit nur auf dem Boden der politischen Einheit und Ganzheit ihren Standpunkt haben kann, und deren Kraft sich im Ausnahmefall erprobt.

Ein solcher Standpunkt ist möglich, solange das pluralistische System noch nicht alle Teile des staatlichen Ganzen besetzt hat, solange außerdem die Vielzahl der Parteien sie gegenseitig hemmt und beschränkt und ihre weltanschauliche, ökonomische und sonstige Heterogenität diese gegenseitige Beschränkung noch verstärkt, vor allem aber, solange noch andere Kräfte in

---

Das gehört alles zur Natur des pluralistischen Parteienstaates, der es den Trägern des pluralistischen Systems ermöglicht, je nach der Situation bald als bloß gesellschaftliche, nicht staatliche, nicht-offizielle, d. h. unverantwortliche, mit gutem Gewissen ihrem Parteiegoismus nachgehende und keinem politischen Risiko ausgesetzte Organisationen aufzutreten; bald aber, von dem Teil des Staates aus, den sie gerade besetzt halten, sich mit dem Staat zu identifizieren, sich plötzlich als staatliche Autorität zu geben und die Gegenpartei als Staatsfeind zu behandeln. Diese Politik à deux mains hat für die Interessentenorganisationen den großen Vorteil, daß sie sich jederzeit für etwas anderes als Politik (für Wirtschaft, Privateigentum, Kultur usw.) ausgeben und doch alle Vorteile der Staatlichkeit ausnützen können. Das ist allerdings nur solange möglich, als nicht von irgendeiner Seite her eine Entscheidung fällt; sei es aus den trotzdem etwa noch vorhandenen Kräften des staatlichen Ganzen, sei es durch den Übergang zum Ein-Parteien-Staat, der einer Partei das Risiko des Politischen aufzwingt.

einem Volk vorhanden sind als diejenigen, die parteiorganisatorisch erfaßt und dienstbar gemacht sind, und diese Gegenkräfte von der staatlichen Verfassung mit einem System relativ stabiler Einrichtungen in Verbindung gebracht werden. Die geltende Reichsverfassung hat das mit Hilfe der plebiszitären Elemente ihres organisatorischen Teiles versucht. Darauf wurde bereits oben hingewiesen, als den zentrifugalen Tendenzen, die sich unter dem Worte „Neutralität" verbergen, die von der Verfassung vorausgesetzte und gewollte politische Einheit des unmittelbar vorhandenen Volkes und der vom ganzen Volk gewählte Reichspräsident entgegengesetzt wurde.

3. Das Beamtentum und die verschiedenen Möglichkeiten einer „Unabhängigkeit" vom pluralistischen Parteienstaat

Wenn das staatliche Beamtentum sowohl im Zusammenhang der mehrdeutig sogenannten „neutralen" Größen, wie auch bei der Frage der staatlichen Einheit an einer entscheidenden Stelle erscheint — denn die Schlichter sowohl wie die Richter unserer Arbeitsgerichtsbarkeit und unseres Schlichtungswesens sind im allgemeinen dem Berufsbeamtentum entnommen —, so zeigt sich darin ein großer Funktionswandel, der auch auf diesem Gebiete unvermeidlich eintritt. Die überlieferte, statische Gegenüberstellung von Staat, d. h. monarchischem Beamtenstaat auf der einen, Gesellschaft d. h. „freier", vom Staat grundsätzlich unterschiedener Lebenssphäre auf der andern Seite, löst sich auf. Das Beamtentum steht nicht mehr ü b e r einer von ihm getrennten „Gesellschaft"; es soll nicht mehr, wie im monarchischen Staat, eine der Gesellschaft gegenüber transzendente Stellung haben. Trotzdem ist es bewußt als unparteiische Größe beibehalten; es soll, nach dem Willen der Verfassung, auch n i c h t u n t e r d e r G e s e l l s c h a f t stehen. Die Reichsverfassung enthält in Art. 129—130 eine institutionelle Garantie des Berufsbeamtentums und damit ein verfassungsmäßiges Element der Statik und Permanenz, das von den vorhin erwähnten Methoden „funktioneller Integration" nicht ergriffen werden soll. Die Beamten sind „Diener der Gesamtheit"; ihre Neutralität ist aber nicht die eines bloßen *„Civil Service"*, oder technischen Funktionärs. Vielmehr soll die große Tradition des deutschen Berufsbeamtentums auch im demokratischen Staat fortgeführt werden [1]. Das ist, nachdem

---

[1] Über die „neuartige Mission der Beamtenschaft" in Deutschland: *A. Köttgen*, Das deutsche Berufsbeamtentum und die parlamentarische Demokratie, Berlin 1928, S. 243; Sächsische Schulzeitung Jahrg. 96 (Dresden Nov. 1929) S. 757 f. und 825 f. (gegen die Auflösung des Beamtenverhältnisses in ein sozialpolitisch gesichertes Arbeitsvertragsverhältnis, wie es von *H. Potthoff* vertreten wird); und Handbuch des Deutschen Staatsrechts, Bd. II (1930) S. 15; ferner *E. Zweigert*, Der Beamte im neuen Deutschland, in „Volk und Reich der Deutschen", herausgegeben von *B. Harms*, Berlin 1929, Bd. II, S. 467: „Unser Berufsethos ist durch die Verfassung von Weimar nicht geringer geworden. Im Gegenteil, es ist durch den Gedanken der Hingabe an die Gesamtheit ver-

die monarchische Grundlage und die Trennung von Staat und Gesellschaft entfallen ist, nur auf neuer Grundlage möglich. Die neue Grundlage wird darin erkennbar, daß es der Reichspräsident ist, der nach Art. 46 RV. die Reichsbeamten ernennt und entläßt. Diese beiden Verfassungsbestimmungen — Art. 130 und Art. 46 — gehören also zusammen. Es ist, praktisch gesehen, immerhin eine beachtenswerte Hemmung gegen parteipolitische Methoden der Stellenbesetzung, wenn nicht der zum Minister gewordene Parteigenosse unmittelbar, sondern ein vom Parlament, d. h. von einer Partei unabhängiges Staatshaupt die Beamten ernennt. Aber wichtiger noch als dieser praktische Vorteil ist der systematische Zusammenhang von verfassungsrechtlich gewährleistetem Beamtenstaat und einem auf plebiszitärer Grundlage stehenden, das plebiszitäre Element der Reichsverfassung beherrschenden Reichspräsidenten.

Damit ist nämlich die einzige, in einer demokratischen Verfassung denkbare Möglichkeit einer u n a b h ä n g i g e n Instanz geschaffen, ohne welche es keinen Hüter der Verfassung geben kann. „Unabhängigkeit" ist die fundamentale Voraussetzung, und sämtliche Vorschläge eines Hüters der Verfassung beruhen auf dem Gedanken, eine u n a b h ä n g i g e und n e u t r a l e Instanz zu schaffen. Meistens wird aber nicht deutlich und nicht genug systematisch klar, wie viele „Unabhängigkeiten" im heutigen Staatsleben vorhanden sind

tieft und veredelt." *Zweigert* spricht dort auch von dem „inneren Konnex mit der Gesamtheit, der nicht nur höher steht als der Konnex zu einer Partei, sondern auch ethisch höher steht als der frühere Konnex zu der Person des Monarchen" und durch die Unterordnung des Beamten unter „wechselnde politische Gewalten" nicht berührt werde. *H. Leisegang*, Die Ethik des Berufsbeamtentums (in der Vortragsreihe: Berufsbeamtentum, Volksstaat und Ethik, Leipzig 1931, S. 32) sagt sogar: Diese Ethik des Berufsbeamtentums „ist die einzige sittliche Substanz, die diesen Staat zusammenhält, in dem sonst alles, was Menschen untereinander bindet, besonders Weltanschauung und Religion, Privatsache wurde". Die beiden Vorträge von *Walter Kaskel*, Beamtenrecht und Arbeitsrecht, Berlin 1926, und *Fr. Giese*, Das Berufsbeamtentum im deutschen Volksstaat, Berlin 1929 (beide in der Verlagsanstalt des Deutschen Beamtenbundes erschienen) sind hier besonders zu nennen. Von größtem Interesse ist auch die Darlegung von *Ernst Michel*, Das Beamtenproblem, in der Zeitschrift „Deutsche Republik", 3. Jahrgang (August 1929), S. 1501 f., weil *Michel* die oben (S. 79) geschilderte Wendung erkennt und beachtet, die in der „Selbstorganisation der Gesellschaft" liegt und sich keine Illusionen darüber macht, daß wir in einem „durch und durch politisierten Gesellschaftsstaat" leben. In diesem, ich würde sagen: „totalen Staat" hält er das Beamtentum für berufen, „inmitten der gesellschaftlichen Revolutionierung Organ des Friedens ü b e r den wirtschaftlichen, sozialen und politischen Kämpfen zu werden, in täglicher verantwortlicher Mitarbeit die riesige B e s c h w i c h t i g u n g s arbeit im kleinen zu leisten" (die Hervorhebungen sind von mir vorgenommen). Zu der von *A. Köttgen* in der Besprechung von *G. Leibholz*, Der Begriff der Repräsentation, Arch. d. öff. Rechts, Bd. 19 (1930) S. 307 mit neuen, sehr beachtenswerten Argumenten behandelte Frage, ob die deutschen Beamten heute Repräsentanten des Staates sind, möchte ich noch besonders Stellung nehmen. Vorläufig halte ich daran fest, daß die Beamten, wie die Verfassung sagt, D i e n e r sind. vgl. Verfassungslehre S. 213.

3. Das Beamtentum und die Möglichkeiten einer „Unabhängigkeit" 151

und warum immer neue Einrichtungen aus dem parteipolitischen Betrieb und dem pluralistischen System herausgenommen werden müssen. Es gibt nämlich sehr verschiedene Arten von Unabhängigkeit: eine Unabhängigkeit des R i c h t e r s , eine davon verschiedene Unabhängigkeit des B e r u f s - b e a m t e n und eine aus beiden zusammengesetzte Unabhängigkeit des r i c h t e r l i c h e n B e r u f s b e a m t e n ; daneben eine Unabhängigkeit des Präsidenten und der Mitglieder des R e c h n u n g s h o f e s für das Deutsche Reich [1]. Es gibt ferner die Unabhängigkeit des p a r l a m e n t a - r i s c h e n A b g e o r d n e t e n nach Art. 21 RV.[2] und die wiederum besonders geartete Unabhängigkeit und Freiheit des H o c h s c h u l l e h r e r s , dem die Lehrfreiheit nach Art. 142 RV. garantiert ist [3]; außerdem eine Unabhängigkeit des G u t a c h t e r s und S a c h v e r s t ä n d i g e n , wie sie aus der Natur der Sache folgt [4]. Die oben (S. 100 f.) behandelten Neutrali-

---

[1] § 118, 119 der Reichshaushaltsordnung.   [2] Darüber Verfassungslehre S. 255.

[3] *Karl Rothenbücher*, in dem Bericht für den Deutschen Staatsrechtslehrertag in München 1927, Veröffentlichungen der Vereinigung deutscher Staatsrechtslehrer Heft 4, S. 32 f.; *R. Smend*, ebenda, S. 56 f.; *W. A. E. Schmidt*, Die Freiheit der Wissenschaft (Abhandlungen zur Reichsverfassung, herausgegeben von *W. Jellinek*, Heft 3), Berlin 1929, S. 126 f.; *F. Freiherr Marschall von Bieberstein*, Die Gefährdung der deutschen Universität in der Zeitschrift „Die Tatwelt", Jena, Juli/Sept., 1929, S. 92 f. Sehr lehrreich für das Problem des religiös und weltanschaulich neutralen Staates und sein Verhältnis zur Erziehung und Schule ist der Aufsatz von *G. Giese*, Staat, Staatsgedanke und Staatserziehung, in der Zeitschrift „Die Erziehung", 5. Jahrgang (1929), besonders S. 153; doch müßten hier die verschiedenen Arten der Unparteilichkeit, Überparteilichkeit und Neutralität näher unterschieden werden (oben S. 111 f.). Über die *ratio* der autonomen Wissenschaft besonders treffend *E. Spranger*, Das Wesen der deutschen Universität (Akademisches Deutschland, 1930 III 1, S. 5): „Genauer gesagt, handelt es sich bei dem Satz von der Freiheit der Wissenschaft nicht um ein individualistisches Grundrecht, wie z. B. das der freien Meinungsäußerung, sondern um das überindividuell verpflichtende Recht, das aus der überindividuellen S a c h l i c h k e i t des W a h r h e i t s s u c h e n s folgt." Die Garantie der wissenschaftlichen Lehrfreiheit in Art. 142 RV. ist eine institutionelle Garantie (Verfassungslehre S. 172, zustimmend *Anschütz*, Kommentar S. 572, *F. Giese*, Kommentar S. 299; *A. Köttgen*, Mitteilungen des Verbandes der Deutschen Hochschulen, Januar 1931). Über den Zusammenhang dieser akademischen Lehrfreiheit mit dem Prinzip der freien Diskussion und das Privileg des Kolleggeldes die interessanten Ausführungen von *Lorenz von Stein*, Lehrfreiheit, Wissenschaft und Kolleggeld, Wien 1875 (Lehrfreiheit als Diskussionsfreiheit, Kolleggeld als Garantie der Unabhängigkeit und Freiheit).

[4] *A. Bertram*, Zeitschrift für Zivilprozeß, Bd. 28, 1928, S. 421: „Im Bereich der Verwaltung überhaupt nimmt nun gerade das Gutachten eine Sonderstellung ein, insofern das Gutachten begrifflich eine Weisung nicht verträgt. Gewiß kann die vorgesetzte Stelle die ihr nachgeordnete zur Erstattung eines Gutachtens über mehr oder weniger allgemeine oder genau bezeichnete Fragen anweisen; aber sie kann sie nicht, ohne den Begriff des Gutachtens aufzuheben, anweisen, zu einem bestimmten Ergebnis zu gelangen, d. h. der Inhalt des Gutachtens ist stets weisungsfreie Eigentätigkeit des Gutachters."

sierungsbestrebungen und a u t o n o m e n , von der Staatshoheit abgezweigten selbständigen Gebilde wie R e i c h s b a n k und R e i c h s b a h n g e s e l l s c h a f t haben ebenfalls zu eigenartigen Formen und Sicherungen der Unabhängigkeit geführt, unter denen, neben Inkompatibilitäten und andere Besonderheiten, vor allem die Ergänzung des Generalrates der Reichsbank durch K o o p t a t i o n , und die Entscheidung von Streitigkeiten zwischen Reichsregierung und Reichsbahngesellschaft durch ein besonderes R e i c h s b a h n g e r i c h t zu nennen sind. Es gibt endlich die Unabhängigkeit des S t a a t s h a u p t e s , sei es des Monarchen in der konstitutionellen Monarchie, dessen Unabhängigkeit auf der Erblichkeit der Thronfolge und der Unverletzlichkeit seiner Person beruht; sei es die Unabhängigkeit des Staatspräsidenten in einer konstitutionellen Demokratie, wie sie nach der Weimarer Verfassung durch Wahl des ganzen deutschen Volkes (Art. 41 RV.), siebenjährige Amtsdauer (Art. 43 Abs. 1 RV.) und erschwerte Abberufung (Art. 43 Abs. 2 RV.) gesichert ist.

Die richterliche Unabhängigkeit ist also nur ein besonders gearteter Fall und keineswegs die Unabhängigkeit schlechthin; sie ist außerdem, wie gesagt, ein z u s a m m e n g e s e t z t e r Fall von Unabhängigkeit. Man denkt bei ihr gewöhnlich an die Unabhängigkeit des richterlichen Berufsbeamten. Durch die Garantien seiner rechtlich gesicherten Stellung wird der auf Lebenszeit oder längere Dauer angestellte, nicht beliebig absetzbare oder kündbare Berufsbeamte aus dem Streit der wirtschaftlichen und sozialen Gegensätze herausgenommen. Er wird „unabhängig" und dadurch imstande, neutral und unparteiisch zu sein, wie es der Art. 130 der Verfassung von ihm verlangt. Die Unabhängigkeit des Richters im heutigen Staat beruht in ihrer Eigenart darauf, daß jene allgemeinen beamtenrechtlichen Garantien noch verstärkt werden, indem Art. 104 RV. vorschreibt, daß die Richter der ordentlichen Gerichtsbarkeit auf Lebenszeit ernannt werden, daß sie wider ihren Willen nur kraft richterlicher Entscheidung und aus den Gründen und unter den Formen, welche das Gesetz bestimmt, dauernd oder zeitweise ihres Amtes enthoben oder an eine andere Stelle oder in den Ruhestand versetzt werden können. Bei der von der Weimarer Verfassung garantierten richterlichen Unabhängigkeit sind demnach zwei Arten von Unabhängigkeit miteinander verbunden; einmal die spezifisch r i c h t e r l i c h e Unabhängigkeit von dienstlichen Anweisungen und Befehlen in Ausübung der richterlichen Tätigkeit (Art. 102), welche Unabhängigkeit aber auch für die nicht beamteten Richter (Schöffen, Geschworene, Laienrichter und -beisitzer) gilt, und zweitens die verstärkte Unabhängigkeit des richterlichen B e a m t e n . Die Unabhängigkeit des auf Lebenszeit angestellten richterlichen Beamten, der nur in einem formellen, vor Standesgenossen sich abspielenden Verfahren seines Amtes verlustig erklärt werden kann, ist nicht nur als Garantie der erstgenannten richterlichen Unabhängigkeit zu verstehen. Denn für nichtbeamtete Richter (Schöffen, Geschworenen, Handelsrichter, Beisitzer usw.) kommt sie nicht in Betracht, und inhaltlich

3. Das Beamtentum und die Möglichkeiten einer „Unabhängigkeit"   153

bedeutet sie nur eine Verstärkung der für alle, auch die nichtrichterlichen Beamten vorgesehenen Garantien der Art. 129/30 RV. Dieser Teil der richterlichen Unabhängigkeit ist nur ein qualifizierter Fall der allgemeinen Unabhängigkeit des Beamten. Niemand würde einen aus Parteipolitikern zusammengesetzten Gerichtshof für unabhängig und neutral halten, auch wenn dessen Mitglieder „in Ausübung ihrer richterlichen Tätigkeit an Aufträge und Anweisungen nicht gebunden" wären; jeder würde sich des Schicksals der Abgeordnetenunabhängigkeit nach Art. 21 RV. erinnern und vermuten, daß ein solcher Gerichtshof — sowohl in seiner Besetzung wie in seiner Tätigkeit — ebenso zum Schauplatz des pluralistischen Systems werden müßte, wie es das Parlament und jede vom „Vertrauen des Parlaments" beeinflußte Stelle geworden ist.

Ein Kollegium von unabsetzbaren, mit den besonderen Garantien der richterlichen Unabhängigkeit ausgestatteten Berufsrichtern erscheint in besonders hohem Maße als eine unabhängige, neutrale und objektive Instanz, und es ist nur zu leicht verständlich, daß man alle Verfassungsstreitigkeiten entpolitisiert zu haben glaubt, wenn man sie der Entscheidung eines Kollegiums beamteter Richter überläßt. Fordert man aber aus solchen Gründen einen Staats- oder Verfassungsgerichtshof für alle Verfassungsstreitigkeiten, so vergißt man meistens, daß die richterliche Unabhängigkeit nur die andere Seite der richterlichen Gesetzesgebundenheit ist und die Verfassung eine solche Bindung im allgemeinen nicht bewirken kann [1]. Man übersieht gewöhnlich auch die Erfahrungen, die im letzten Jahrzehnt auf dem Gebiet der Arbeitsstreitigkeiten gemacht wurden und zu einer klaren Trennung von Richter und Schlichter geführt haben. Man erstrebt aber in Wahrheit nicht so sehr eine richterliche, als eine unabhängige und neutrale Instanz und möchte den richterlichen Charakter nur als sicherstes und deutlichstes Mittel einer verfassungsgesetzlich garantierten Unabhängigkeit benutzen. Deshalb ist auch in den meisten Fällen keineswegs nur an die richterliche Unabhängigkeit im engsten Sinn gedacht, d. h. an die Unabhängigkeit gegenüber Anweisungen einer andern Stelle, welche die Ausübung einer richterlichen Tätigkeit betreffen, sondern an die durch die Unabhängigkeit des Berufsbeamtentums verstärkte Unabhängigkeit des **richterlichen Berufsbeamten**. Man ist daher bei solchen Forderungen gewöhnlich darauf bedacht, die Garantien des richterlichen Berufsbeamtentums womöglich noch zu verstärken. Ein derartiger Staats- oder Verfassungsgerichtshof müßte z. B. dagegen geschützt sein, daß die Zahl oder Zusammensetzung der Richter oder das Verfahren durch einfaches Gesetz geändert werden können, damit nicht ein Richterschub oder ähnliche Beeinflussungen möglich sind, wie sie erfahrungsgemäß in politisch wichtigen Fällen eintreten und insbesondere auch aus der Geschichte des obersten Gerichtshofes der Vereinigten Staaten wohl bekannt sind [2]. Schließlich wäre es durchaus

[1] Vgl. oben S. 47/48.
[2] So der *Dred-Scott*-Fall aus der Zeit des Kampfes um die Abschaffung der Sklaverei

konsequent, zu fordern, daß eine solche Instanz nur auf V o r s c h l a g des Präsidenten oder gar des ganzen Kollegiums besetzt werde [1] oder sich überhaupt nur durch K o o p t a t i o n ergänze [2]. Daß immer stärkere Sicherungen gefordert werden, beweist nur, daß Gerichtsbarkeit und Justizförmigkeit bei den Vorschlägen eines Staats- oder Verfassungsgerichtshofes in Wahrheit nur dem Bestreben dienen, gegenüber dem parteipolitischen Betrieb und Geschäft eine neutrale und unabhängige Instanz und eine gewisse ,,Permanenz" [3], d. h. Statik zu schaffen [4].

(*Charles Warren*, The Supreme Court in the United States, Boston 1924, III. S. 22 f.), oder die Legal Tender Cases aus der Zeit der Geldentwertung der Sezessionskriege (a. a. O. S. 244), vgl. oben S. 13; auch *Gneists* Urteil über die Beamten ist in diesem Zusammenhang beachtenswert (oben S. 36 Anm.).

[1] Vorschlagsrecht des Präsidenten des Rechnungshofes für das Deutsche Reich; Reichshaushaltsordnung § 119 Abs. 2. Für das geplante Reichsverwaltungsgericht (Entwurf eines Gesetzes über das Reichsverwaltungsgericht vom 26. August 1930, Reichsratdrucksache Nr. 155) hat *G. Lassar* ein ähnliches Vorschlagsrecht empfohlen, in der Schrift Das Reichsverwaltungsgericht, eine Kritik des Regierungsentwurfs, Berlin 1930, S. 14. Das Vorschlagsrecht der Fakultäten bei Berufungen ist ein Rest ihrer die Unabhängigkeit der Wissenschaft voraussetzenden Autonomie.

[2] *Kelsen* in seinem Bericht, Veröffentlichungen Deutscher Staatsrechtslehrer, Heft 5, S. 56. Bisher hat man im Deutschen Reich eine solche Kooptation nur für den Generalrat der Reichsbank und nur unter dem außenpolitischen Druck der Gläubigerstaaten durchsetzen können. Über einen andern in Frankreich unternommenen (mißlungenen) Versuch, eine Kooptation einzuführen, unten Anm. 4.

[3] Ausdruck von *R. Gneist* in seinem Gutachten über das richterliche Prüfungsrecht. a. a. O. S. 23. *Gneist* lehnt die in den Vereinigten Staaten von Amerika geübte richterliche Prüfung der Gesetze auf ihre Vernünftigkeit und Gerechtigkeit (ihre Rationabilität) mit folgenden für den Zusammenhang der Ausführungen des obigen Textes besonders interessanten Begründung ab: ,,Da in den Faktoren der Gesetzgebung hier (sc. in den Vereinigten Staaten Amerikas) die notwendige Permanenz fehlt, um eine Garantie gegen übereilte und durch wechselnde Interessen bestimmte Beschlüsse der gesetzgebenden Körper zu gewähren, so hat man durch Überordnung der Gerichte als Wächter für gewisse grundvertragsmäßige Schranken einige Vorzüge der erblichen Monarchie zu erhalten gesucht. Für die deutsche Gerichtsverfassung paßt diese transzendente Gewalt des höchsten Gerichtshofes sicherlich nicht. Jene l e t z t e G a r a n t i e liegt vielmehr sicherer in der Erbmonarchie, einem zweiten permanenten und einem dritten gewählten Körper, in ihrem Zusammenwirken bei der Gesetzgebung; sie liegt darin wenigstens soweit, wie menschliche Institutionen eine solche überhaupt gewähren können."

[4] Dieses Ziel würde man allerdings am sichersten durch eine auf Erblichkeit beruhende zweite (bzw. erste) Kammer erreichen. Da es kaum möglich wäre, in heutigen demokratischen Staaten eine Pairskammer nach englischem Vorbild neu einzuführen, so könnte man nur den Versuch eines ganz oder zum Teil inamoviblen, durch Kooptation sich ergänzenden Senates wiederholen. Der Versuch ist im republikanischen Frankreich mißlungen. Nach dem Verfassungsgesetz vom 24. Februar 1875 wurden 75 von 300 Senatoren zuerst von der Nationalversammlung auf Lebenszeit ernannt, die sich dann durch Ko-

3. Das Beamtentum und die Möglichkeiten einer „Unabhängigkeit"

Der Hüter der Verfassung muß allerdings unabhängig und parteipolitisch neutral sein. **Aber man mißbraucht die Begriffe von Justizförmigkeit und Gerichtsbarkeit, wie auch die institutionelle Garantie des deutschen Berufsbeamtentums, wenn man in allen Fällen, in denen aus praktischen Gründen eine Unabhängigkeit und Neutralität zweckmäßig oder notwendig erscheint, gleich ein mit berufsbeamteten Juristen besetztes Gericht und eine Justizförmigkeit einführen will.** Die Justiz sowohl wie das Berufsbeamtentum werden in einer unerträglichen Weise belastet, wenn auf sie alle die politischen Aufgaben und Entscheidungen gehäuft werden, für die eine Unabhängigkeit und parteipolitische Neutralität erwünscht ist. Außerdem wäre die Einsetzung eines derartigen Hüters der Verfassung der politischen Konsequenz des demokratischen Prinzips direkt entgegengesetzt. Gegenüber dem königlichen Verordnungsrecht konnte das richterliche Prüfungsrecht im 19. Jahrhundert politischen Erfolg haben, sowohl in Frankreich wie auch in den deutschen konstitutionellen Monarchien [1]. Heute wäre die Front der Justiz nicht mehr gegen einen Monarchen, sondern gegen das Parlament gerichtet. Das bedeutet einen folgenreichen Funktionswandel der richterlichen Unabhängigkeit. Auch hier ist die alte Trennung von Staat und Gesellschaft entfallen und darf man die Formeln und Argumente des 19. Jahrhunderts nicht einfach auf die politisch und sozial völlig veränderte Lage des 20. Jahrhunderts übertragen. Die Notwendigkeit statischer Einrichtungen und eines Gegengewichts gegen das Parlament ist heute in Deutschland ein ganz anders geartetes Problem wie damals die Kontrolle des Monarchen. Das gilt sowohl für das allgemeine, diffuse, richterliche Prüfungsrecht wie für die bei einer einzigen Instanz konzentrierte Kontrolle. Durch die Konzentrierung aller Verfassungsstreitigkeiten bei einem einzigen, aus unabsetzbaren Berufsbeamten gebildeten und auf dieser Grundlage unabhängigen Gerichtshof würde eine zweite Kammer geschaffen, deren Mitglieder Berufsbeamte wären. Keine Justizförmigkeit könnte darüber hinwegtäuschen, daß es sich bei einem solchen Staats- oder Verfassungsgerichtshof um eine hochpolitische Instanz mit Verfassungsgesetzgebungsbefugnissen han-

---

optation ergänzen sollten, während im übrigen die Mehrheit des Senates aus Wahlen hervorging. Aber ein Verfassungsgesetz vom 9. Dezember 1884 beseitigte diese Einschränkung des demokratischen Prinzips der Wahl. Doch blieben die auf Lebenszeit ernannten Mitglieder in ihrer inamoviblen Stellung, nur daß sie bei Wegfall nicht wieder ergänzt wurden. Der letzte dieser inamoviblen Senatoren ist erst vor einigen Jahren gestorben.

[1] Für Frankreich vgl. die überaus treffende Bemerkung von *Maxime Leroy*, Les transformations de la puissance publique, Paris 1907, S. 97: die französischen Gerichte nahmen 1829 den leer gewordenen Platz des Sénat conservateur ein; für Deutschland das mehrfach zitierte Gutachten von *R. Gneist*, insbesondere auch die eben S. 154 Anm. 3 mitgeteilte Stelle.

delte. Vom demokratischen Standpunkt aus wäre es kaum möglich, einer Aristokratie der Robe solche Funktionen zu übertragen.

4. Die demokratische Grundlage der Stellung des Reichspräsidenten

Die Unabhängigkeit der Richter hat aber im heutigen Staat überhaupt nicht den Zweck, einen Träger richtiger politischer Willensbildung zu schaffen, sondern eine Sphäre der gesetzesgebundenen Justiz innerhalb eines geordneten Staatswesens abzugrenzen und zu sichern. Andere Arten der Unabhängigkeit haben andere Funktionen, darunter, wie oben (S. 114) gezeigt, gerade auch die, eine von den staatsauflösenden Methoden des pluralistischen Parteienstaates unabhängige, starke politische Willensbildung zu ermöglichen. Das wird infolge der Verwechslung von Neutralisierung, Entparteipolitisierung und Entpolitisierung oft übersehen [1], ist aber sofort erkennbar, wenn man beachtet, daß den verschiedenen Unabhängigkeiten verschiedene, wenn auch nicht immer systematisch durchdachte und durchgeführte In a m o v i b i l i t ä t e n , I m m u n i t ä t e n und — wofür in Deutschland freilich wenig Verständnis und Neigung zu bestehen scheint — I n k o m p a t i b i l i t ä t e n entsprechen [2]. Vor allem kennt das deutsche Staatsrecht jedenfalls eine Inkompatibilität der Stellung des Reichspräsidenten mit der eines Reichstagsabgeordneten (Art. 44). Ihr politischer Sinn liegt darin, daß hier die Selbständigkeit des von der Verfassung eingeführten plebiszitären Systems gegenüber dem parlamentarischen zum Ausdruck kommt. Sie deutet auf eine parteipolitische, aber nicht unpolitische Unabhängigkeit [3]. Dagegen hat die für Mitglieder des Rechnungshofes (§ 118 der Reichshaushaltsordnung) eingeführte Inkompatibilität den Sinn einer Entpolitisierung. In andern, bereits behandelten Fällen von Inkompatibilitäten soll eine Herausnahme aus dem parteipolitischen Betrieb erreicht werden; so bei der Reichsbank und der Reichsbahn. Während in andern Demokratien ziemlich selbstverständlich noch eine Reihe von Beamten-Inkompatibilitäten besteht, sind solche in Deutschland

---

[1] Besonders leidet L. *Wittmayers* Abhandlung, Reichsverfassung und Politik, Tübingen 1923 (Recht und Staat, Heft 24) unter der unglücklichen Gleichstellung von „Entpolitisierung" und „Ent-Parteipolitisierung"; über diese Gleichstellung oben S. 108. Auch ist es ein Irrtum, wenn *Wittmayer* glaubt, „Verankerungen" in der Verfassung seien „Entpolitisierungen"; sie können gerade zu einer neuen Art parteipolitischen Handels führen; darüber J. *Popitz*, Verfassungsrecht und Steuervereinheitlichungsgesetz, Deutsche Juristen-Zeitung 1929, S. 20. Politik und Parteipolitik ist eben nicht das gleiche.

[2] Es kommt dabei hauptsächlich auf parlamentarische Inkompatibilitäten an, die *Werner Weber*, Arch. d. öff. Rechts, N. F. Bd. 19 (1930) S. 161—254 behandelt hat.

[3] Sehr gut W. *Weber* a. a. O. S. 205 Anm. 116: „In Deutschland dürften sich Gewaltenunterscheidungsgedanke und Neutralisierungstendenz für die Rechtfertigung der Präsidenteninkompatibilität die Waage halten; aber beides steht sich nicht isoliert gegenüber, sondern ergänzt und bedingt sich gegenseitig."

4. Die demokratische Grundlage der Stellung des Reichspräsidenten 157

wenig bekannt. Jedoch verdient es Erwähnung, daß für richterliche Beamte neuerdings von angesehener Seite eine allgemeine parlamentarische Inkompatibilität vorgeschlagen worden ist [1]. Für Mitglieder eines Verfassungsgerichtshofes sind natürlich selbst dort strengste Inkompatibilitäten angeordnet, wo sonst der Sinn für klare Trennungen wenig entwickelt ist [2].
Bei den verschiedenen Fällen der „Unabhängigkeit" ist demnach in erster Linie darauf zu achten, ob die Unabhängigkeit nur defensiv und negativ einen Schutz g e g e n die politische Willensbildung gewähren soll, oder ob im Gegenteil ein selbständiger p o s i t i v e r A n t e i l an der Bestimmung oder Beeinflussung des politischen Willens gesichert wird. Die richterliche Unabhängigkeit ist nur die andere Seite der richterlichen Gesetzesgebundenheit und insofern unpolitisch [3]. Im übrigen aber ist es von großer Bedeutung, daß sowohl die Unabhängigkeit des Berufsbeamten, wie die Unabhängigkeit des parlamentarischen Abgeordneten und schließlich auch die durch erschwerte Abberufbarkeit und besondere Privilegien geschützte Stellung des Staatshauptes aufs engste mit der Vorstellung des G a n z e n der politischen E i n h e i t verknüpft ist. Die Weimarer Verfassung sagt: „Die Beamten sind Diener der G e s a m t h e i t, nicht einer Partei" (Art. 130). „Die Abgeordneten sind Vertreter des g a n z e n V o l k e s" (Art. 21). „Der Reichs-

---

[1] *Eugen Schiffer*, Entwurf eines Gesetzes zur Neuordnung des deutschen Rechtswesens 1928, S. 1 (§ 16): „Richter sind weder zum Reichstag noch zu einem Landtag wählbar. Sie dürfen nicht Mitglieder einer politischen Organisation sein und sich nicht in öffentlich wahrnehmbarer Weise politisch betätigen"; dazu die Begründung S. 29 über die Heraushebung des Richteramtes aus der Politik. Vgl. ferner *A. Köttgen*, Das deutsche Berufsbeamtentum und die parlamentarische Demokratie, Berlin 1928, S. 105 f. und Handbuch des Deutschen Staatsrechts, Bd. II S. 17 f. Weitere Literatur bei *W. Weber* a. a. O. S. 208 f.

[2] § 4 Abs. 2 des Reichsgesetzes über den Staatsgerichtshof vom 9. April 1921, RGBl.: „Wählbar sind Deutsche, die das 30. Lebensjahr vollendet haben. Mitglieder der Reichsregierung, des Reichstags, des Reichsrats, des Reichswirtschaftsrats, einer Landesregierung, eines Landtags oder eines Staatsrats können nicht Beisitzer sein." Ferner § 61 der Badischen Verfassung, § 67 der Verfassung von Mecklenburg-Schwerin, tschechoslowakisches Gesetz vom 9. März 1921 über das Verfassungsgericht § 1 Abs. 6: „Mitglieder des Verfassungsgerichts sowie Ersatzmänner können bloß rechtskundige, in den Senat wählbare Personen sein, die nicht Mitglieder einer der genannten gesetzgebenden Körperschaften sind" (*Epstein* S. 21); Art. 147 Abs. 4 des österreichischen Bundesverfassungsgesetzes in der Fassung vom 7. Dezember 1929 (Bundesgesetzbl. 1929, S. 1323). Anders § 70 der bayerischen Verfassung und § 2 Ziff. 3 des Gesetzes vom 11. Juni 1920.

[3] Es geht meiner Ansicht nach trotzdem zu weit, wenn *Rudolf Smend*, Verfassung und Verfassungsrecht S. 69 f. sagt, die Tätigkeit des Richters diene, zum Unterschied von der Tätigkeit anderer staatlicher Behörden, nicht der Integration der politischen, sondern zunächst der Integration einer besonderen Rechtsgemeinschaft. Auch das müßte zu einer pluralistischen Auflösung des Staates führen. Die vielen besonderen Zweige und Gebiete des materiellen Rechts, denen wieder zahllose Sondergerichtsbarkeiten entsprächen, würden dann ebenso viele Gemeinschaften darstellen.

tagspräsident wird vom g a n z e n deutschen Volk gewählt" (Art. 41) und repräsentiert das Deutsche Reich nach außen (Art. 45). Die Bezugnahme auf das Ganze der politischen Einheit enthält immer einen Gegensatz gegen die pluralistischen Gruppierungen des wirtschaftlichen und sozialen Lebens und soll eine Überlegenheit über derartige Gruppierungen herbeiführen. Wo das nicht der Fall ist, wirkt die äußerliche Übernahme solcher verfassungsgesetzlicher Formen entweder als leere Fiktion, oder sie bringt nur die Objektivität des unparteiischen Gutachters zum Ausdruck; so bei den Mitgliedern des vorläufigen Reichswirtschaftsrates, für welche Art. 5 der Verordnung vom 4. Mai 1920 ebenfalls bestimmt, daß diese Mitglieder „Vertreter der wirtschaftlichen Interessen des ganzen Volkes" sind [1].

Erst im vergleichenden Zusammenhang solcher Bestimmungen wird die Stellung erkennbar, welche dem Reichspräsidenten nach der Weimarer Verfassung zukommt. Der Reichspräsident steht im Mittelpunkt eines ganzen, auf plebiszitärer Grundlage aufgebauten Systems von parteipolitischer Neutralität und Unabhängigkeit. Auf ihn ist die Staatsordnung des heutigen Deutschen Reiches in demselben Maße angewiesen, in welchem die Tendenzen des pluralistischen Systems ein normales Funktionieren des Gesetzgebungsstaates erschweren oder sogar unmöglich machen. Bevor man also für hochpolitische Fragen und Konflikte einen Gerichtshof als Hüter der Verfassung einsetzt und die Justiz durch solche Politisierungen belastet und gefährdet, sollte man sich zunächst dieses positiven Inhaltes der Weimarer Verfassung und ihres verfassungsgesetzlichen Systems erinnern. Nach dem vorliegenden Inhalt der Weimarer Verfassung besteht bereits ein Hüter der Verfassung, nämlich der Reichspräsident. Sowohl das relativ Statische und Permanente (Wahl auf 7 Jahre, erschwerte Abberufungsmöglichkeit, Unabhängigkeit von den wechselnden Parlamentsmehrheiten) wie auch die Art seiner Befugnisse (die Zuständigkeiten nach Art. 45 f. RV., Reichstagsauflösung nach Art. 25 und Herbeiführung eines Volksentscheids nach Art. 73 RV., Gesetzes-Ausfertigung und -Verkündung nach Art. 70, Reichsexekution und Schutz der Verfassung nach Art. 48) haben den Sinn, eine wegen ihres unmittelbaren Zusammenhanges mit dem staatlichen Ganzen parteipolitisch neutrale Stelle zu schaffen, die als solche der berufene Wahrer und Hüter des verfassungsmäßigen Zustandes und des verfassungsmäßigen Funktionierens der obersten Reichsinstanzen und für den Notfall mit wirksamen Befugnissen zu einem aktiven Schutz der Verfassung ausgerüstet ist. Ausdrücklich heißt es in dem

---

[1] Ich sehe hier im Gegensatz zu *F. Glum*, Der deutsche und der französische Reichswirtschaftsrat, Beiträge zum öffentlichen Recht und Völkerrecht, Heft 12, S. 25 f., Berlin 1929, keinen Fall echter Repräsentation und halte wirtschaftliche Interessen nicht für „repräsentabel" im spezifischen Sinne des Wortes. Vgl. auch oben S. 98 Anm. Über den Reichswirtschaftsrat als Gutachter- und Beratungsorgan (im Gegensatz zu einem Wirtschaftsparlament) *W. Haubold*, Die Stellung des Reichswirtschaftsrates in der Organisation des Reiches, Dissertation der Berliner Handels-Hochschule, 1931.

4. Die demokratische Grundlage der Stellung des Reichspräsidenten

Eid, den der Reichspräsident nach Art. 42 zu schwören hat, daß der Reichspräsident „die Verfassung wahren" werde. Der politische Eid auf die Verfassung gehört nach deutscher verfassungsrechtlicher Überlieferung zur „Gewähr der Verfassung", und der geschriebene Text der geltenden verfassungsgesetzlichen Regelung bezeichnet den Reichspräsidenten deutlich genug als den Wahrer der Verfassung. Man kann dieses authentische Verfassungswort nicht ignorieren, gleichgültig, wie man im übrigen die Bedeutung des politischen Eides bewertet.

Daß der Reichspräsident der Hüter der Verfassung ist, entspricht aber auch allein dem demokratischen Prinzip, auf welchem die Weimarer Verfassung beruht. Der Reichspräsident wird vom ganzen deutschen Volk gewählt, und seine politischen Befugnisse gegenüber den gesetzgebenden Instanzen (insbesondere Auflösung des Reichstags und Herbeiführung eines Volksentscheids) sind der Sache nach nur ein „Appell an das Volk". Dadurch, daß sie den Reichspräsidenten zum Mittelpunkt eines Systems plebiszitärer wie auch parteipolitisch neutraler Einrichtungen und Befugnisse macht, sucht die geltende Reichsverfassung gerade aus demokratischen Prinzipien heraus ein Gegengewicht gegen den Pluralismus sozialer und wirtschaftlicher Machtgruppen zu bilden und die Einheit des Volkes als eines politischen Ganzen zu wahren. Vielleicht kann man daran zweifeln, ob es auf die Dauer möglich sein wird, die Stellung des Reichspräsidenten dem parteipolitischen Betriebe zu entziehen und in einer von staatlichen Ganzen her bestimmten, unparteilichen Objektivität und Neutralität zu halten; vielleicht kann man befürchten, daß das Schicksal des Staatshauptes im republikanischen Europa dem Schicksal des Monarchen, und das Schicksal des plebiszitären Reichspräsidenten dem bisherigen Schicksal des Volksentscheids auf Volksbegehren folgen werde, der ja auch unschädlich gemacht worden ist. Die Weimarer Verfassung unternimmt ihren Versuch jedenfalls sehr bewußt und zwar mit spezifisch demokratischen Mitteln. Sie setzt das ganze deutsche Volk als eine Einheit voraus, die unmittelbar, nicht erst durch soziale Gruppenorganisationen vermittelt, handlungsfähig ist, die ihren Willen zum Ausdruck bringen kann und sich im entscheidenden Augenblick auch über die pluralistischen Zerteilungen hinweg zusammenfinden und Geltung verschaffen soll. Die Verfassung sucht insbesondere der Autorität des Reichspräsidenten die Möglichkeit zu geben, sich unmittelbar mit diesem politischen Gesamtwillen des deutschen Volkes zu verbinden und eben dadurch als Hüter und Wahrer der verfassungsmäßigen Einheit und Ganzheit des deutschen Volkes zu handeln. Darauf, daß dieser Versuch gelingt, gründen sich Bestand und Dauer des heutigen deutschen Staates.

CARL SCHMITT

Hugo Preuß
Sein Staatsbegriff und seine Stellung
in der deutschen Staatslehre

Die erste Auflage dieser Schrift ist als Band 72 in der Reihe
„Recht und Staat in Geschichte und Gegenwart. Eine Sammlung von Vorträgen
und Schriften aus dem Gebiet der gesamten Staatswissenschaften"
1930 im Verlag von J. C. B. Mohr (Paul Siebeck) Tübingen erschienen.

Die Seitenumbrüche der Originalausgabe werden mit |[Seitenzahl] gekennzeichnet.

Vorbemerkung.

|[3]Die Rede, die ich zum 18. Januar 1930 in der Handels-Hochschule Berlin gehalten habe, ist im Folgenden zu einem kurzen Überblick über die geschichtliche Entwicklung der letzten drei Generationen des deutschen Staatsrechts geworden. Infolgedessen steht *Hugo Preuß* nicht mehr ausschließlich im Mittelpunkt der Ausführungen, und man könnte den Titel der vorliegenden Broschüre „*Hugo Preuß*, sein Staatsbegriff und seine Stellung in der deutschen Staatslehre" als ungenau bezeichnen. Trotzdem möchte ich daran festhalten, den Namen auch im Titel zu nennen und immer wieder auf ihn zurückkommen. Denn man wird von *Preuß* ausgehen müssen, wenn man sich einer Aufgabe unterzieht, der die deutsche Staatsrechtswissenschaft nicht länger ausweichen kann, nämlich zum konkreten geschichtlichen Bewußtsein der eigenen geistigen Situation zu gelangen. Das Gesamtwerk von Hugo Preuß liegt heute in der Hauptsache wohl vollständig vor, dank der Ausgaben von Frau *Else Preuß, Theodor Heuß*, G. *Anschütz* und Frau *Hedwig Hintze*. Je mehr die Geschichte des neueren deutschen Staatsrechts übersehbar wird und je deutlicher die einzelnen Richtungen und Wendepunkte — 1848, 1870, 1890 und 1918 — sich abheben, um so mehr wird Preuß zu einer typischen und sogar paradigmatischen Gestalt. Daß gerade er berufen wurde, den Entwurf der Weimarer Verfassung herzustellen, erscheint im Zusammenhang der geschichtlichen Entwicklung des deutschen Staatsrechts als historisch|[4] gerecht und fast symbolhaft. Wenn daher im Folgenden zum erstenmal der Versuch gemacht wird, die Entwicklung in einer zusammenfassenden Übersicht mit einfachen Linien zu kennzeichnen, so ist es wohl begründet, dabei immer wieder auf *Hugo Preuß* Bezug zu nehmen und vor allem seinen Platz in dieser geschichtlichen Reihe zu bestimmen. In ihm verbinden sich die drei maßgebenden Richtungen des deutschen Staatsrechts, die mit den Namen *Gneist, Gierke* und *Laband* charakterisiert sind; jede dieser drei Epochen hat ihn erfaßt und auf ihn eingewirkt, und auf dem Weg über ihn und sein Werk beeinflussen sie heute noch die Jurisprudenz des geltenden Verfassungsrechts.

Berlin, April 1930.   C. S.

I.

|[5]Alle politischen Begriffe entstehen aus einem konkreten, außen- oder innenpolitischen Gegensatz und sind ohne diesen Gegensatz nur mißverständliche, sinnlose Abstraktionen. Es ist deshalb nicht zulässig, von der konkreten Situation, d. h. von der konkreten Gegensätzlichkeit, zu abstrahieren. Auch die theoretische Betrachtung politischer Dinge kann nicht davon absehen. Jeder politische Begriff ist ein polemischer Begriff. Er hat einen politischen Feind im Auge und wird in seinem geistigen Rang, seiner intellektuellen Kraft und seiner geschichtlichen Bedeutung durch seinen Feind bestimmt. Worte wie Souveränität, Freiheit, Rechtsstaat und Demokratie erhalten ihren präzisen Sinn erst durch eine konkrete Antithese. Wenigstens für eine wissenschaftliche Erörterung sollte man das beachten. Im übrigen gehört es zu den bequemsten Mitteln des parteipolitischen Betriebes, das eben nicht zu beachten, sondern sich der Phantastik abstrakter Redensarten zu bedienen, um den für die kleinen Kampfmythen der Tagespolemik nötigen Wortnebel zu schaffen[1].

---

[1] Mit dem Wort „politisch" ist kein eigenes Sachgebiet und keine eigene Materie angegeben, die man von andern Sachgebieten oder Materien unterscheiden könnte, sondern nur der *Intensitätsgrad* einer Assoziation oder Dissoziation. Jedes Sachgebiet kann politisch werden, wenn aus ihm der Gegenstand einer Freund- und Feindgruppierung entnommen wird. Das Wort „politisch" bezeichnet *keine neue Materie,* sondern, wenn ich diesen Ausdruck, den *Eduard Spranger* für die Pädagogik gebraucht hat, hier übernehmen darf, nur eine *„neue Wendung".* Es ist daher unrichtig, Politik und Religion, Politik und Wirtschaft, Politik und Recht, Politik und Kultur usw. voneinander zu trennen, denn alle diese Gebiete können Schauplatz von Freund- und Feindgruppierungen werden. Insbesondere ist es ganz aussichtslos, ein „politisches" Parlament von einem „Wirtschaftsparlament" unterscheiden zu wollen, weil dasjenige Parlament, das im konkreten Fall die maßgebende Entscheidung trifft, *eo ipso* das politische Parlament ist. Die Leistung eines normalen Staates besteht darin, die gegensätzlichen Gruppierungen innerhalb seiner selbst zu relativieren und ihre letzte Konsequenz, den Krieg, zu verhindern. Ist ein Staat zu dieser Leistung nicht mehr imstande, so verlegt sich das Schwergewicht der Politik von außen nach innen. Die innerpolitischen Gegensätze werden dann zu den maßgebenden Freund- und Feindgruppierungen, und das bedeutet eben latenten oder akuten Bürgerkrieg. Über den Begriff des Politischen vgl. den Aufsatz im Archiv für Sozialwissenschaft, Bd. 56 (1927), S. 1 ff. und in der Veröffentlichung der Deutschen Hochschule für Politik: „Probleme der Demokratie", Berlin 1928; ferner den Vortrag „Staatsethik und pluralistischer Staat" auf der 25. Tagung der Deutschen Kant-Gesellschaft in Halle vom 22. Mai 1929, der demnächst in den Kantstudien erscheinen soll; dort auch der Vortrag von *Hans Freyer.*

Ein Staatsrechtslehrer und Publizist wie Hugo Preuß, der jahrzehntelang in der politischen Opposition stand und immer wieder auf die Prinzipien von Staat und Verfassung zurückging, mußte der herrschenden Staatslehre seiner Zeit als ein polemischer Schriftsteller erscheinen. Daher konnte ihm jeder, der hinter der herrschenden Lehre Deckung nahm, sehr leicht vorwerfen, daß er politisiere und daß es nicht reine Juris|[6]prudenz sei, was er treibe. Heute durchschauen wir diese Art juristischer Reinheit. Wir wissen, daß es ein spezifisch politischer Kunstgriff ist, sich selbst als unpolitisch und den Gegner als politisch hinzustellen. In Wirklichkeit verhält es sich so, daß eine politische Macht ihre politische Intensität gerade dadurch beweisen kann, daß sie eine bestimmte Lehre oder Methode herrschen läßt. Auf der Grundlage eines wirklich oder scheinbar stabilen außen- oder innenpolitischen *status quo* bildet sich leicht eine Jurisprudenz, deren Sinn und Ziel es ist, den *status quo* zu legitimieren und ihm die Weihe unpolitischer, „reiner" Richtigkeit zu verleihen. Ein weiterer Grund für die Herrschaft einer Lehre kann darin liegen, daß man schwierige und politisch bedenkliche Erörterungen vermeiden will und für die tägliche Praxis von Justiz und Verwaltung handliche, unverfängliche Formeln braucht. Das dient dem technischen Interesse einer schnell und reibungslos funktionierenden Bürokratie und ist insofern unpolitisch; freilich nur in einer sehr oberflächlichen Art, denn keine Bürokratie arbeitet im leeren Raum und im reinen Äther; auch sie steht unter außen- und innenpolitischen Bedingungen und in einer konkreten politischen Situation. In der deutschen Vorkriegszeit hat die damals herrschende Staatsrechtslehre, die angeblich rein juristische Methode Labands, beides miteinander verbunden, die Legitimierung des *gouvernementalen status quo* und die Evasion vor politischen Schwierigkeiten. Sie antwortete auf schwierige staatsrechtliche Fragen mit Schein-Antithesen und nötigenfalls, z. B. auf die Frage nach der Bedeutung eines Mißtrauensvotums des Deutschen Reichstages, mit einem Witz[2]. Psychologisch erklärt sich der Erfolg einer solchen Art Jurisprudenz aus dem heute kaum noch faßbaren Sicherheitsgefühl der Vorkriegszeit. Doch reicht eine nur psychologische Erklärung nicht aus, denn das Problem liegt tiefer, weil es in der politischen Situation liegt. Jene Methode der Umgehung politischer Prinzipien entsprach durchaus der innenpolitischen|[7] Struktur des Bismarckschen Reiches und seiner Verfassung, die sich nur als ein System umgangener Entscheidungen begreifen läßt.

---

[2] Für jede parlamentarische Entwicklung besonders bedeutungsvolle Rechte, wie das Recht, die Regierung zu interpellieren und politische Adressen an das Staatshaupt zu richten, nennt *Laband* (Das Staatsrecht des Deutschen Reiches, 5. Aufl., 1911, II, S. 307) „Pseudorechte". „Mit demselben Grunde könnte man auch von einem Rechte des Reichstages reden, ein Hoch auf den Kaiser auszubringen oder ihm zum Geburtstage Glückwünsche auszudrücken oder dem Reichstagspräsidenten für die Leitung der Geschäfte zu danken." Über das Mißtrauensvotum vgl. den Aufsatz DJZ. 1909 Sp. 677 f.

Es kann überaus praktisch und ganz unvermeidlich sein, schwierige politische Entscheidungen zu suspendieren. Wenn die politischen Kräfte einander gleich sind, bleibt vernünftigerweise nichts anderes übrig. Auch die Weimarer Verfassung enthält genug Kompromisse. Nur wäre es töricht und auf die Dauer schädlich, sich über die Art und Bedeutung solcher Kompromisse absichtlich im Unklaren und Unbewußten zu halten. Das aber war gerade der politische Sinn jener angeblich unpolitischen und angeblich rein juristischen Methode. Die deutschen Verfassungen des 19. Jahrhunderts haben den eigentlichen Streitpunkt der innerpolitischen Kämpfe, die fundamentale Verfassungsfrage, offen gelassen, nämlich, staatstheoretisch formuliert, die Frage nach dem Subjekt der verfassunggebenden Gewalt: Souveränität des Monarchen oder Souveränität des Volkes. Weder war die Monarchie stark genug, sich in ihrer Absolutheit zu halten, noch das deutsche Volk imstande, „sich selbst eine Verfassung zu geben". Die Verfassung der deutschen konstitutionellen Monarchie beruht daher in ihrem Kern auf einem Kompromiß, und zwar einem besonders gearteten, die Entscheidung aufschiebenden, dilatorischen Kompromiß von Monarchie und Demokratie. In Bismarcks Reichsverfassung von 1871 verband sich dieser erste, das politische Prinzip der Staatsform betreffende mit einem zweiten, ebenfalls auf der Suspension einer politischen Entscheidung beruhenden Kompromiß widersprechender Prinzipien: das Reich sollte die staatliche Form der nationalen *Einheit* des ganzen deutschen *Volkes* und zugleich ein *Bund* der deutschen *Fürsten* sein. Die vielen, unendlich komplizierten, verzwickten und widerspruchsvollen Konstruktionen des Staatsrechts der Vorkriegszeit, die verfassungsrechtlich sehr aufschlußreichen Erwägungen Bismarcks bei den „Staatsstreich|[8]plänen" von 1890[3] und namentlich die sonst unverständlichen juristischen Definitionen des Bundesstaates erhalten dadurch ihren eigentlich sehr einfachen, politischen Sinn. In der Sache sind sie Ausweichungen und Umgehungen, Versuche einer Harmonisierung und Versöhnung widersprechender politischer Staatsformprinzipien und werden um so mehr zu inhaltlosen Reflexen des innerpolitischen *status quo,* je mehr sie rein juristisch zu sein und alles Politische streng zu vermeiden vorgeben.

Ununterbrochen dringt während des ganzen 19. Jahrhunderts das liberale deutsche Bürgertum in den damals bestehenden monarchischen Obrigkeitsstaat ein. Selbst die starke und mächtige Regierung Bismarcks war gegenüber dem Reichstag immer in der Defensive. Alle wichtigen Begriffe der deutschen Staatslehre tragen zu dem gleichen Ergebnis bei und unterminieren die überlieferte Monarchie, auch wenn sie scheinbar ganz theoretisch oder sogar vorbehaltlos gouvernemental sind. Im Jahre 1837 entdeckte einer der Göttinger Sie-

---

[3] Darüber das für die deutsche Verfassungslehre sehr lehrreiche Buch von *E. Zechlin,* Staatsstreichpläne Bismarcks und Wilhelms II., 1890 bis 1894, Stuttgart und Berlin 1929, S. 38 ff., und dazu die Besprechungen *von Hans Delbrück,* Hist. Zeitschrift, Bd. 140, H. 3; *Hans Rothfels,* D.Lit.Ztg. 1929, S. 2304 f.; *Carl Schmitt,* D. Allg. Ztg. 10. Juli 1929.

ben, der Staatsrechtslehrer *Albrecht*, daß der Staat eine Persönlichkeit ist[4]. Er hatte damit einen außerordentlichen Erfolg, und zwar nicht etwa für die staatsphilosophische Spekulation, die seit alten Zeiten Personifizierungen des Staates kennt, sondern für die Jurisprudenz des positiven Staatsrechts, die seither von der Persönlichkeit des „Staates als solchen" mit einer fast axiomatischen Formelhaftigkeit ausging[5]. Es war keine mystische oder metaphysische Entdeckung, obwohl es mysteriös genug klingt, wenn man eine derartige These abstrakt hinstellt; es war nur der erste sichere Schritt, um den Monarchen zu

---

[4] *Albrechts* Rezension von Maurenbrechers Grundsätzen des heutigen deutschen Staatsrechts, 1834, ist in den Göttingischen Gelehrten Anzeigen 1837, III, S. 1489—1504, veröffentlicht; die maßgebenden Ausführungen S. 1491. Die Veröffentlichung fällt in das gleiche Jahr wie das hannoversche Patent, durch welches der König von Hannover das Staatsgrundgesetz von 1833 für unverbindlich erklärte (5. Juli 1837), ferner der Protest und die Entlassung der sieben Göttinger Professoren. Die berühmte Schrift über diesen Fall, die *Albrecht* mit seinem Freunde *Dahlmann* veröffentlichte, erschien 1838. *Bernatzik*, AöR. V (1890), S. 171 ff., rühmt die Besprechung Albrechts als das Beste, was jemals über den Staat und die Natur der Kollektivpersönlichkeit geschrieben sei und als einen Aufsatz, der die Grundlagen des Verfassungsrechtes geliefert habe.

[5] Doch ist auch die deutsche Staatsphilosophie für diese Entwicklung von großer Bedeutung. Sie war hier sogar die Führerin, und zwar mit ihrer Lehre vom Staat als Organismus. Im Zusammenhang mit den Ausführungen des Textes scheint mir besonders beachtenswert, daß in Hegels Rechtsphilosophie (§ 257 f.) der Staat *unmittelbar gegenwärtiger Geist* ist. In der berühmten Formel „*der Staat als der präsente Gott*" ist das unendlich oft mißverstanden worden. Das Entscheidende liegt meiner Ansicht nach darin, daß nicht mehr, wie es für die Auffassung des 17. Jahrhunderts selbstverständlich wäre, der Fürst der präsente Gott ist, sondern eben der Staat. In Wahrheit ist der Staat niemals *präsent;* präsent ist entweder der Fürst oder das Volk; der Staat, als die politische Einheit, wird *repräsentiert*. Die im übrigen sehr wertvolle Arbeit von *G. Leibholz*, Das Wesen der Repräsentation, Berlin 1929, könnte in dieser Hinsicht ergänzt werden, weil das Wesen der Repräsentation immer in engster Verbindung mit der Entwicklung der Staatsdefinition bleibt. Daß der Staat als *präsenter* Gott aufgefaßt werden kann, zeigt, daß geistesgeschichtlich die Personifizierung des Staates 1837 schon entschieden war. Nicht einmal *J. F. Stahl* hat sich ihr entziehen können und versucht, sie mit seinem theistischen Monarchismus und seiner personalistischen Metaphysik zu kombinieren. Zwar definiert er den Staat als eine Anstalt, eine göttliche Institution und als ein göttliches, sittliches, intellektuelles Reich und sittlichen Organismus. So erscheint in dem nach allen Seiten hin klugen Plädoyer dieses gewandten Apologeten folgende Wesenbestimmung des Staates: „Es ist nicht der sittliche Beruf (das Ethos) der einzelnen Menschen, sondern der sittliche Beruf der menschlichen Gemeinschaft (des Volkes) als Eines Ganzen, auf welchen der Staat sich gründet. Die menschliche Gemeinschaft soll ein sittlich-intellektuelles Reich sein: sie soll ihren Gemeinzustand beherrschen nach seinen sittlichen Ideen und verständigen Zwecken und soll ihn *in der Weise der Persönlichkeit* beherrschen als *Ein* Wille und Verstand, als Ein handelndes Subjekt, zu dem sie mittelst der Anstalt des Staates gefügt ist" (Philosophie des Rechts, II. Teil: Rechts- und Staatslehre, 2. Aufl., 1846, S. 102; 3. Aufl., 1856, II, 2, S. 131).

depossedieren und ihm die Möglichkeit abzusprechen, seine Person mit dem Staat zu identifizieren. Der Monarch wird in den Staat einbezogen und dem Ganzen des Staates untergeordnet. Ähnlich verhält es sich mit der Lehre von der „Souveränität des Staates als solchen". Sie ist nur solange geheimnisvoll und unverständlich, als man nicht beachtet,|[9] daß sie polemisch gegen die Lehre von der Souveränität des Fürsten gerichtet ist, gleichzeitig aber auch gegen die Lehre von der Souveränität des Volkes. Sie verneint beides, sowohl die Souveränität des Fürsten und damit die Entscheidung für die bisher bestehende absolute Monarchie, wie auch die Souveränität des Volkes, d. h. die Entscheidung für die herandrängende Demokratie; sie umgeht die Frage dadurch, daß sie weder den Einen noch das Andere, sondern den Staat als solchen, als den höheren, beide umfassenden Dritten souverän sein läßt. Das alles konnte theoretischen Erfolg haben, weil auch in der politischen Wirklichkeit die Entscheidung umgangen war. Die französischen Liberalen hatten die „Verfassung als solche" für souverän erklärt, doch war das in Deutschland niemals recht angängig und nach dem unglücklichen Verfassungskonflikt von 1862 auch nicht mehr möglich. *Hugo Preuß*, der in einer gleichzeitig liberalen und demokratischen Opposition stand, weil beides, Liberalismus und Demokratie, durch einen gemeinsamen Gegner verbunden war, konnte die Widersprüche und Unklarheiten der herrschenden Souveränitätslehre nicht hinnehmen. Er wandte sich mit sicherem Gefühl gegen den Souveränitätsbegriff. Von seinem liberal-rechtsstaatlichen Standpunkt aus kommt er dem Gedanken einer Souveränität der Verfassung oft sehr nahe, und der Rechts- und Verfassungsstaat, den er fordert, hat schließlich den liberalen Sinn, sowohl der Macht des Fürsten wie der des Volkes Schranken zu ziehen. Aber die klare Erkenntnis staats- und verfassungstheoretischer Prinzipien, die bei ihm an manchen Stellen frappant ist, wird oft dadurch wieder verwirrt, daß er sich, trotz der Beeinflussung erst durch Gneist und später durch Laband, stets sehr nachdrücklich zu Gierkes organischer Staats- und Sozialtheorie bekennt. Er gebraucht sie mit großem Mut und logischer Konsequenz, um den bestehenden monarchischen Obrigkeitsstaat zu widerlegen und bleibt nicht stehen, wo sein großer Lehrer haltmachte, nämlich|[10] bei der Aufgabe, die Lehre von der Staatspersönlichkeit juristisch zu begründen[6]. Er sieht klar genug, daß in Gierkes deutscher Genossenschaftslehre demokratische Elemente wirksam sind, weil der genossenschaftliche Staat von unten und nicht von oben konstruiert wird. Aber da-

---

[6] „Entgeht es dem Verfasser wirklich, fragt *Gierke* gegen *van Krieken*, daß die organische Theorie erst da anfängt, wo er aufhört? Sieht er wirklich nicht, daß er, indem er auf eine *Erklärung* der Staatspersönlichkeit stillschweigend verzichtet, statt eines Begriffes ein leeres Wort gibt? Ahnt er denn gar nicht, daß die gesamte organische Theorie in ihrem juristischen Teile nichts anderes als ein großartiger Versuch ist, die Persönlichkeit des Staates zu erklären und zu konstruieren?" Grundbegriffe des Staatsrechts, 1874, Neudruck Tübingen, 1915, S. 79/80.

durch, daß er sich so entschieden auf den Boden der organischen Staatslehre Gierkes gestellt hat, lieferte er sich nicht nur der Gefahr aus, von dem eigenen Lehrer desavouiert zu werden, sondern — was theoretisch weit gefährlicher war — er geriet auch in jenes Gewirr von Vieldeutigkeiten und Evasionen, deren charakteristisches Vehikel das Wort „organisch" ist.

II.

Denn was war in der konkreten staatlichen Situation des deutschen 19. Jahrhunderts die Funktion einer organischen Staatslehre? Ihren Erfolg und ihre Beliebtheit verdankt sie gewiß zum Teil auch ihrer Vieldeutigkeit und den sympathischen Assoziationen, die das Wort umwölken, seinen polemischen Charakter verschleiern und gleichzeitig eine bequeme Überlegenheit verleihen. Denn wer nicht organisch denkt, der denkt eben mechanisch und ist damit schon widerlegt; er denkt und liebt nicht das Lebendige, sondern das Tote, er denkt nicht von innen, sondern von außen usw. usw. Bleiben wir uns trotzdem des polemischen Charakters aller politischen Begriffe bewußt und fragen wir nach dem konkreten politischen Gegner, den auch dieses milde Wort im Auge hat. Dann zeigt sich, daß es sogar ein halbes Dutzend Feinde, wenn nicht mit einem Stoß zu treffen, so doch in einer einzigen Umarmung zu erdrücken sucht.

In kurzer Zusammenfassung ergibt sich folgende Übersicht über die vielseitigen polemischen Bedeutungen, die eine organische Staatslehre im 19. Jahrhundert haben kann. Organisch bedeutet:|[11]

1. *nicht mechanisch* (dann richtet sich das Wort gegen alle instrumentalen Vorstellungen vom Staat, gegen das Bild von der Staatsmaschine und dem Staat als administrativem Apparat, gegen eine zentralisierte Bürokratie und gegen die Identifizierung von Staat und Bürokratie);

2. *nicht von außen* (dann wird der über und außerhalb des Staates stehende Monarch aus seiner Transzendenz heraus- und in den Staat hineingezogen; er wird Staatsorgan; in dieser Bedeutung dient das Wort geistesgeschichtlich dem allgemeinen und im 19. Jahrhundert erfolgreichen Bestreben, Staat und Welt aus ihrer Immanenz zu erklären);

3. *nicht von oben* (der Staat liegt dann nicht im Befehl eines Herrn, sondern im gemeinsamen Willen Aller; er ist nicht Herrschaft, sondern Genossenschaft, nicht Obrigkeitsstaat, sondern Volksstaat, von unten aufgebaut, also Demokratie, eine Folgerung, die insbesondere *Hugo Preuß* und *Kurt Wolzendorff* gezogen haben);

4. *nicht gewaltsam* (dann bezeichnet das Wort den Gegensatz gegen Kampf und Entscheidung und umschreibt die unter sich wieder sehr verschiedenarti-

gen Tendenzen zu Kompromiß, Verständigung, Diskussion, Evolution im Gegensatz zu Revolution; hier kann es sich mit ausgesprochen liberalen Ideen verbinden);

5. *nicht atomistisch* und nicht individualistisch (dann wendet sich das Wort gegen liberale Vorstellungen und wird kollektivistisch, verneint aber auch das persönliche Regiment des Monarchen; es kann sich gegen die privatrechtliche Konstruktion des Beamtentums richten und den Beamten aus einem Diener zu einem Organ machen, wodurch es dann doch wieder für die Stabilisierung eines bürokratischen Beamtenstaates benutzt werden kann);

6. *nicht partikularistisch* (sondern vom Ganzen her, wobei die Einheit des Ganzen in der konkreten politischen Situation den Sinn von Unitarismus im Gegensatz zu Föderalismus|[12] haben, zugleich aber auch den demokratischen Parteienstaat verneinen kann).

7. Schließlich kann „organisch" zum Gegensatz alles Aktiven und Bewußten werden, allen möglichen Stufen von Historismus, Gouvernementalismus und Quietismus dienen und in einem völligen Agnostizismus enden[7].

Für jede Modifikation dieser verschiedenen Richtungen des Wortes lassen sich genug Beispiele geben. Es steht einem frei, einige Punkte der negativen Reihe herauszugreifen und andere abzulehnen. Deshalb findet man unter den Anhängern und Weiterführern der organischen Staatslehre Gierkes alle denkbaren politischen Richtungen von Rechts bis Links, Monarchisten, Bismarcki-

---

[7] Vom „Agnostizismus der organischen Theorie" spricht *R. Smend,* Verfassung und Verfassungsrecht, 1928, S. 24. Ich möchte diese Bezeichnung hervorheben, weil es instruktiv ist, diese Art Agnostizismus mit der unten Anm. 21 erwähnten liberalen Lehre vom agnostischen Staat zu vergleichen. *Smend* fügt an die eben zitierte Wendung den Satz an: „Es ist bezeichnend, daß Verfassungsgesetzgeber theoretischer Herkunft wie die von Weimar das hier liegende erste Problem (der Integration) übersehen haben, während die Bismarcksche Verfassung, wie noch zu zeigen sein wird, ein zwar unreflektiertes, aber vollkommenes Beispiel einer integrierenden Verfassung ist." Demgegenüber sei zur Verteidigung von *Hugo Preuß* und mittelbar auch von *Max Weber* daran erinnert, daß der erste (organisatorische) Hauptteil der Weimarer Verfassung mit seiner Ausbalancierung von parlamentarischer und plebiszitärer Demokratie den besten Integrationsmodus einführte, den man finden konnte, wenn man sich nun einmal für die Demokratie entscheiden wollte, während weder die Feudalisierung unseres Parteiwesens, noch die Verwirrung des zweiten Hauptteils *Hugo Preuß* zum Vorwurf gemacht werden kann. Man darf ferner nicht übersehen, daß *Preuß,* ebenso wie *Max Weber* und *Friedrich Naumann,* stets die Gesinnung einer nationalen Demokratie zur notwendigen Voraussetzung macht. Wenn diese Voraussetzung zutrifft, kann man in dem organisatorischen System der Weimarer Verfassung eine brauchbare Integrationsmethode finden; wenn sie nicht zutrifft, liegt der Fall nicht anders, wie bei der Bismarckschen Verfassung, für welche ebenfalls manche Voraussetzungen entfallen sind und der es in fast 50 Jahren großer Prosperität nicht gelungen ist, die Massen der deutschen Industriearbeiter zu integrieren.

sten, Liberale, Demokraten. Auch die pluralistische Staatslehre Laskis, welche die Einheit und überragende Ganzheit des Staates überhaupt leugnet und einem gewerkschaftlichen Sozialismus zugute kommt, kann sich in weitem Maß auf Gierke berufen[8]. Wie sollte es *Hugo Preuß* möglich gewesen sein, mit dieser fortwährend auf ihn zurückschlagenden Waffe den Leviathan der damaligen Macht zu treffen? Es nützte nichts, die potenzielle Demokratie von Gierkes Genossenschaftstheorie zur Geltung zu bringen. Der Meister selbst faßte es anders auf und suchte mit dem Prinzip der Genossenschaft das gegenteilige Prinzip der Herrschaft organisch zu verbinden.

III.

Man würde der organischen Staatslehre Gierkes unrecht tun, wenn man sie einfach als eine opportunistische Anpassung an den *status quo* der Vorkriegszeit deuten wollte. Sie konnte freilich auch dazu gebraucht werden, aber sie war doch mehr und versuchte eine theoretische Antwort auf prinzipielle Fragen des Staats- und Verfassungsrechts. Das war der sogenannten positivistischen oder juristischen Staatsrechtslehre, die in den achtziger Jahren herrschend wurde, noch zuviel. Sie gebrauchte|[13] die Begriffe „Staatspersönlichkeit" oder „Staatsorgan" unter Verzicht auf jede systematische Bewußtheit. Nirgends zeigen sich die Entwicklungsstadien der deutschen bürgerlichen Bildung auffälliger als in der deutschen Staatslehre des 19. Jahrhunderts, die sich in drei Etappen bewegt hat und deren Wendepunkte etwa in den Jahren 1848, 1870 und 1890 liegen.

Die auf Hegel aufbauende Staatslehre des jungen *Lorenz Stein,* besonders sein Werk über die soziale Bewegung in Frankreich, ist eine der größten Leistungen nicht nur deutscher, sondern auch europäischer Wissenschaftlichkeit und zugleich ein Beweis für die erstaunliche intellektuelle Kraft des politisch erwachenden deutschen Bürgertums. Die soziologische und politische Theorie des Marxismus ist in allen wesentlichen Begriffen von dieser bürgerlichen Leistung bestimmt. Das staatstheoretische Problem des 19. Jahrhunderts, die Frage nach dem Verhältnis von Staat und Gesellschaft, wird von dem trotz des Miß-

---

[8] *Laski* (zur Literatur und Kritik vgl. die oben Anm. 1 zitierten Aufsätze über den Begriff des Politischen) ist entscheidend beeinflußt durch *John Neville Figgis*, Churches in the modern State, London 1913, der auf *Maitland* und *Gierke* zurückgeht, um die Gleichwertigkeit der verschiedenen Arten von Assoziationen (Kirchen und Staaten) zu beweisen. Die eigenartige, trotz ihrer theoretischen und praktischen Bedeutung meistens übersehene ideengeschichtliche Koalition von Gewerkschaft und Kirche, Sozialismus und Religionsgesellschaft, ist in dem oben Anm. 1 erwähnten Vortrag „Staatsethik und pluralistischer Staat" behandelt.

erfolges von 1848 immer vordringenden gebildeten Bürgertum klar erfaßt und freimütig erörtert. Diese Generation hält daran fest, daß der *Staat über der Gesellschaft* steht, als eine Sphäre des Geistes und der Sittlichkeit, während die Gesellschaft die Region der Triebe, der Affekte und des Egoismus oder, wie *Gneist* es einmal ausdrückt, des ζῶον, der animalischen Natur des Menschen ist, der erst im Staat zum ζῶον πολιτικόν wird. Die Frage hatte einen konkreten Sinn; das deutsche Bürgertum sollte in den damals bestehenden monarchischen Staat integriert werden. Unter den deutschen Staatsrechtslehrern hat vor allem *Rudolf Gneist* die Lehre Steins weitergeführt und in aller Deutlichkeit und Unbefangenheit von den Dingen gesprochen, um die es sich handelte: das gebildete und besitzende Bürgertum als die in der Gesellschaft herrschende Klasse nun auch am Staat zu beteiligen, um es dadurch zu einem vernünftigen und mäßigen Gebrauch seiner gesellschaftlichen Macht zu erziehen. Von der Beteiligung am Staat — nicht so sehr|[14] durch politische Wahlrechte, als durch Selbstverwaltung, d. i. für *Gneist* ehrenamtliche Tätigkeit freier Bürger im Gegensatz zu staatlichen Berufsbeamten — glaubt er, daß sie von selbst bildend und erzieherisch wirken müsse, weil er den Staat für etwas in sich Geistiges und Sittliches hält. Als Liberaler vertraut er auf Selbsterkenntnis, Selbsterziehung, Selbstbeschränkung, und man darf nicht vergessen, daß seine Forderung der Selbstverwaltung in diesen systematischen Zusammenhang gehört. Nach 1870 freilich sieht er die von Bildung und Besitz getrennten Massen des Kleinbürgertums und der Arbeiterschaft nachdrängen und spricht in einem anschaulichen Bild von der „Überflutung des Staatsbaues durch die gesellschaftlichen Interessenkämpfe"[9]. Doch hofft er noch bis zu seinem Tode, der Rahmen des bestehenden Staates sei stark genug, um auch die neuen sozialen Schichten in sich hinein zu integrieren. Insbesondere glaubt er an die Institution der Monarchie, die eine stabile, permanente Vermittlung ermögliche und einen Ausgleich herbeiführen könne, während die einer „Selbstkonstituierung" überlassene Gesellschaft jedes Maß verliere und „in dem Widerstreit zweier Grundordnungen zuerst nach links und dann nach rechts über die Grenzen des Rechtes und des Rechten hinausgeht"[10].

---

[9] *Gneist,* Die nationale Rechtsidee von den Ständen und das preußische Dreiklassenwahlsystem, Berlin 1894. Auf die großartige „Prognose" am Schluß dieses Werkes, die heute, nach den Erfahrungen des Weltkrieges, jeden Deutschen tief erschüttern muß, möchte ich hier besonders hinweisen.

[10] *Gneist,* Die Eigenart des preußischen Staates; Rede zur Gedächtnisfeier der Friedrich-Wilhelms-Universität vom 3. August 1873. Diese Rede zeigt übrigens, daß Gneist die Monarchie in typischer Weise als ein *pouvoir neutre et intermédiaire* auffaßte. Über das allgemeine verfassungsrechtliche Problem und den Versuch der Weimarer Verfassung, im Reichspräsidenten ein *pouvoir neutre* zu konstruieren: C. *Schmitt,* AöR. N.F. 16 (1929), S. 161 ff., insbesondere S. 212 ff. In diesem Zusammenhang sei an folgende Äußerung F. *Naumanns* im Verfassungsausschuß der Weimarer Nationalversammlung, Prot. S. 179, erinnert: „Warum müssen wir jetzt eine Verfassung herstellen? Aus zwei Gründen: Ein-

Bismarcks großer Erfolg hat das innerpolitische Schicksal Deutschlands bestimmt. Nicht der eigene Mißerfolg von 1848, nicht einmal der ungeheure außenpolitische Erfolg des Gegenspielers, sondern erst die ihm verdankte wirtschaftliche Prosperität brach den politischen Sinn des deutschen Bürgertums. Nach 1870 wird die Wendung von Jahr zu Jahr deutlicher, und in wachsendem Maße bedeutet jedes Jahrzehnt einen Abstieg des staatstheoretischen Bewußtseins. Der erste Band von Gierkes Genossenschaftslehre, der 1868 erschienen war, ist ganz von aktuellen politischen Energien und einem kühnen politischen Fortschrittsbewußtsein erfüllt[11]. Mit dem zweiten, 1873 erschienenen Band beginnt schon teils das rein Geschicht|[15]liche, teils das rein Privatrechtliche

---

mal, weil die Monarchie nicht mehr vorhanden ist. Es gehört nicht hierher, über das Wie und Warum zu reden. *Die Monarchie ist nicht mehr vorhanden.* Wir sind gezwungen, eine neue Verfassung zu machen, weil einer der Grundpfeiler, und zwar einer der allerersten und stärksten Grundpfeiler des Staates, dahingesunken ist." Diese Äußerung (bei der man nicht vergessen darf, daß Naumann der Autor von „Demokratie und Kaisertum" ist) ist deshalb besonders wichtig, weil sie die These von *Rudolf Smend* beweist, daß die Verfassung als solche, über die Regelung der Zuständigkeit hinaus, eine bestimmte Integrationswirkung haben soll. Es bedarf noch einer näheren Untersuchung, wieweit die Verfassung als solche eine neutrale Größe ist und als Symbol den *pouvoir neutre* eines Monarchen oder eines Staatshauptes ergänzen oder gar ersetzen kann.

[11] In der Einleitung zum I. Band des Deutschen Genossenschaftsrechts (1868) erscheinen als richtunggebende Vorstellungen: Einheit und Freiheit, Nation, Bildung, Bewußtsein und Fortschritt. Die Genossenschaftsidee als etwas Germanisches gibt den germanischen Völkern die „Möglichkeit, eine große und umfassende Staatseinheit mit einer tätigen bürgerlichen Freiheit, mit der Selbstverwaltung zu vereinen". Es heißt weiter, daß wir am Beginn einer Periode stehen, „von welcher wir in den Gedanken des allgemeinen Staatsbürgertums und des repräsentativen Staates die Versöhnung alter Gegensätze erwarten". Das eigentlich bildnerische Prinzip der Zeit ist die *freie Assoziation* in ihrer modernen Gestaltung; sie ist „ausschließliche Schöpferin" eines alle Gebiete des öffentlichen und privaten Lebens ergreifenden und neugestaltenden Vereinswesens, das, „so Großes es schon hervorgebracht hat. Größeres noch in näherer und fernerer Zukunft bewirken wird" (S. 11). An manchen Stellen dieses Werkes erscheinen geradezu syndikalistische Ideen (S. 1038), nicht der Staat, sondern die freie Assoziation soll die oft prophezeite soziale Revolution beschwören können. Ich kann es verstehen, daß *Carl Herz* (in einer privaten Mitteilung) sagen konnte, manche Stellen dieses I. Bandes erinnerten an das Kommunistische Manifest. Der Staat soll von unten nach oben aufgebaut werden, er „ist in das Volk zurückzuverlegen" (S. 655), er ist „nichts anderes als das organisierte Volk", allerdings „unter obrigkeitlicher Spitze, aber auf der Grundlage einer Genossenschaft der Staatsbürger gebaut". Wie jeder anderen Assoziation werden auch dem Staat als „der höchsten aller Assoziationen" von „der modernen Richtung seine Zwecke und damit die Grenzen seines Wesens" vorgeschrieben; noch genauer (sic) allerdings den Gemeinden höherer und niederer Ordnung, Kirchen und anderen öffentlichen Körperschaften; der Staat hat die Grundrechte als unantastbare individuelle Rechte zu respektieren, bei den anderen Zwangsverbänden steht „noch genauer" (sic zum zweiten Male S. 654) fest, wieviel der Einzelne von seiner Individualität aufgibt.

zum Hauptinteresse zu werden[12], und schließlich endet das Werk 1913 in ungeheuren historischen Materialhaufen, die keine Beziehung zur politischen Gegenwart haben. Doch enthält die organische Staatslehre eine sehr interessante, ihren Vertretern freilich meistens unbewußt bleibende Weiterführung des Problems von Staat und Gesellschaft[13]. Es war nämlich eine ihrer wichtigsten Funktionen, die überragende Stellung des Staates gegenüber der Gesellschaft zu relativieren, indem sie den Staat als (wenn auch die höchste) Genossenschaft neben andern Genossenschaften definierte. Damit entsprach sie der neuen Stufe, die das innerpolitische Vordringen des Bürgertums nach 1870 erreicht hatte, und dem neuen Interesse an der Selbstverwaltung, für das Gneists Schrift über den Rechtsstaat aus dem Jahre 1872 der erste große staatstheoretische Ausdruck ist. Das Bürgertum dringt nicht mehr oben, an der Spitze, sondern unten, in der kommunalen Selbstverwaltung, in den Staat ein. *Hugo Preuß* ging darin am weitesten, indem er unter Berufung auf Gierke die Wesensgleichheit aller menschlichen Verbände betonte und im Staat nur ein soziales Gebilde sah, das andern sozialen Gebilden wesensgleich ist, freilich noch nicht in pluralistischem Nebeneinander und Durcheinander, sondern in einem Stufenbau von Gebietskörperschaften und immer noch unter dem Gesichtspunkt, daß der Staat die nationale Einheit und infolgedessen den entscheidenden Wert darstellt.

So bedeutet die organische Staatslehre für die Zeit von 1870—90 ein interessantes Zwischenstadium der theoretischen Entwicklung. Mit der „Wesensgleichheit" von Staat und Gesellschaft ist bereits zum Ausdruck gekommen, daß *nicht mehr notwendigerweise in einen bestehenden Staat hinein* integriert werden muß, sondern die Gesellschaft sich auch *selbst* zu einer staatlichen Einheit integrieren kann. Aber die Jurisprudenz des öffentlichen Rechts ist dem nicht mehr gefolgt|[16] und hat sich jeder weiteren staatstheoretischen Erörterung entzogen. *Laband* hat ohne Mühe triumphiert. Die eindrucksvolle

---

[12] In Band II des Deutschen Genossenschaftsrechtes (1873) verteidigt sich *Gierke* S. 18 in einer Anmerkung gegen *Sohm,* und besonders gegen die (nach dem I. Bande allerdings naheliegende) Auffassung, er habe die Verfassungsentwicklung ausschließlich unter den Gesichtspunkt des Genossenschaftsbegriffs gebracht. Er betont, daß er gleichzeitig auch „den für die fränkische Zeit schon sehr viel erheblicheren Herrschaftsbegriff" beachtet und „aus der Kombination beider Begriffe" die Entwicklung abgeleitet habe. Damit war der Gesamteindruck des I. Bandes, der gerade auf der Herausstellung des Genossenschaftsgedankens beruhte, wieder aufgehoben.

[13] *Gierke* hat in seiner Gedächtnisrede auf *Rudolf von Gneist,* 1896, S. 31, gegen Gneist den Einwand erhoben, daß dieser die Lösung der Frage, wie man die besitzlosen Klassen am Staatsleben beteiligen solle und mit Staatsgesinnung und Staatsverständnis erfülle, der Zukunft überlassen habe. Man kann freilich nicht sagen, daß die organische Staatstheorie die Frage gelöst hat, obwohl zugegeben werden muß, daß der I. Band von Gierkes Genossenschaftsrecht ein großartiger Anlauf war.

Kritik, die Gierke 1883 gegen Laband veröffentlichte[14], blieb wirkungslos. In einem Staat, dessen Intelligenz und Bildung zum wesentlichen Teile Beamtenintelligenz und Beamtenbildung war, kannte die Masse der gebildeten Beamten kein anderes Staatsrecht als das Labands. *Gneist,* der 1895 starb, galt dieser Masse kaum noch als Jurist, *Hänel* wurde wenig beachtet, die große Gelehrsamkeit *Georg Jellineks* trennte sich in Jurisprudenz auf der einen, Soziologie oder Geschichte auf der andern Seite, und diese Trennung wurde schließlich — mit viel Methodologie und wenig Methode — zu einem mehr taktisch als wissenschaftlich interessanten Werkzeug eines leerlaufenden Formalismus. Das theoretische Interesse am Staat wanderte ab, zu den Nationalökonomen und den Sozialpolitikern, zu Historikern oder den damals wenig beachteten Soziologen. Es hat oft seltsame Gestalten angenommen und bei *Gustav Schmoller* fand es schließlich in der preußischen Verwaltungsgeschichte und in der Edition der Acta Borussica den Ersatz für eine Staatstheorie. Im ganzen darf man sagen, daß das gebildete deutsche Bürgertum nach 1890 seine große Staatslehre gegenüber einer neuen gesellschaftlichen Situation nicht weitergeführt und lebendig gehalten hat. Wenn *Max Weber* gerade vor zwei bestimmten soziologischen Typen — vor dem Bürokraten und vor dem Literaten — seine Gelehrtenruhe verliert und in Affekt gerät, so ist das aus dieser Lage zu verstehen und ein Zeichen politischer Kraft und politischen Bewußtseins. Leider hat es die Gesamtlage der deutschen Intelligenz nicht ändern können. Im Jahre 1914 hatte die deutsche bürgerliche Bildung kaum noch staatstheoretische Interessen. Sie war auf der einen Seite eine unpolitische, technische Beamtenbildung, auf der andern eine ebenso unpolitische, auf privaten, hauptsächlich ästhetischen Konsum gestellte, schattenhafte Literatenbildung geworden.

---

[14] Labands Staatsrecht und die deutsche Rechtswissenschaft in Schmollers Jahrbuch 1883, S. 1097—1195. Hier erhebt Gierke seine Stimme gegen die „Unterminierung der Rechtsidee", die im öffentlichen Recht gefährlicher sei als die unverhüllte Leugnung seiner Rechtsnatur (dies letzte mit Bezug auf *Gumplowicz*). Er sieht in der „sauberen Trennung des Rechts von der Politik eine der vornehmsten Aufgaben der echten Staatsrechtslehre", fügt aber hinzu, ein gänzlich unpolitisches Staatsrecht würde wahrscheinlich ebensowenig jemals geschrieben werden, wie das berühmte objektive Geschichtswerk. Treffend bemerkt er dann, auch Laband sei politisch, er verschweige nur das politische Motiv (S. 1105), das Streben nach Reinheit dürfe nicht dazu führen, die in den Rechtsformen enthaltene Substanz unbegriffen zu lassen, die juristische Methode müsse zugleich eine historische Methode sein. „Das deutsche Reichsstaatsrecht wird geschichtlicher werden müssen oder es wird schon in seiner Jugend verknöchern und erstarren." Neben der historischen wird dann die philosophische Betrachtungsweise als unentbehrlich bezeichnet. „In der Tat laufen auch alle Bemühungen, die allgemeinen Lehren des Staatsrechts ohne Parteinahme in den philosophischen Prinzipienkämpfen auf rein positiv-juristische Basis zu stellen, auf eine Selbsttäuschung hinaus." Für die Beurteilung der Entwicklung ist übrigens zu beachten, daß die 1. Auflage von Labands Staatsrecht 1876, die 2. Auflage erst 1887 erschien und dann erst der eigentliche Erfolg einsetzte.

|[17]Während der Kriegsjahre konnte keine neue Staatslehre entstehen. Der seit 1848 latente, immer wieder vertagte Konflikt von monarchischer Regierung und Parlamentsmehrheit wurde in demselben Maße akut, in welchem die militärische und außenpolitische Lage schwieriger wurde. Es war auch nicht möglich, das bestehende System staatstheoretisch dadurch zu retten, daß man den Krieg als einen „Verfassungskrieg" hinstellte, in welchem die Verfassungsprinzipien der westlichen Demokratie gegen Bismarcks Verfassung anstürmten[15]. Denn Bismarks Verfassung war selbst ein genialer Kompromiß mit der nationalen Demokratie westeuropäischen Stils gewesen; das einfache Entweder-Oder, das zu einer von gegensätzlichen Verfassungsidealen bestimmten Freund- und Feindgruppierung gehört hatte, lag also gar nicht vor. Im November 1918 wurde der Gegensatz von Demokratie und Monarchie einfach gegenstandslos. Eine sozialistische Regierung mit Arbeiter- und Soldatenräten hatte die Staatsgewalt in der Hand. In diesem kritischen Augenblick, als das deutsche Bürgertum angstvoll schwieg, hat *Hugo Preuß* mit großer Unerschrockenheit gesprochen. Sein Aufsatz aus dem Berliner Tageblatt vom 14. November 1918 „Volksstaat oder verkehrter Obrigkeitsstaat" hat schon durch diese Fragestellung entscheidend gewirkt und gehört zu den wichtigen Dokumenten der deutschen Verfassungsgeschichte[16].

IV.

Der kritische Moment in der Geschichte eines Begriffes ist der Augenblick, in welchem sein Gegner entfällt. Dann entfällt auch die polemische Spannung und das geschichtliche Leben, wenn nicht sogleich ein neuer Gegensatz erscheint. Das Staats- und Verfassungsideal von *Hugo Preuß* hatte im November

---

[15] *Erich Kaufmann*, Bismarcks Erbe in der Reichsverfassung, Berlin 1917, S. 3/4.

[16] Abgedruckt in Staat, Recht und Freiheit, Tübingen 1926, S. 365. In seinem Nachruf sagte der Vorsitzende, Staatssekretär *Zweigert*, in der Vollsitzung des Reichsrates vom 10. Oktober 1925 über *Hugo Preuß:* „Er hat 5 Tage nach der Revolution die Einsicht, den schnellen Entschluß und den Mut gehabt, an die damalige provisorische Regierung unter Berufung auf die offene Sprache, die er im alten Staat geführt habe, die dringende Mahnung zu richten, daß sich die neue Regierung nicht auf der Macht einer Klasse aufbauen dürfe und daß sie die schwerste Verantwortung auf sich laden würde, wenn sie nicht sofort eine Nationalversammlung einberufe. Er hat zugleich das Bürgertum zur Mitwirkung an der Neugestaltung aufgerufen. Die Folgen dieses mutigen und klugen Entschlusses sind bekannt. Noch an demselben Tage zum Leiter des Ministeriums des Innern berufen, hat er mit beispielloser Schnelligkeit die Wahlvorbereitungen für eine Nationalversammlung getroffen und, nachdem es ihm gelungen war, einen früheren Termin der Einberufung festzusetzen, die Wahlen geleitet und dann der Nationalversammlung den Entwurf vorgelegt."

1918 sofort einen neuen Gegner. Wie alle Liberalen stand Preuß immer in der Mitte zwischen Rechts und Links, aber mit dem Mut des wesenhaft und nicht nur partei- und|[18] program[m]mäßig liberalen Menschen stand er mit dem Gesicht gegen den jeweils anwesenden und mächtigen Gegner. Im November 1918 begann für *Preuß* die Arbeit an der Weimarer Verfassung. Es kommt hier nicht auf die vielen organisatorischen und anderen verfassungsrechtlichen Fragen an, die damals umstritten waren und heute noch umstritten sind, wie das Problem des Verhältnisses von Reich und Ländern, insbesondere von Reich und Preußen; noch weniger können die unzähligen Vorwürfe erörtert werden, die aus den verschiedenartigsten Motiven gegen *Preuß* gerichtet worden sind. Er selbst hat bei vielen wichtigen Normierungen der Verfassung (z. B. der Bestimmung des Art. 4 über die allgemein anerkannten Regeln des Völkerrechts) ausdrücklich seine eigene prinzipielle, theoretische Stellungnahme von der gesetzlichen Normierung getrennt, in zahlreichen andern Fällen natürlich seine Ideen in den Verfassungsbestimmungen zur Geltung gebracht[17]. Hier soll nur die letzte, grundlegende Vorstellung von Staat und Gesellschaft herausgestellt werden, die sich in der völlig neuen politischen Situation bei *Hugo Preuß* erkennen läßt. Dabei ist man allerdings auf viele verstreute Einzelbemerkungen angewiesen. Es ist begreiflich, daß in einer Zeit der praktischen Arbeit an den vielen Einzelheiten eines Verfassungswerkes und in der Verwirrung einer verzweifelten Lage eine theoretisch-systematische Zusammenfassung nicht möglich war. Trotzdem läßt sich eine Grundhaltung erkennen und auch eine einfache Formel für die Staatsvorstellung aufweisen, die sich nach dem Siege der demokratischen Forderungen und mit der Weimarer Verfassung ergab.

Die richtige Bezeichnung des neuen, in der Weimarer Verfassung zur Geltung kommenden Staatsgedankens sehe ich in der Formel vom innerpolitisch *neutralen Staat*. Sie folgt schon daraus, daß Bürgertum und Arbeiterschaft in Weimar mit Hilfe der neuen Verfassung ein Verfahren suchten, auf dessen Boden sie sich einigen konnten. Man fand es in den|[19] Methoden des bürgerlichen Rechtsstaates, die in sich selbst das äußerste Maß von Neutralität enthalten, das einem Staat gegenüber den innerpolitischen Gegensätzen möglich ist[18]. Ein Staat, der sich in einer solchen Verfassung organisiert, ist neutral in dem

---

[17] Verhängnisvoll ist die Lehre von der Wesensgleichheit, von Reich, Land und Gemeinde bei dem Art. 17 RV. geworden. Daß die Gemeindeverfassung in dieser Bestimmung überhaupt erwähnt wird, erklärt sich wohl nur aus der doktrinären Erwägung, daß der Staat sich auf der Grundlage von Gemeinden aufbaut, vgl. Reich und Länder, S. 136/37.

[18] Die oben Anm. 10 zitierte Äußerung von *F. Naumann,* Prot. S. 179, ist ein Symptom dafür, daß man in der Weimarer Nationalversammlung, soweit Interesse für systematische Zusammenhänge bestand, doch ein Gefühl dafür hatte, daß der *pouvoir neutre* des Monarchen durch eine andere Art neutraler Größe, sei es den Reichspräsidenten, sei es die Verfassung selbst, ersetzt werden mußte.

Sinne, daß er den verschiedenartigsten politischen Richtungen und Tendenzen den Weg offenhält und ihnen die gleiche Chance gibt, eine gesetzgebende, vielleicht sogar eine verfassungsändernde Mehrheit zu gewinnen. Solange die verfassungsmäßigen Methoden der Mehrheitsgewinnung und die Verfassungsgrundlagen gewahrt bleiben, akzeptiert der Staat alle Resultate, die mit Hilfe jener Methoden gewonnen sind. Insofern ist er neutral. Die Weimarer Verfassung kann als ein „Klassenfriede" aufgefaßt werden, solange man sie achtet und an der Möglichkeit eines gemeinsamen Staates festhält[19]. Sie hört auf, der neutrale Boden zu sein, wenn die jeweilige verfassungsmäßige Macht benutzt wird, um die Grundlagen zu vernichten und den Gegner der gleichen Chance zu berauben. Damit wäre die Verfassung selbst vernichtet, denn sie kann, trotz aller sonstigen Neutralität, nicht auch gegenüber ihren eigenen Grundprinzipien neutral sein[20].

---

[19] In dem Referat über „Den gegenwärtigen Stand der Reichs- und Verwaltungsreform" von Bürgermeister *Carl Herz* (abgedruckt in: Beamtenschaft und Verwaltungsreform, Kundgebung des Allgemeinen Deutschen Beamtenbundes zur Reichs- und Verwaltungsreform vom 13. Mai 1929, Berlin 1929, S. 9) teilt *C. Herz* eine Äußerung von *H. Preuß* mit, in welcher die Weimarer Verfassung als ein „Waffenstillstand" bezeichnet ist, wodurch „auf den ihm (*Preuß*) wenig zusagenden Kompromißcharakter des Verfassungsgesetzes hingewiesen" sein soll. *C. Herz* meint, diesem Kompromißcharakter verdanke die Weimarer Verfassung gleichzeitig ihre Beweglichkeit und Anpassungsfähigkeit. Doch wird man hier unterscheiden müssen zwischen dem Kompromißcharakter (vgl. Verfassungslehre S. 28) und dem Charakter einer (allen Tendenzen die gleiche Chance offen lassenden) neutralen Methode, aus der sich ebenfalls Beweglichkeit und Anpassungsfähigkeit ergeben. Ob die Weimarer Verfassung nur ein Waffenstillstand oder ein Frieden ist, wäre dann eine weitere Frage. Ich möchte hoffen, daß sie ein Frieden sein könnte.

[20] So wenig ein Staat gegenüber seiner eigenen Existenz neutral sein kann, so wenig kann es eine Verfassung gegenüber den ihre positive Substanz ausmachenden politischen Entscheidungen. *Darin liegt der Kernpunkt der gegenwärtigen Kontroversen über die Auslegung des Art. 76 RV.* und die Frage der Grenzen der Revisionsbefugnis (vgl. vor allem *R. Thoma* in dem von *C. Nipperdey* herausgegebenen Sammelwerk: Die Grundrechte und Grundpflichten der Reichsverfassung, Berlin 1929, Bd. I, S. 38 f. und das von *Anschütz* und *Thoma* herausgegebene Handbuch des deutschen Staatsrechts, S. 143; *Anschütz*, Kommentar, S. 349; dagegen *Carl Bilfinger*, Der Reichssparkommissar, Berlin 1928, S. 17; *Derselbe* AöR. N.F. 11 (1926), S. 174; *Derselbe*: Nationale Demokratie als Grundlage der Weimarer Verfassung, Hallische Universitätsreden Nr. 43, 1929, S. 18; *Derselbe*, Verfassungsfrage und Staatsgerichtshof, Ztschr. f. Politik 1930; ferner *E. Jacobi*, Reichsverfassungsänderung, Festgabe der Juristischen Fakultäten zum 50-jährigen Bestehen des Reichsgerichts, die Reichsgerichtspraxis im deutschen Rechtsleben, 1929, Bd. I, S. 233 f.; *Carl Schmitt*, Verfassungslehre, 1928, S. 102, Jur. Woch. 1929, S. 2314). Das neue, nicht als verfassungsändernd ergangene Gesetz zum Schutze der Republik und zur Befriedung des politischen Lebens vom 25. März 1930 (RGBl. I S. 91), der im Etat des Reichsministeriums des Innern eingesetzte Fonds zum Schutz der Republik (vgl. die Aussprache im Haushaltausschuß des Reichstags vom 13. März 1930), die Bestimmungen

Die Vorstellung eines innerpolitisch neutralen Staates ist eine typisch liberale Vorstellung. Sie bedeutet ursprünglich, daß der Staat sich auf ein Minimum reduziert und die Lösung aller sozialen Probleme dem Wettstreit der sozialen Kräfte überläßt. Der neutrale Staat in diesem Sinne ist der sich nicht einmischende, nicht intervenierende, passive, agnostische Staat[21]. In den Fragmenten eines Kommentars zur Weimarer Verfassung, die *Hugo Preuß* hinterlassen hat, finden sich Äußerungen, die auf eine solche Staatstheorie schließen lassen. Insbesondere hat *Preuß* die Gleichheit vor dem Gesetz, die fundamental zu jedem bürgerlichen Rechtsstaat, aber auch zu jeder Demokratie gehört, aus diesem Gesichtspunkt erklärt. Die Stelle ist sehr charakteristisch. *Preuß* sagt wörtlich: „In|[20] Wahrheit ist also nicht die Gleichheit oder politische Gleichwertigkeit der Individuen das demokratische Grundprinzip, sondern umgekehrt ihre unendliche Ungleichheit, Verschiedenartigkeit und politische Ungleichwertigkeit"[22]. Die Verwechslung von Liberalismus und Demokratie tritt hier

---

über nationalsozialistische und kommunistische Beamte, der Ausschluß kommunistischer und nationalsozialistischer Vorträge vom Rundfunk, alles das müßten nach der Auslegung, die *Anschütz* und *Thoma* dem Art. 76 RV. geben, besonders aufreizende Verfassungswidrigkeiten sein, weil sie jene absolute Neutralität verletzen und die extremen Parteien der gleichen Chance berauben, die Zweidrittelmehrheiten des Art. 76 zu gewinnen. Richtiger Auffassung nach kann keine Verfassung diese absolute, voraussetzungslose Neutralität haben, ohne sich selber *ad absurdum* zu führen. Nicht einmal die Verfassung der Vereinigten Staaten von Amerika, deren Neutralität im übrigen besonders weit geht (darüber die treffenden Sätze von *Carl Brinkmann,* Die Integration des amerikanischen Staatswesens, in der Festgabe für Alfred Weber, Soziologische Studien, Potsdam 1930, S. 26), ist absolut neutral.

[21] Der Ausdruck „agnostischer Staat" ist prägnant. Er wird in der fascistischen Kritik am liberalen Staat oft gebraucht (z. B. *Alfredo Rocco,* La trasformazione dello Stato, Rom 1927, S. 7: lo Stato liberale agnostico ed abulico, ferner S. 10, 17, 21 usw.). Herr A. Passerin d'Entrèves hat mich darauf aufmerksam gemacht, daß die Formel selbst liberalen Ursprungs ist und der Ausdrucksweise von F. Ruffini entspricht. Es war mir bisher nicht möglich, die Vorgeschichte dieses Ausdrucks, der für die Staatstheorie von großer Bedeutung ist, im einzelnen zu verfolgen.

[22] Reich und Länder, S. 42; vgl. damit die Ausführungen von *Max Weber* in seinem Aufsatz aus dem Jahre 1917: „Wahlrecht und Demokratie in Deutschland" (Politische Schriften, München 1921, S. 297): „Es ist rein politisch kein bloßer Zufall, wenn heute das gleiche ‚Ziffernwahlrecht' überall im Vordringen ist. Denn die *Gleichheit* des Stimmrechts entspricht in ihrer ‚mechanischen' Natur dem Wesen des heutigen Staates ... Das hat mit einer Theorie von irgendeiner natürlichen ‚Gleichheit' der Menschen natürlich nicht das geringste zu schaffen. Seinem Sinn nach ist es gerade das Gegenteil, ein gewisses Gegengewicht gegen die *nicht* durch natürliche Qualitäten, sondern oft im schroffsten Mißverhältnis zu ihnen, durch gesellschaftliche Bindungen, vor allem durch das Portemonnaie geschaffenen, unvermeidlichen, aber in keinerlei natürlichen Unterschieden begründeten sozialen Ungleichheiten." Dieser in sich widerspruchsvolle Satz Max Webers ist von der rein liberalen Deutung *Hugo Preuß'* wesentlich verschieden. Es gibt kei-

auffällig zutage, denn das Prinzip der Verschiedenartigkeit und politischen Ungleichwertigkeit ist natürlich kein demokratischer, sondern ein liberaler Gedanke. Warum soll nun, trotz der tatsächlichen Ungleichheit, der Grundsatz rechtlicher Gleichheit ein fundamentaler Satz unserer heutigen bürgerlich-rechtsstaatlichen Ordnung sein? *Preuß* gibt die Antwort: weil der Staat und das Recht gar nicht in der Lage sind, die Ungleichheit zu messen. Auch hier ist seine Formulierung zu frappant, als daß sie nicht wörtlich zitiert werden müßte: „Nicht also die Gleichheit der Individuen, sondern die Unfähigkeit der Rechtsordnung, ihre Ungleichheit zu messen, ist das demokratische Prinzip der politischen Gleichberechtigung." Als Gegensatz gegen das Extrem vom allwissenden Staat erscheint hier das andere Extrem eines nichts wissenden, nichts unterscheidenden, agnostischen Staates. Darin schließt sich sofort das liberale Prinzip der freien Konkurrenz: „Nur auf ihrer Grundlage (nämlich der politischen Gleichberechtigung) kann sich die wirkliche Verschiedenheit des politischen Wertes der Individuen im freien Wettkampf des politischen Lebens zur Geltung bringen." Aus dem Wettkampf der politischen Energien soll sich die öffentliche Meinung ergeben. Den Parteien wird dabei die Aufgabe zugewiesen, die „Selbstorganisation der Individuen" darzustellen und die richtige Führerauslese zu bewirken, „das Kernstück aller demokratischen Praxis".

V.

Der Staat ist jetzt „Selbstorganisation" der Gesellschaft. Während das deutsche Bürgertum des 19. Jahrhunderts sich|[21] in eine bestehende staatliche Ordnung hineinintegrierte und die monarchischen Institutionen der feste Rahmen waren, in den die neuen sozialen Elemente aufgenommen wurden, bleibt es nunmehr den Kräften der Gesellschaft überlassen, sich selbst zum Staat zu organisieren. Es wird nicht mehr in einen bestehenden Staat hinein-, sondern der Staat selber wird integriert. So verstehe ich die modernste deutsche Staatslehre, die vielgenannte Integrationslehre von *Rudolf Smend*. Bei *Hugo Preuß* kommt das Wort „Integration" ebenfalls öfters vor, aber er spricht nur davon, daß Klassen und Stände, also gesellschaftliche Gebilde, sich integrieren, gleichzeitig aber auch die Differenzierung des Einzelnen immer größer werde[23].

---

ne Demokratie ohne *substanzielle* Gleichheit (über deren Arten: Verfassungslehre S. 228 f.). Im übrigen war einem Sachkenner wie *Max Weber* die Gegensätzlichkeit von Liberalismus und Demokratie natürlich bewußt, ebenso der Gegensatz von Parlamentarismus und Demokratie, von denen er sagt, sie seien „eben weit davon entfernt, identisch zu sein" (Polit. Schriften S. 364).

[23] Reich und Länder, S. 42/43: „Der Prozeß der Integrierung der Massenunterschiede durch die Differenzierung der Individuen", ferner „die Integrierung der Stände und

Wie schwierig diese Aufgabe einer *Selbstintegrierung* der Gesellschaft zum Staat ist, hat *Preuß* nicht verkannt. Er hatte genug „bittere Erfahrungen" gemacht, um lange vor der heutigen Kritik der Parteien- und Fraktionsherrschaft die Gefahren eines Parteienstaates zu sehen und wußte, was es bedeutet, wenn statt des Obrigkeitsstaates von 30 oder 33 Dynasten und ihrer Bürokratien ein halbes oder ganzes Dutzend Parteibürokratien die *res publica* des deutschen Volkes nach dem Gesetz der Quote unter sich verteilen. Ist der Staat nur die „Selbstorganisation" der Gesellschaft und liegt diese wieder nur in der Hand von Parteien, die sich, namentlich infolge des Verhältniswahlrechts und des Listensystems, immer fester und immer ständischer organisieren[24], welchen Schutz gibt es dann überhaupt noch für die individuelle Freiheit und gegen den Rückfall in einen pluralistischen Feudal- oder Ständestaat?

Die Frage ist alt. *Preuß* hat schon in seinem ersten Entwurf der Weimarer Verfassung einige organisatorische Hemmungen des Parteienstaates aufgenommen und insbesondere die Befugnisse des plebiszitären Reichspräsidenten als Gegengewicht konstruiert, so daß die konstitutionelle Organisation der Reichsverfassung als eine Balance von parlamentarischer und ple|[22]biszitärer Demokratie erscheint. Was die allgemeine staatstheoretische Antwort betrifft, so finden sich bei ihm nur kurze, freilich sehr deutliche Bemerkungen. Er glaubt an die Möglichkeit einer echten öffentlichen Meinung und an den nationalen Sinn des deutschen Volkes, das in dem Staat der Weimarer Verfassung seinen nationalen Volksstaat finden soll. Immer stärker, oft sogar angstvoll, tritt das in den letzten Schriften hervor, immer nachdrücklicher erscheint das Wort von

---

Klassen" oder die „Integrierung der Klassen" (S. 43). Das Problem der Integration zeigt sich hier in der Frage: Wird die Gesellschaft oder der Staat integriert und besteht zwischen der Integration gesellschaftlicher Gebilde und der des Staates eine wesentliche Verschiedenheit?

[24] Daß die politische Partei wesentlich ein *auf freier Werbung* beruhendes Gebilde ist, hat Max Weber oft und nachdrücklich gelehrt; trotz vieler guter und nachdrücklicher Darlegungen ist in Deutschland immer noch nicht oder schon nicht mehr bewußt, daß sich Staat und Verfassung ändern, wenn die Partei aufhört, das zu sein und zu einem festen Gebilde wird. Darüber z. B. *Carl Schmitt,* Die geistige Geschichte [sic! Die geistesgeschichtliche Lage] des heutigen Parlamentarismus, 2. Aufl., München und Leipzig 1926; *H. Marr,* Klasse und Partei in der modernen Demokratie, Frankfurt 1925; *O. Koellreutter,* Die politischen Parteien im modernen Staate, Breslau 1926; *H. Triepel,* Staatsrecht und Politik, Berlin 1926; *E. Lederer,* Durch die Wirklichkeit zur politischen Idee, in der Festgabe für Alfred Weber (Soziologische Studien, Potsdam 1930, S. 17); den überaus beachtenswerten anonymen Aufsatz im Dezemberheft der „Justiz" 1929; endlich *M. J. Bonn,* Die neue Feudalität, im Märzheft der Neuen Rundschau, 1930. Der Staatsgerichtshof für das Deutsche Reich hat eine Definition der politischen Partei gegeben (Urteil vom 7, Juli 1928, RGZ. Bd. 121, Anhang S. 8 f.; Simons-Lammers, S. 311/12) und damit einen Präzedenzfall von unabsehbarer Bedeutung geschaffen, ohne auf das verfassungs- und staatstheoretische Problem einzugehen.

der „nationalen Demokratie"²⁵, deren Geist und Gesinnung die beschränkte Herrschsucht der Parteien und ihrer Nutznießer überwinden muß. Wenn diese Voraussetzung nicht mehr wirksam wäre, entfiele das ganze Verfassungswerk; Deutschland würde nach dem Volksverrat seiner Fürsten den seiner Parteien erleben und der posthume Sieg, den die Ideen von 1848 im Jahre 1919 davongetragen haben, wäre nur eine schnell vorübergehende Täuschung gewesen.

Solche Befürchtungen haben bei *Preuß* nicht mehr zu allgemeinen staatstheoretischen Formulierungen geführt. Aber die Frage selbst ist so alt wie die Idee des bürgerlichen Rechtsstaates, und es gibt eigentlich nur eine, ebenfalls 200 Jahre alte Antwort, nämlich den Hinweis auf den *esprit de la nation*, d. h. die politische Bildung und Intelligenz, die man bei jedem Volk voraussetzen muß, das sich zu einer Nation *gebildet* hat. Bildung, nationaler Geist und bürgerlicher Rechtsstaat gehören untrennbar zusammen und in Goethes kassandrischem Vers, den *Hugo Preuß* mit besonderem Nachdruck zitiert:

Zur Nation Euch zu bilden, ihr hoffet es, Deutsche, vergebens, hat das Wort den prägnanten, ganz spezifischen, d. h. eben politischen Sinn. Auch die auf *Hegel* beruhende deutsche Staatslehre des 19. Jahrhunderts teilte den Glauben an den *Geist* und stand damit durchaus in einer gesamteuropäischen Tradition. Aber sie konstruierte den Staat als eine besondere, horizontal über der Gesellschaft liegende Sphäre des objek|[23]tiven Geistes, den sie damit in einen Gegensatz zur Gesellschaft brachte und als eine qualitativ höhere Schicht gesondert *über* die Gesellschaft setzte. In der konkreten sozialen Wirklichkeit konnte das nur die Herrschaft eines gebildeten und moralisch integren Staatsbeamtentums bedeuten. Diese eigenartige Verbindung von Staat und Geist war im preußischen Staat des 19. Jahrhunderts möglich und erklärlich, einmal, weil der preußische Staat kein reiner Staat war, sondern, trotz aller konfessionellen Neutralität, in seiner geschichtlichen Wirklichkeit Funktionen einer Kirche übernommen hatte, und zweitens, weil die Bildung in Preußen (und vor allem in seiner Hauptstadt Berlin) zum größten Teil Staatsbeamtenbildung war. So ergab sich von selbst eine geistige Hierarchie des Staates über der Gesellschaft.

Die materialistische Geschichtsauffassung hat die Wertleiter umgekehrt und aus dem Staat das bloße Werkzeug gesellschaftlicher Kräfte, aus dem Geist einen ideologischen Reflex gemacht. Die liberalen *classes moyennes* stehen auch theoretisch in der Mitte und suchen eine Lösung, die weder preußisch noch marxistisch ist. Sie beruht auf der Vorstellung, daß es in einem Staat immer ein *Gleichgewicht* gegensätzlicher sozialer Gruppen und Kräfte gibt. In zahl-

---

²⁵ Es ist das Verdienst von *Carl Bilfinger* in seiner Hallenser Rede zum Verfassungstag 1929 (vgl. oben Anm. 20), die Unentbehrlichkeit dieser Voraussetzung gerade unter Hinweis auf Hugo Preuß zuerst hervorgehoben zu haben. Über das allgemeine Problem solcher Voraussetzungen: *Alfred Weber*, Die Krise des modernen Staatsgedankens, 1925.

reichen Abwechslungen sind seit dem 17. Jahrhundert solche Balancetheorien aufgestellt worden. Die Staatslehre der Vorkriegszeit hat sie bezeichnenderweise ganz mißverstanden und mißachtet, aber sie leben bis auf den heutigen Tag in den Lehren vom sozialen Gleichgewicht zwischen Kapital und Proletariat[26]. Bei *John Stuart Mill* findet man die plausibelste Konstruktion dieser Art. Er glaubt, daß die gegensätzlichen Interessen und Gruppen sich gegenseitig die Waage halten, gleichzeitig aber *diffus* unter ihnen genug Objektivität und Intelligenz verstreut ist, um den Ausschlag nach der richtigen Seite zu bewirken[27]. Der bürgerliche Rechtsstaat auf demokratischer Grundlage, der notwendig ein Parteienstaat ist,|[24] kann eben deshalb ohne verschiedenartige neutrale Kräfte nicht bestehen, und eine nicht parteimäßig gebundene, aber doch allgemein respektierte Intelligenz wäre der eigentliche und ideale *pouvoir neutre*, nicht als organisierte Instanz (damit wäre sie ja wieder denaturiert), sondern als freie, nicht formierte, aber wegen ihrer Objektivität doch sich durchsetzende geistige Kraft, deren eigentliches Medium die öffentliche Meinung, dieses „undefinierbare Fluidum" ist. *Hugo Preuß* konnte seine Theorie des neuen Staates nicht mehr formulieren. Aber mir scheint, daß es in der Konsequenz seiner letzten Äußerungen liegt, neben die Mächte des Parteienstaates auch Kräfte und Faktoren des neutralen Staates zu setzen. Das Wort neutral erhält dadurch eine neue Wendung. Denn die Neutralität des passiven,

---

[26] Die auf den ersten Blick besonders moderne und besonders sozialistische, österreichische Lehre von der sozialen „Gleichgewichtsstruktur" des modernen Industriestaates *(Otto Bauer,* Bolschewismus und Sozialdemokratie?, 3. Aufl., Wien 1921, S. 114; *Derselbe,* Die österreichische Revolution, Wien 1923, bes. S. 196: Die Zeit des Gleichgewichts der Klassenkräfte; *Max Adler,* Politische oder soziale Demokratie, Berlin 1926, S. 112 f.; *O. Kirchheimer,* Z. f. Politik, 1928, S. 596) ist in der Struktur ihres Gedankens liberale Balancentheorie, auch wenn sie sich auf Friedrich Engels („Ausnahmsweise indes kommen Perioden vor, wo die kämpfenden Klassen einander das Gleichgewicht halten") berufen kann und mit ihm den momentanen Übergangscharakter dieses Zustandes betont. Vgl. die folgende Anm. 27.

[27] *John Stuart Mill,* Considerations on representative government (zuerst 1861 erschienen), besonders der Schluß des VI. Kapitels über das Gleichgewicht von Arbeitgebern und Arbeitnehmern; entscheidend ist der Satz: „The reason why, in any tolerably constituted society, justice and the general interest mostly in the end carry their point, is that the separate and selfish interests of mankind are almost always divided; some are interested in what is wrong, but some, also, have their private interest on the side of what is right: and those who are governed by higher considerations, though too few and weak to prevail against the whole of the others, usually after sufficient discussion and agitation become strong enough to turn the balance in favour of the body of private interests which is on the same side with them. The representative system ought to be so constituted as to maintain this state of things." Es gibt kaum eine aufschlußreichere Illustration zur liberalen Metaphysik als diese Sätze, mit ihrem Glauben an die Balance, an den Sieg der gerechten, wenn auch an sich ohnmächtigen Sache, an die Diskussion und an die List der Idee.

agnostischen Staates ist in dem heutigen sozial- und wirtschaftspolitischen Staat, der in Deutschland zudem noch ein Reparationsstaat ist, nicht mehr möglich. Es kann sich also nur um eine Art Neutralität handeln, die eine sachliche und gerechte Entscheidung ermöglicht und deren soziologische Voraussetzung eine nicht parteimäßig gebundene Intelligenz ist. Ohne das wäre ein bürgerlicher Rechtsstaat heute undenkbar. Zu ihm gehört die bürgerliche Bildung und der Glaube an den niemals organisierbaren, niemals in einer beamtenmäßigen Kompetenz faßbaren, immer diffusen und trotzdem immer vorhandenen und immer wirksamen, die öffentliche Meinung im wesentlichen doch schließlich führenden *Geist der Nation,* für den, über die Mauern der Parteikasernen hinweg, mutige und unabhängige Menschen sich immer finden werden.

Man kann nach vielen Erfahrungen daran zweifeln, ob es in Deutschland heute noch eine von den organisierten Parteien unabhängige politische Intelligenz geben kann und, wenn es sie gibt, ob es dann für sie noch irgendeinen Zweck hat, sich dem Geschrei der Tagespolemik auszusetzen und mit dem Wissen, daß alle politischen Begriffe polemische Begriffe sind,|[25] sich in die Region der Mißverständnisse und der Denunziationen zu begeben. Allzuviele Parteien und Parteidiener haben ein Interesse daran, der Notwendigkeit einer politischen Entscheidung eine Entscheidung für ihr parteipolitisches Niveau zu unterschieben und die großen Freund- und Feindgruppierungen der Geschichte mit ihren Geschäften und Händeln zu vermengen. In seinem Aufsatz über *Gneist* hat *Hugo Preuß* gesagt: „Ein Geist aber, der den forschenden Blick fest auf den tiefinneren Prozeß der allmählichen historischen Entwicklung gerichtet hält, der den so gewonnenen Maßstab auch an die politischen Tagesfragen anzulegen wagt, muß es sich gefallen lassen, von den lauten und schnellfertigen Vormündern der öffentlichen Meinung heute als Ausbund der Weisheit gefeiert, morgen wegen der gleichen Anschauung, deren innere Folgerichtigkeit sie nicht verstehen, als Abtrünniger bekämpft zu werden"[28]. Das trifft auch heute noch zu, und es ist heute so schwer wie jemals, als politischer Denker seine geistige Unabhängigkeit zu wahren. In jenem Satz aber äußert sich der unabhängige Geist eines Mannes, dessen Leben und Werk den Zusammenhang von freier bürgerlicher Bildung und Staatsverfassung bewiesen hat. Die Geschichte des deutschen Bürgertums zeigt, daß der Zusammenhang nicht gelegentlich, sondern wesensmäßig ist, und das Schicksal der deutschen Intelligenz und Bildung wird deshalb mit dem Schicksal der Weimarer Verfassung untrennbar verbunden bleiben.

---

[28] Staat, Recht und Freiheit S. 304. Daß *Preuß* sich über die praktischen Folgerungen klar war und eine Kulturpolitik des *Reiches* verlangte, zeigt die Äußerung im Verfassungsausschuß, Prot. S. 57.

Editorische Nachbemerkung

Die hier erstmals zusammengefassten Schriften erschienen zunächst 1930 und 1931 im Verlag Mohr Siebeck. Zur Publikation von 1930 schreibt Carl Schmitt an Ludwig Feuchtwanger, den Verleger von Duncker & Humblot: „Gestern habe ich in der Handels-Hochschule bei der Reichsgründungsfeier die Festrede gehalten, über Hugo Preuß und seine Stellung in der deutschen Staatslehre. Um das (gut ausgearbeitete) Manuskript wurde ich seit der Ankündigung der Rede, wie das in Berlin üblich ist, oft antelefoniert: wahrscheinlich wird es im Märzheft der Neuen Rundschau als Spitzen-Aufsatz erscheinen, wozu sehr verschiedenartige Erwägungen mich veranlasst haben. Mohr möchte den Vortrag in seiner Reihe Staat und Recht drucken, etwa 4–6 Wochen nach dem Erscheinen in der Zeitschrift. Dr. Siebeck will mich dieser Tage in Berlin aufsuchen. Hoffentlich haben Sie vom Standpunkt Ihres Verlages nichts dagegen einzuwenden."[1] So realisiert Schmitt es auch, obgleich Feuchtwanger den Wechsel zu Mohr „schmerzlich" bedauert.[2] Auch seine nächste wichtige und „reife Weiterführung" seiner *Verfassungslehre*, den *Hüter der Verfassung*, publiziert er dann bei Mohr Siebeck, was er in einem Brief vom 20. März 1931 ausdrücklich mit einer gewissen Unzufriedenheit rechtfertigt: „Ich bin mehrere Monate ohne jede Antwort auf meine Anfragen geblieben [...] Sie kennen mich lange genug, um zu wissen, daß mir jede Art von Diskontinuität und Abspringen unsympathisch ist".[3]

Jahrzehnte später möchte Schmitt mit beiden Schriften dann in seinen Hausverlag Duncker & Humblot wechseln. Dazu schreibt er am 25. Mai 1968 an seinen Verleger Johannes Broermann (1897–1984): „Wenn der ‚Hüter der Verfassung' neu gesetzt wird, liesse sich vielleicht die damit zusammenhängende kleine Schrift über Hugo Preuß als eine Art Corollarium mitabdrucken. Diese Schrift ist sehr wichtig. Ich füge ein Exemplar bei. [...] Es wäre auch zu überlegen, ob man diesem Neudruck des ‚Hüters der Verfassung' eine kurze Vorbemerkung vorausschickt."[4] In seiner Antwort vom 7. Juni 1968 erklärt

---

[1] Schmitt am 19. Januar 1930 an Ludwig Feuchtwanger, in: *Carl Schmitt/Ludwig Feuchtwanger*. Briefwechsel 1918–1935, hrsg. Rolf Rieß, Berlin 2007, 315.

[2] Feuchtwanger am 12. April 1930 an Schmitt, in: Briefwechsel, 319.

[3] Schmitt am 20. März. 1931 an Ludwig Feuchtwanger, in: Briefwechsel, 334.

[4] Carl Schmitt am 25. Mai 1968 an Johannes Broermann (Verlagsarchiv D & H, Mappe: Der Hüter der Verfassung); ähnlich zuvor schon am 16. November 1967 an Broermann.

sich Broermann mit Schmitts Vorschlägen einverstanden. Aus ungeklärten Gründen kommt es 1969 dann aber nur zu einem unveränderten Nachdruck der Schrift von 1931, dem 1985, im Todesjahr Schmitts, eine dritte unveränderte und seitenidentische Ausgabe folgte. Erst heute lässt sich Schmitts Plan realisieren und damit erstmals seit 1930 seine „sehr wichtige" Preuß-Schrift erneut zugänglich machen. Das aktuelle Interesse an Hugo Preuß ist unstrittig: Seit 2007 erscheinen – bei Mohr Siebeck – im Auftrag der Hugo-Preuß-Gesellschaft seine *Gesammelten Schriften*. Die vorliegende Zusammenstellung ist also durch Carl Schmitt selbst autorisiert und rückt die Frage nach dem Hüter der Verfassung in den weiteren Zusammenhang einer „Geschichte des deutschen Staatsrechts seit 1848".[5]

Im Nachlass Carl Schmitts sind zwei Handexemplare der Broschüre *Hugo Preuß* erhalten. Ein Exemplar (RW 265-28765) trägt den Besitzvermerk eines Vorbesitzers von 1948 und darunter den neuen Vermerk „Carl Schmitt". Schmitt erhielt es offenbar erst spät als Zweitexemplar. Es zeigt nur wenige Unterstreichungen. Ein zweites Exemplar (RW 265-28767), stark zerlesen, trägt den mit Tinte geschriebenen Vermerk „Handexemplar Carl Schmitt" und zahlreiche stenographische, schwer leserliche Bleistiftmarginalien. Im Nachlass befindet sich darüber hinaus eine Mappe mit wichtigen Materialien zum Thema (RW 265-20831).

Vom Buch *Der Hüter der Verfassung* befinden sich im Nachlass ein Exemplar (RW 265-28072) der zweiten Auflage von 1969 ohne Anstreichungen und Einträge, eine Mappe (RW 265-19280) lediglich mit kartonierter Vorderseite und mit Tinte geschriebenem Eintrag unter dem Titel: „Hüter gegen wen??" sowie einer Liste von Empfängern sowie ein in Leinen eingebundenes Handexemplar (RW 265-28063) mit dem Besitzvermerk „Carl Schmitt", das nicht als Korrekturexemplar geführt ist und außer Bleistiftunterstreichungen, wenigen frühen Rotstiftmarkierungen und einigen späten mit Tinte markierten Unterstreichungen keine Randbemerkungen enthält, allerdings auf dem Vor- und Nachsatz eingeklebte Zeitungsartikel und Bemerkungen des Autors, siehe Schmittiana NF, Bd. III. Im laufenden Text steht nur der Name „Joseph H. Kaiser" als späte Literaturergänzung S. 158 mit Bezug auf die Fußnote.

---

[5] Dazu Schmitt am 6. April 1930 an Feuchtwanger, Briefwechsel, 318.

Korrekturen zu Carl Schmitt, Hugo Preuß
(Handexemplar RW 265-28767)

S. 170, Anm 7, 7. Z. v. u.

Ergänzung zu „Max Weber und Friedrich Naumann": „Triepel 1927" <vermutlich H. Triepel, Staatsrecht und Politik, Berlin 1927>

S. 172, 8. Z. v. o.

nach „integriert werden" Absatz

S. 172, Anm. 9, 1. Z. v. o.

Ergänzung zu „Gneist": „1864 II S. 87–181 <vermutlich R. Gneist, Vier Abhandlungen über das constitutionelle Princip, Leipzig 1864>

S. 174, Anm. 12, zu Gierke wenige nicht entzifferte Bemerkungen in Tintenschrift

S. 176, 11. Z. v. o.

„Feindgruppierung gehört hätte", statt: „Feindgruppierung gehört hatte"

S. 176, 3. Z. v. u.

„Augenblick, in welchem der Gegner" statt „Augenblick, in welchem sein Gegner"

S. 178, Anm. 19, letzte Zeile

mit Rotstift letzter Satz markiert: „Ich möchte hoffen, daß sie <Weimarer Verfassung> ein Friede ist."

S. 181, Anm. 24, 5. Z. v. o.

Nach Verweis auf Schmitt Stenobemerkung und Verweis auf Triepel gestrichen

S. 181, Anm. 24, 10. Z. v. o.

Ergänzung zu „überaus beachtenswerten anonymen Aufsatz im Dezemberheft der ‚Justiz' 1929": „Heinrich Kronstein" <Heinrich Kronstein, Zum Problem: Staat und Wirtschaftsmacht, Die Justiz 5 (1929), 137–146>

S. 182, 15. Z. v. o.

„hat das Wort *bilden* den prägnanten" statt „ hat das Wort den prägnanten"

S. 183, 12. Z. v. o.

Ergänzung zu «pouvoir neutre»: „B. Constant Cours I. P. 89" <Benjamin Constant, Cours de politique constitutionelle, I. Vol., Paris 1818, p. 15; ders., Œuvres, ed. Alfred Roulin, Paris 1957, p. 1113>

S. 183, Anm. 26, 4. Z. v. o.

Ergänzung nach „Die Zeit des Gleichgewichts der Klassenkräfte": stenographische Literaturergänzungen, dabei in Langschrift lesbar: „K. Kautsky" und „Arkadij Görland"

S. 184, 9. Z. v. u.

„Das trifft auch heute 1930 noch zu" statt „Das trifft auch heute noch zu"

Reinhard Mehring

Personenverzeichnis

Ablaß (Abgeordneter) 5
Adler, Franz 23
Adler, Max 142, 183
Althusius, Johannes 8
Anschütz, Gerhard 3, 5, 16, 28 ff., 58, 75, 113, 118, 122, 129, 151, 163, 178 ff.
Aristoteles 7

Barthélemy, Joseph III, 134
Bauer, Otto 142, 184
Beck, James M. 13
Bernatzik, Edmund 67, 167
Bertram, Alfred 47, 105, 151
Beschorner, Julius Herrmann 2
Bilfinger, Carl 16, 47, 55, 62, 71, 103, 113, 144 ff., 178, 182
Binding, Karl 28, 60, 135
Bismarck, Otto von 2, 49, 165 ff., 170, 172, 176
Blondel, André 1, 9, 35
Bluntschli, Johann Caspar 8, 10, 21, 35, 76 ff., 136
Bodin, Jean 137
Bötticher 5
Bonn, Moritz Julius 84, 181
Bredt, Johann Victor 6, 56
Brinkmann, Carl 74, 179
Brüning, Heinrich 30
Brutus, Junius 9
Bühler, Ottmar 103, 116
Bumke, Erwin 7, 51
Busolt, Georg 7

Caspary, Adolf 40
Clermont-Tonnerre, Stanislas de 133
Commons, John R. 13
Constant, Benjamin 27, 35, 47, 132–138
Cromwell, Oliver 1

Dahlmann, Friedrich Christoph 8, 21
Dareste, François Rodolphe 11, 21
Delbrück, Hans 166
Delpech, Joseph 21
Dickinson, John 14
Dix, Arthur 143
Dohna, Alexander Graf zu 5
Dolmatewsky, Aron M. 136
Duez, Paul 51
Duguit, Léon 2
Dumont-Wilden, Louis 133

Ebert, Friedrich 139 ff.
Eisenmann, Charles 21
Engels, Friedrich 142, 183
Epstein, Leo 157
Esmein, Adhémar 135

Feiler, A. 139
Fichte, Johann Gottlieb 8
Figgis, John Neville 171
Frentzel (Abgeordneter) 10
Freund, Friedrich 66
Freyer, Hans 164
Friedländer, Heinrich 105
Friedmann, Alfred 5
Friedrich der Große 111
Friedrich, Carl. J. 103
Friesenhahn, Ernst 2, 69
Frisch, Hans von 136
Fritze 66

Gautier, P. N. 137
Geny, François 21
Gierke, Otto von 163, 168–171, 173–175
Giese, Friedrich 32, 58, 113, 118, 139, 150 ff.

Glum, Friedrich 3, 98, 116, 140, 158
Gneist, Rudolf von 10, 14, 21, 24, 35 ff., 74, 77, 154, 163, 168, 172, 174 ff., 184
Göppert, Heinrich 94
Goethe, Johann Wolfgang von 182
Grau, Richard 4–6, 37, 56, 121, 124
Grauert, Ludwig 146
Grotius, Hugo 111
Grünhut, Max 4, 19
Guizot, François 35
Gumplowicz, Ludwig 175
Gurland, Arkadij 142

Haenel, Albert 36, 50, 55, 175
Harms, Bernhard 149
Harrington, James 1, 9
Hasner, Leopold von 74
Hatschek, Julius 20
Haubold, Wilhelm 158
Haußmann, Conrad 10
Haymann, Franz 146
Hegel, Georg Wilhelm Friedrich 8, 167, 171, 182
Heimann, Eduard 31
Heine, Wolfgang 127
Heinsheimer 32
Hensel, Albert 25, 47, 124
Herrfahrdt, Heinrich 97, 146
Herz, Carl 173, 178
Heuss, Theodor 163
Hilferding, Rudolf 123
Hindenburg, Paul von 139
Hintze, Hedwig 163
His, Eduard 9, 35
Hobbes, Thomas 136
Hoeniger, Heinrich 146
Hofacker, Wilhelm 5–7, 38, 56
Huber, Ernst Rudolf 58
Hueck, Alfred 61
Hughes, Charles Evans 12

Imhof, K. Freiherr von 6, 56
Isay, Hermann 46

Jacobi, Erwin 16, 61, 97 ff., 121, 125, 146, 178
Jahn, Gustav 32
Jan, Heinrich von 59
Jellinek, Georg 2, 133–136, 175
Jellinek, Walter 3, 6, 16, 20, 50, 119, 151
Jerusalem, Franz Wilhelm 47, 62, 68 ff.
Jèze, Gaston 123, 129
Joeckle, Rudolf 140
Jünger, Ernst 79
Juncker, Josef 20

Kahl, Wilhelm 57, 66
Kaskel, Walter 150
Kaufmann, Erich 19, 20, 36, 94, 176
Kautsky, Karl 142
Kelsen, Hans 25, 38 ff., 63, 142, 154
Kirchheimer, Otto 142, 183
Koellreutter, Otto 117, 181
Köppel, Wilhelm 105
Köttgen, Arnold 149–151, 157
Korowin, Evgenij 60
Krieken, Albert Theodor van 168
Kühn, Friedrich 58
Külz, Wilhelm 5

Laband, Paul 163, 165, 168, 174 ff.
Laboulaye, M. Édouard 132
Lammers, Hans Heinrich 3 ff., 32, 57–59, 65, 67–69, 85, 119, 139, 181
Larnaude, Ferdinand 37
Laski, Harold 171
Lassar, Gerhard 105, 154
Laun, Rudolf 51
Lederer, Emil 181
Leibholz, Gerhard 8, 58, 150, 167
Leisegang, Hans 150
Lenz, Friedrich 112
Léon, Paul Léopld 133
Leroy, Maxime 155
Liermann, Hans 61
Löwenthal, Martin 6, 56, 69
Louandre, Charles 132
Lukas, Josef 124

Maitland, Frederic William 171
Mann, Fritz Karl 81
Mansfeld, Werner 146
Marr, Heinz 181
Marschall von Bieberstein, F. Freiherr 141, 151
Marshall, John 15
Maurenbrecher, Romeo 167
Mayer, Otto 2, 10, 28, 41
Mende, Helmuth 5
Meyer, Georg 29, 75, 129
Michel, Ernst 150
Michel, Henry 134
Mill, John Stuart 25, 142, 144 ff., 147, 183
Mohl, Robert von 2, 8, 10, 21, 24, 29, 35, 61
Mommsen, Theodor 9
Monnier, Henry 2
Monroe, James 13
Montesquieu 20, 136
Morstein Marx, Fritz 5, 23, 33, 103
Mounier, Claude-Philibert-Édouard 133
Müller-Oerlinghausen, G. 80

Napoleon I. Bonaparte 1 ff.
Naumann, Friedrich 138 f., 170, 172 f., 177
Nawiasky, Hans 5, 124
Nézard, Henry 135
Nipperdey, Hans Carl 16, 23, 61, 178

Ogg, Frederic A. 12, 46
Opitz, Hugo Gottfried 2
Ottlik, L. von 25

Passerin d'Entrèves, Alessandro 179
Pfleiderer, Otto 80
Pistorius, Theodor von 24, 28
Poetzsch-Heffter, Fritz 5, 58, 118, 120
Pohl, Heinrich 3, 140 ff.
Popitz, Johannes 47, 80, 91 ff., 103, 156
Potthoff, Heinz 149
Preuß, Else 163

Preuß, Hugo 12, 23, 47, 57, 83, 94, 127, 130, 138, 161–184

Radbruch, Gustav 19 ff.
Rathmann, August 30
Rauchhaupt, Friedrich Wilhelm von 61
Ray, P. Orman 13, 46
Reichel, Hans 47
Rilinger, Bruno 104
Rocco, Alfredo 179
Rosin, Heinrich 50
Rothenbücher, Karl 151
Rothfels, Hans 166
Rottek, Carl von 135
Rudler, Gustave 133
Ruffini, Francesco 179
Russel Smith, Hughes F. 1, 9

Saemisch, Friedrich Ernst Moritz 80, 103, 143
Saint-Simon, Henri de 143
Saitzew, Manuel 80
Salomon, Gottfried 74, 134
Samuely, Adolf 136
Schelcher, Walter 5
Scheuner, Ulrich 20
Schiffer, Eugen 4, 157
Schindler, Dietrich 144, 146
Schmidt, Walter August Emil 151
Schmoller, Gustav 175
Schopenhauer, Arthur 38
Schoppen, Heinrich 146
Schulze, Hermann 24
Seydel, Max von 2, 61, 135 ff.
Sieyès, Emmanuel Joseph 1, 9, 34, 134
Simons, Walter 3 ff., 18, 32, 35, 58 ff., 65, 67–69, 85, 119, 139, 181
Slanka, Rudolf 8
Smend, Rudolf 4, 31, 39, 51, 55, 141, 151, 157, 170, 173, 180
Sohm, Rudolph 174
Spann, Othmar 25
Spinoza, Baruch de 8
Spranger, Eduard 74, 84, 111, 151, 164

Stahl, Friedrich Julius 135, 167
Stahr, Adolf 7
Stein, Lorenz von 74, 134, 136, 143, 151, 171 ff.
Stoerk, Felix 2, 61
Stoll, Heinrich 23
Strupp, Karl 54
Swoboda, Heinrich 7

Tatarin-Tarnheyden, Edgar 97
Thibaudeau, Antoine-Claire 1
Thiers, Adolphe 135
Thörnig 143
Thoma, Richard 3, 16, 57, 76, 89, 113, 126, 129, 141, 178 ff.
Thudichum, Friedrich 28, 36, 62
Todd, Alpheus 105
Trendelenburg, Adolf 10

Triepel, Heinrich 5, 18, 20, 22, 26, 31, 60, 68, 84, 134, 145, 181
Twesten (Abgeordneter) 10

Waldecker, Ludwig 66, 76
Warren, Charles 13, 46, 154
Weber, Alfred 182
Weber, Max 84, 114, 170, 175, 179–181
Weber, Werner 99, 156
Wiebeck, G. 74
Wittmayer, Leo 4, 156
Wolzendorff, Kurt 8, 169

Zechlin, Egmont 166
Zeiler, Alois 4
Ziegler, Leopold 9
Zimmern, Alfred 103
Zweigert, Erich 57, 149 ff., 176